曲面王者

——Alias 概念车数字设计实例详解

上海尚勤信息技术有限公司 **组编**

王 锴 丁 宁 **编著**

机械工业出版社

本书以具有代表性的概念车为案例，按照汽车造型设计的流程，详细介绍了其在 Alias 中的制作步骤。本书配有生动的图片和视频讲解，融入了汽车相关知识点，加入了"注意""技巧""提示"等栏目，演示了 Alias 从草图绘制、比例模型构建、A 级曲面搭建、参数化设计应用到渲染输出过程的详细步骤与流程。

本书可供汽车造型设计、CG（计算机动画）领域的工作人员使用，也可供大中专院校工业设计、车辆工程等相关专业的师生参考。

图书在版编目（CIP）数据

曲面王者：Alias 概念车数字设计实例详解 / 上海尚勤信息技术有限公司组编；王锴，丁宁编著. —北京：机械工业出版社，2022.4
ISBN 978-7-111-64782-9

Ⅰ.①曲⋯ Ⅱ.①上⋯ ②王⋯ ③丁⋯ Ⅲ.①汽车 – 造型设计 – 计算机辅助设计 – 应用软件 Ⅳ.① U462.2

中国版本图书馆 CIP 数据核字（2022）第 024903 号

机械工业出版社（北京市百万庄大街 22 号 邮政编码 100037）
策划编辑：张雁茹　　　　　　责任编辑：张雁茹　关晓飞
责任校对：史静怡　张　薇　　责任印制：郜　敏
北京瑞禾彩色印刷有限公司印刷

2022 年 5 月第 1 版第 1 次印刷
210mm×285mm・18.75 印张・2 插页・567 千字
标准书号：ISBN 978-7-111-64782-9
定价：168.00 元

电话服务　　　　　　　　　　网络服务
客服电话：010-88361066　　　机　工　官　网：www.cmpbook.com
　　　　　010-88379833　　　机　工　官　博：weibo.com/cmp1952
　　　　　010-68326294　　　金　书　网：www.golden-book.com
封底无防伪标均为盗版　　机工教育服务网：www.cmpedu.com

序

汽车被誉为"工业之花",汽车的设计也成为工业设计领域备受瞩目的方面。其中,汽车的形态设计直接关系到汽车的美学效果,并成为汽车产品打开市场最重要的手段之一。然而,由于汽车是高速运动的动态产品,且既有外形又有内饰,加之要满足工业化生产方式,其形态表现出非同寻常的复杂性。

和传统的仿形手段相比,以计算机及软件技术为代表的数字化手段可以更为快速且准确地将造型创意转化成最终的产品。汽车造型行业中表现出色、应用广泛的软件就是Alias,目前它可以完美覆盖整个汽车造型流程。一方面,Alias以其强大的功能成为汽车造型设计的利器;另一方面,汽车造型本身的复杂性以及Alias在操作上较高的难度,又使得初学者难以掌握。

对于初学者而言,学习Alias最好的方法就是能通过一个个具体的案例,去接触从二维草图到三维数模、从基本曲面到参数化设计、从CAS到A级曲面、从一般的可视化到虚拟现实的全设计过程,使整个学习过程由浅入深,在学会具体操作的同时能够较为全面地掌握数字化方法。正是基于这一点,两位在汽车造型行业有着多年实战经验的数字化专家编写了本书,介绍了Alias的基本操作、常用命令、基本设置、关键技巧等多方面内容。通过学习本书内容,读者可以最终完成一个完整的数字化作品。

本书在内容组织上浅显易懂、循序渐进,上手容易、实用性强,是有志从事汽车设计工作者的上佳工具书,同时将对汽车设计数字化方法的普及起到有力的推动作用。

李彦龙
同济大学汽车学院

前言

在汽车造型设计开发过程中,概念车可以说是汽车开发的"先锋军",在汽车中是内容最丰富、最深刻、最前卫、最能代表世界汽车科技发展和设计水平的。在概念车造型开发过程中,数字设计作为汽车造型设计中的重要组成环节,不但能够提高造型开发效率、节约开发周期,还能够为设计师的创意保驾护航。

Alias是数字设计中最常用的三维造型软件,从1983年第一个版本发布至今,经过三十多年的发展迭代,全球大多数汽车设计中心和汽车设计公司都使用该软件进行设计创作。Alias为整个造型定义流程(从概念草图到A级曲面)提供了一整套完备的可视化和分析工具。

本书案例以最新的概念车为造型参考依据,软件使用Alias Autostudio 2021版,讲解了汽车设计从二维草图到三维数据、从SUBD(细分建模)到Dynamo(参数化设计)、从CAS到A级曲面、从传统可视化展示到VR(虚拟现实)技术应用等内容,系统详细地介绍了概念车制作的过程。

本书由从事汽车数字设计十多年的技术专家编写,结合多年企业和高校培训的相关经验,将汽车开发流程中软件使用的思路、遇到的问题及使用的技巧进行了系统的整理汇编。本书体例结构严谨合理,除了传统的三维草图、CAS数据、A级曲面数据和渲染动画外,还加入了软件最近更新的技术,包括SUBD、Dynamo、VR操作与交互、SHOTGUN(2021年6月SHOTGUN更名为SHOTGRID,本书中所涉及内容仍使用旧称,特此说明)项目管理等。本书内容编排利于阅读,案例选择切合实际,讲解步骤清晰,能够开拓读者思路并提高阅读兴趣,使其掌握方法,举一反三,提高对软件综合运用的能力,并具备汽车设计能力。

由于编者水平有限,书中难免存在不足之处,敬请读者批评指正。

编 者

关注本公众号
回复以下关键词
获取配套视频

第2章 关键词1个:64782+1
第3章 关键词3个:64782+2 64782+3 64782+4
第4章 关键词4个:64782+5 64782+6 64782+7 64782+8
第5章 关键词2个:64782+9 64782+10
第6章 关键词1个:64782+11

目录

序
前言

第 1 章　汽车造型数字设计与概念车

1.1 汽车开发与数字设计　…002
- 1.1.1　汽车开发流程简介　…002
- 1.1.2　汽车造型设计流程　…004
- 1.1.3　数字设计在造型设计中的应用　…006

1.2 常用三维建模软件介绍　…010
- 1.2.1　应用领域与场景　…010
- 1.2.2　三维建模软件的分类　…010
- 1.2.3　CAID 在汽车行业的应用　…012

1.3 概念车　…013
- 1.3.1　什么是概念车　…013
- 1.3.2　为什么制作概念车　…014
- 1.3.3　经典概念车型　…016

第 2 章　曲面王者——Alias 介绍

2.1 概述　…022
- 2.1.1　发展历程与版本说明　…022
- 2.1.2　工作流程　…024
- 2.1.3　优势　…024

2.2 硬件配置与软件安装　…025
- 2.2.1　配置要求　…025
- 2.2.2　软件安装　…026
- 2.2.3　用户说明　…029

2.3 Alias 的界面与操作　…030
- 2.3.1　软件界面及其管理　…030
- 2.3.2　操作对象　…034
- 2.3.3　基础操作　…041

第 3 章　从二维草图到三维模型

3.1 Alias 中的草图　…046
- 3.1.1　Paint 工作流　…046
- 3.1.2　Paint 常用工具　…048
- 3.1.3　数字胶带图　…052

3.2 二维到三维　…061
- 3.2.1　空间、比例、形态　…061
- 3.2.2　细分建模　…066
- 3.2.3　建模案例　…069

3.3 比例模型　…082
- 3.3.1　三维草图　…082
- 3.3.2　"捏"出概念车　…088
- 3.3.3　动态形状建模　…104

第 4 章　技术与艺术的探索之旅

4.1 漂亮的高光　…114
- 4.1.1　曲面与光影　…114
- 4.1.2　点、线、面、型　…116

4.1.3　分面——数据构建的基础　　　…125

4.2　曲面探索之旅　　　**…132**

4.2.1　思路梳理　　　…132
4.2.2　准备工作 ▶　　　…133
4.2.3　构建概念车模型 ▶　　　…139

4.3　数据整理与输出　　　**…188**

4.3.1　管理数据 ▶　　　…188
4.3.2　数据检查 ▶　　　…190
4.3.3　数据存储与输出　　　…195

第 ❺ 章　锦上添花——参数化设计

5.1　参数化设计简介　　　**…198**

5.1.1　什么是参数化设计　　　…198
5.1.2　汽车造型设计中的参数化设计　　　…200
5.1.3　常用的参数化设计软件　　　…201

5.2　Dynamo　　　**…202**

5.2.1　Dynamo 模块 ▶　　　…202
5.2.2　节点与导线 ▶　　　…204
5.2.3　基础操作 ▶　　　…207

5.3　参数化案例讲解　　　**…210**

5.3.1　渐变纹理 ▶　　　…211
5.3.2　参数化格栅 ▶　　　…216
5.3.3　节点管理 ▶　　　…220

第 ❻ 章　渲染动画与 VR

6.1　渲染简介　　　**…224**

6.1.1　环境、AO　　　…224
6.1.2　材质球、灯光
6.1.3　渲染、输出

6.2　动画展示

6.2.1　Alias 中的动画
6.2.2　关键帧动画 ▶
6.2.3　分解图动画 ▶

6.3　Alias VR

6.3.1　VR 概述
6.3.2　Create VR
6.3.3　View in VR

第 ❼ 章　协同工作

7.1　**SHOTGUN 介绍**

7.2　**Desktop 介绍**

7.2.1　安装 Desktop
7.2.2　Desktop 的功能
7.2.3　启动 Desktop

7.3　在 Alias 中使用 SHOTGUN

7.3.1　Alias 中的 SHOTGUN
7.3.2　审批

附　录

附录 A　数字设计规范参考
附录 B　Help 帮助菜单及学习资源

后　记

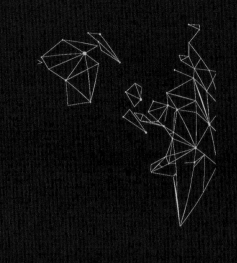

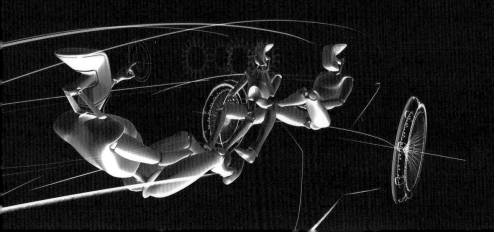

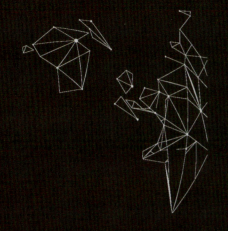

第 1 章

汽车造型数字设计与概念车

本章重点

- 汽车开发的五大流程
- 汽车造型设计流程
- 汽车数字设计的应用
- 常用三维建模软件介绍
- 概念车介绍

导 读 //////

1.1 节首先介绍汽车开发的五个关键流程,其中造型设计是汽车开发流程中的一个重要环节,后续会重点介绍汽车造型设计的流程以及对应的技术方法和工具;然后讲解数字设计如何在汽车造型设计中运用,这也将是本书重点探讨的主题。1.2 节则主要介绍了三维建模软件的应用领域与场景,以及三维建模软件的分类。概念车的研发是汽车造型设计中非常重要的存在,在 1.3 节中将介绍概念车的相关知识,以及历史上的一些经典车型。

1.1 汽车开发与数字设计

1.1.1 汽车开发流程简介

汽车开发流程一般是指一辆汽车从概念设计、产品设计、工程设计到制造加工,最后转化为商品的一系列过程活动。开发流程的起点为项目立项,终点为量产启动,主要包括产品策划、造型设计、工程设计、样车试验、量产启动5个阶段(见图1-1)。

图1-1 汽车开发流程

1 产品策划阶段

产品策划阶段主要进行产品可行性分析和产品所针对目标市场的调研,主要包括以下工作内容:

1)消费人群研究。包括这类人群的生活方式、爱好、价值观、消费观、车的用途等。

2)竞品分析。通过分析现有同类车,以及将来可能会形成竞争关系的其他企业的产品,找出设计方向和定位。

3)产品定位。通过前期的调查,确定目标用户人群的使用和审美需求,进行功能定位。

4)造型(Styling)风格确定。产品设计负责人召集相关设计师讨论并确定产品的风格、形象与造型设计方向。

5)技术方案确定。计算选定车型的技术规格和预期性能参数等,并对所需技术工艺手段能否与企业的技术水平和工艺能力相适应进行分析。

6)财务分析。分析成本控制等因素,预测产品能否为企业带来利润。

2 造型设计阶段

造型设计阶段的任务主要包括总布置设计、创意草图设计、效果图设计、概念外表面数字模型、色彩细节设计、油泥模型和Class_A(A级曲面、简称A面)等(见图1-2)。

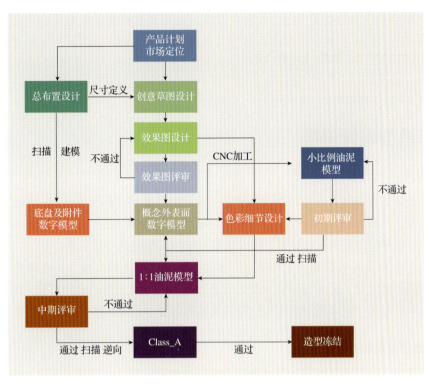

图 1-2　造型设计流程图

3　工程设计阶段

工程设计阶段的主要任务就是完成整车各个总成以及零部件的设计，协调总成与整车和总成与总成之间出现的各种矛盾，保证整车性能满足目标大纲要求。工程设计就是一个对整车进行细化设计的过程，各个总成分发到相关部门分别进行设计开发，各部门按照开发计划规定的时间节点分批提交零部件的设计方案。工程设计阶段的任务主要包括车身布置、车身造型数据生成、内外饰工程设计、发动机工程设计、白车身工程设计、底盘工程设计和电器工程设计等。

完成以上各个总成系统的设计后，工程设计阶段完成，确认最终的整车设计方案。然后，还要编制详细的产品技术说明书以及详细的零部件清单，并验证是否满足法规。确定整车性能后，将各个总成的生产技术资料进行整理合成。

4　样车试验阶段

样车的试制由试制部门负责，以工程设计阶段的数据为依据，根据试验需要制作各种试验样车。样车的试验内容分为性能试验和可靠性试验两个方面。性能试验的目的是验证设计阶段各个总成以及零部件经过装配后能否达到设计要求，及时发现问题，做出设计修改，完善设计方案。可靠性试验的目的是验证汽车的强度以及耐久性。试验应根据国家制定的有关标准逐项进行，不同车型有不同的试验标准。根据试制、试验的结果进行分析总结，对出现的各种问题进行设计改进，再进行第二轮试制和试验，直至产品定型。

样车的试验形式主要有风洞试验、试验场测试、道路测试、碰撞试验等。试验阶段完成以后，新车型的性能得到确认，产品定型。

5　量产启动阶段

量产启动阶段的主要任务是进行量产前的准备工作，包括制定生产流程链、各种生产设备到位、生产线铺设等。在试验阶段就同步进行的量产准备工作包括模具的开发和各种检具的制造。量产启动阶段大约需要半年的时间，在此期间要反复地完善冲压、焊装、涂装以及总装生产线，在确保生产流程和样车性能的条件下，开始小批量生产，进一步验证产品的可靠性。当确保小批量生产3个月产品无重大问题时，正式启动量产。

在各模块装配和各零部件安装后，再经过车轮定位、车灯视野检测等检验调整，整辆车就可以下线了。

1.1.2 汽车造型设计流程

1 总布置设计

总布置设计是造型设计的基础。总布置设计确定了车辆的主要尺寸和基本形状，为造型设计师的构思和发挥规定了设计硬点，以便形态创意设计时可以有据可依。总布置设计通过对整车设计的总体规划来确定车身、底盘、动力总成等系统之间的配置关系，以及重量、法规和整车的性能指标。

总布置草图的主要布置内容是车厢及驾驶室的布置，主要依据人机工程学，在满足人体舒适性的基础上，合理地布置车厢和驾驶室，例如发动机与离合器及变速器的布置、传动轴的布置、车架和承载式车身底板的布置、前后悬架的布置、制动系统的布置、空调装置的布置，以及油箱、备胎和行李舱等的布置。

2 创意草图与效果图设计

总布置设计确定后，在其确定的基本尺寸基础上进行创意草图设计。创意草图设计包括汽车外形设计和汽车内饰设计两部分。创意草图是汽车设计师快速捕捉创意灵感最好的方法。最初的汽车创意草图都比较简单，也许只有几根线条，但是能够勾勒出设计造型的神韵。汽车设计师通过大量的创意草图来尽可能多地提出新的创意。

当创意草图绘制到了一定阶段后，评审出一些相对较好的创意进行深入的设计——绘制被选中创意草图的精细设计效果图。效果图主要是在创意草图的基础上进行细化，尽量做出逼真的效果，表现手法有手绘、计算机绘制、手绘和计算机绘制结合，使用的主要计算机软件有Photoshop、Sketchbook、Alias Paint等。设计师一般先手绘出主要的大纲轮廓线和结构线，再扫描进计算机用Photoshop进行处理，一张比较细致的效果图要体现出造型的关键点（见图1-3）。

图1-3 效果图

效果图绘制完成后，一般会用三视图、前后45°的透视图（Perspective）来进行评审。通过对效果图进行评审，能够看到该设计方案的整体效果、色泽及材质表现、车体的比例关系、形态的鲜明特征、设计的主题风格、结构的布局和部件尺寸位置关系，形、面转折变化的走势以及各个细节、零部件和表面装饰效果的表达，为后期进行CAS数据制作提供设计输入。

3 CAS 数据制作

CAS的英文全称是Concept A Surface，中文名称是概念外表面数字模型，是指在汽车设计中用于表达造型意图且体现一定工程信息的三维数字模型。CAS一般用于体现造型意图、铣削模型、工程可行性分析、后续A级曲面制作等。体现造型意图，一般只要视觉感受良好即可，对面的质量没有具体要求；铣削模型，一般要求点连续0.1以下、相切0.5°以下即可，在适当的时候可以放宽到点连续0.2以下、相切1°以下；工程可行性分析对面的质量没有特殊要求；后续A级曲面制作基本要求CAS的质量越高越好，对后期制作有较大好处，但考虑到时间成本等因素，可以放宽要求。

制作CAS数据不是一步就可以完成的，根据项目实际情况，一般进行三轮，即CAS0、CAS1、CAS2，分别完成项目的阶段性目标，解决相关的问题。CAS每个阶段的要求都是不断提高的，最终满足造型和工程的要求，不同的阶段需要完成对应的造型和工程目标。造型和工程在许多时候是有冲突的，这就需要造型师、工程师和CAS设计师的智慧去创造性地解决问题，在这个时候经验和创新思维就显得尤为重要，要么更改造型，要么更改结构或者两者都改，具体更改内容根据实际项目沟通进行。

制作CAS需要的输入有效果图、工程可行性分析、造型策略等支持文件。效果图一般定义为项目组选定的方案。很多项目中，CAS也可以支持效果图的设计，比如在CAS上截取某一视角的截图，然后造型师在该截图上进行发挥和再创造，制作出一幅新的效果图，然后再进行CAS制作，如此反复，最终制作出符合造型意图的效果图。

CAS和实物模型都是为项目服务的，都可以体现造型意图，都是为A级曲面做准备的，均可以进行工程可行性分析和方案评审。CAS在可行性分析的效率方面更有优势，利用相关的计算机软件能够对CAS进行快速分析。实物模型在体现造型意图方面相对更加直观，更加有利于造型师对形态的把握。另外，CAS表现造型效果时用的技术是计算机仿真，仿真毕竟不是真的，有时会有偏差。两者是互补的关系，需要CAS和实物模型共同完成项目。

很多项目中，根据设计方案先制作CAS，再用CAS铣削，然后在实物模型上修改，通过三坐标测出相关数据，同步体现在CAS上。在CAS上体现后用于工程可行性分析，待工程反馈后，将工程反馈体现在CAS上，同时体现造型意图，然后测出CAS的相关数据，通过三坐标将数据反馈到实物模型上。如此反复，最终制作出体现造型意图、符合工程校核的实物模型和CAS。

工程可行性分析贯穿整个CAS设计流程，工程可行性分析的强弱直接影响到CAS的品质，如果工程可行性分析的准确性高，这个CAS的价值就高，反之则不然。一般来说，CAS基本可以体现造型的意图，通过评审的CAS一般都有较好的视觉效果，否则通不过评审。如果后期制作A级曲面时发现前期的工程可行性有较为严重的错误，势必推翻原有造型，这将对项目产生较大影响，并且造成较大的资源浪费。所以，工程可行性分析的准确性非常重要。

4　模型制作

油泥模型就是根据造型效果体现的实物（见图1-4），一般有1∶1和1∶5两种。虽然现在科技已比较发达，但是制作油泥模型依然是汽车设计生产中的必要环节。油泥是一种类似橡皮泥的黏土，成型的细节需要用刀刮削才能完成。一般先要制作比例小的油泥模型作为提案，在油泥制作过程中设计师会全程跟踪指导，以确保油泥模型能够符合自己的设计意图。

一般有3~5个甚至更多方案会被选中进行1∶5的小比例油泥模型制作。制作小比例油泥模型主要是为了节约成本以及节省时间。完成小比例油泥模型制作之后，公司高层将会对模型进行评审，这是第一次实

图1-4　小比例油泥模型

物模型的评审，将综合考虑各个影响到生产的因素，包括美学、工艺、结构等。这次评审主要还是对模型的外观美学进行评判，通过评审挑选出其中的两三个方案进行1∶1的全尺寸油泥模型制作。

大汽车企业的全尺寸整车模型基本上都是由5轴铣削机铣削出来的，油泥模型师只需要根据设计师的要求对铣削出来的模型进行局部的修改就可以了。油泥模型制作完毕后，根据需要将进行风洞试验，以测定其

空气动力学性能。为了更直观地观察模型，通常还会进行贴膜处理，以便检查表面质量和产生逼真的实车效果。这时要进行一次全尺寸模型的评审会，从中选出最终的设计方案，并对其提出一些修改意见。油泥模型师根据修改意见调整油泥模型，修改完毕后再次进行评审，并最终确定造型方案，冻结油泥模型。

当硬模型做完后，按照造型效果进行喷涂，就得到了验证模型。验证模型就是平常所说的数字样车，以后的真车便是在验证模型的基础上进行开模和验证的。

5　A级曲面制作

汽车A级曲面是指满足设计审美要求、曲面内部质量要求、工程布置及后续结构设计要求和模具制造工艺要求的可见车身外表面。A级曲面的质量和最终的整体产品质量息息相关。A级曲面和前期的CAS还是有质的区别的，A级曲面作为造型阶段对工程阶段的最终递交物，反映理论状态的造型特征和造型质量，是汽车造型阶段的关键。

设计数据以最高质量的A级曲面方式发布。当方案最终确定后，就不再用油泥模型来推敲方案，而是全面进行数字模型的质量提高工作，即制作整车的最终A级曲面。这期间，一般情况下不会对设计主体进行更改，因此数字设计师对曲面的调整空间非常有限，往往限制在1mm范围以内，数字设计师所做的工作主要是改进面的光顺、间隙和面差等影响表面质感的内容。为确保这种精细的调整可控，一般情况下这一阶段要同步制作一个验证模型，也就是说数字设计师完成的所有修改，都要及时加工出来，供设计师和设计管理人员在实物上进行检查确认。

6　造型冻结

造型冻结之前，与造型无关的车身结构可以先行展开工作，如前后地板总成、发动机舱总成等。在预计的造型冻结节点（Knot）之前，各部门需要对造型达成一致，此时造型的A级曲面数据已经完成。造型冻结后，不再对造型做轻易更改，车身结构工程师就开始展开前期与造型相关的内板及加强件的设计，如侧围内板总成、侧围加强件、顶盖横梁、门的结构等。可以参照参考车的大致结构以及设计车型具体的开发要求，细化出工艺数字模型。

1.1.3　数字设计在造型设计中的应用

数字设计已经成为汽车造型设计的主流技术。手绘效果图、胶带图和手工油泥模型等传统设计手段在汽车造型设计过程中发挥着重要作用的同时，利用数字设计可以加快设计流程，节省设计成本，可以说是世界各大汽车设计公司的必经之路。世界汽车行业主流的造型设计流程模式，基本上基于实物模型与数字模型两种方式并行（见图1-5和图1-6）。目前的数字设计虽然在效率和速度等方面较传统设计方式有很大的优势，但传统设计方式更接近人的主观感受，因此具有不可替代性。

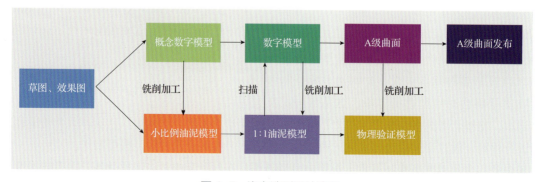

图1-5　汽车造型设计流程

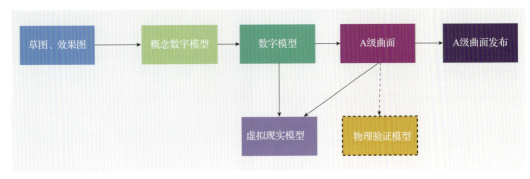

图 1-6 纯数字化设计流程

数字设计在造型设计中主要应用于以下几个方面。

1 草图和效果图的数字化创作

草图和效果图是设计师快速表达设计思想的主要手段。从前期的概念设计草图阶段开始就可以应用数字设计。设计师们不需要完全在纸上表现自己的创意，运用数位板（也称为绘图板）或数位屏和绘图软件相结合的方式，可以进行实时修改和擦除。传统的纸上作画不能随意地进行放大、缩小来检查作品，因此很多线性和大小比例关系的研究在小篇幅的纸上是比较难以推敲的。数字草图和效果图设计如图 1-7 所示。

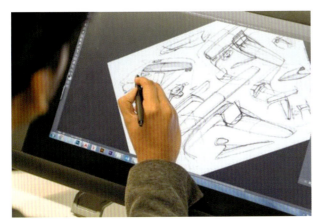

图 1-7 数字草图和效果图设计

这一阶段的早期，设计师完成了数百张的创意草图，大多使用传统的纸笔方式，也有少量的使用计算机绘制。在后期评审阶段，基本上都在计算机中进行精细处理，以使设计方案更加清晰易懂，便于与市场部和工程部门沟通，且便于上级领导对方案进行评审。

2 三维数字模型的构建

当设计师完成了大量的设计草图后，一般会选择其中的几个草图进行模型制作。传统的制作模型方式一般是做小比例的油泥模型，同时借助胶带图、卡板和高度尺等手段。而现代方法一般是在此之前会完成一个或多个概念数字模型，即只制作设计的主要曲线和大面，而对细节不作深入，这样可以大大加快设计速度，一般两三天即可完成。然后利用概念数字模型数控加工出多个小比例油泥模型，供油泥模型师进行方案的调整与进一步创作，这就是所谓的"正向设计"。当油泥模型师在油泥模型上完成方案的修改后，可以用数字三维扫描仪将油泥模型表面的数据扫描到计算机中，得到模型的点云数据，再经数字设计完成数字模型的调整，这就是所谓的"逆向设计"。正向设计和逆向设计，都要求所使用的软件能够提供丰富的建面手段和快捷的操作方式，这一领域的三维软件也有很多，汽车行业主要使用的是 Alias。在 Alias 中，数字设计师根据效果图可以直接快速地完成各方案的概念数字模型（见图1-8）。

3 数字模型的展示

相对于实物模型的立体和随时可触摸性，如何评估显示在屏幕上的数字模型成为数字设计能否在设计过程中成功应用的关键。在完成了前期的数字模型后，为了更好地展示设计成果，汽车设计师们还需要对曲面数据进行可视化实时渲染。从车漆的颜色、车灯的亮度，到保险杠的纹理、座椅的皮革，从车身对环境光线的反射，到不同天气条件下的阴影，实现三维模型的实时可视化，并可对该模型进行实时交互、改变颜色、查看几何结构，还可从任意角度观看并进行细微调整。运用实时三维仿真软件，在产品设计和发展阶段，用户可以进行形象化评判并即时决定下一步的设计（见图1-9）。

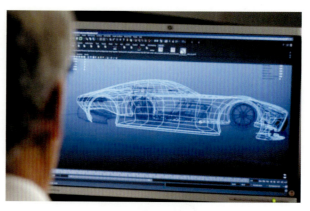

图1-8 三维建模

图1-9 数字模型展示

4 数字模型与实物模型的交互

要从实物模型转换为数字模型，需要采用三维扫描手段生成表面点云数据。数字设计师可以用一些专门的点云处理软件（如PolyWorks、Imageware等）生成Polygon（多边形）模型或NURBS模型，也有很多设计师在Alias中依据点云数据直接生成NURBS曲面。Alias中生成的曲面，也可以通过数控机床对油泥进行铣削而加工出来（见图1-10），或用快速程序技术制作各种样件，使得数字模型物理化，更方便进行设计评审和交流。

图1-10 根据数字模型进行铣削

5 A 级曲面模型及其验证

随着计算机硬件性能的不断提高,其越来越快的运算速度为处理汽车设计中的大规模数据提供了硬件保障。数控机床等加工设备的应用、先进制造工艺的运用(如激光焊接流水线)以及模具制造工艺的不断提高,都使得最终量产样车的状态与 A 级曲面的状态越趋接近。A 级曲面技术的日益成熟与完善以及 A 级曲面质量的提高,必将更好地为后续结构设计、工程分析、样车制造、模具制造等环节提供理论依据,为缩短开发周期、加快新产品开发节奏提供强有力的保证。A 级曲面如图 1-11 所示。

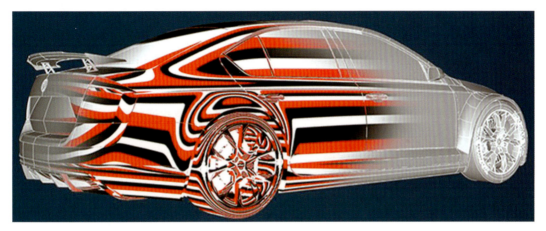

图 1-11 A 级曲面

6 数据管理及异地协同

汽车设计是一个团队协作过程,没有一个人可以单枪匹马地完成数量巨大的汽车设计工作。数字模型的构建可以由数字设计师在各自的计算机上独立完成,但汽车设计环境讲求团队化合作,以实现数字模型数据的及时共享,保证数字设计流程顺利运作。因此,很多数字软件供应商开发了专门的工具来进行工程数据管理,包括 Siemens PLM Software 的 TeamCenter 软件、Autodesk SHOTGUN 等。借助先进的通信技术和安全网络服务,所有开发信息完全集成在统一的网络环境中,设计师、模型师、工程师和设计管理人员等都可以随时使用这些信息进行协同开发(见图 1-12)。

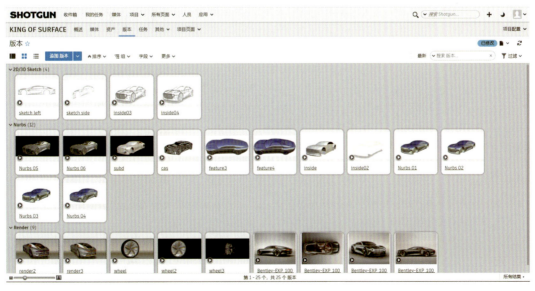

图 1-12 SHOTGUN 的工作界面

1.2 常用三维建模软件介绍

三维建模（3D Modeling）是指在计算机上通过三维制作软件在虚拟三维空间构建出具有三维数字几何数据的模型。三维模型（见图1-13）代表一个物体在三维空间中使用的点的集合，是由各种几何实体（如三角形、线、曲面等）作为数据的集合。三维建模被广泛应用于各个领域，根据应用领域和场景的不同，可以分为CAD、CAID、CG等。本书所讲解的Alias软件就属于CAID范畴。

图1-13 三维模型

1.2.1 应用领域与场景

1 CAD

CAD（Computer Aided Design，计算机辅助设计）是指使用计算机软件直接从事图形的绘制与结构的设计。CAD诞生于20世纪60年代，源于美国麻省理工学院提出的交互式图形学的研究计划，当时只有美国通用汽车公司（GM）和美国波音航空公司使用自行开发的交互式绘图系统。CAD的实现技术从那时起也经历了许多演变。CAD起初主要被用于产生与手绘图样相仿的图样。计算机技术的发展使得计算机在设计活动中得到更有技巧的应用。如今,CAD已经不仅仅用于绘图和显示，它开始进入设计者的专业知识中更"智能"的部分。在汽车工业中，常用的商业化通用CAD软件有SolidWorks、Auto CAD、NX、CATIA、Creo等。

2 CAID

CAID（Computer Aided Industrial Design，计算机辅助工业设计）是指在计算机及其相应的计算机辅助工业设计系统支持下，进行工业设计领域的各类创造性活动。常用的CAID软件有Rhino、Alias、ICEM Surf等。

CAD和CAID虽然只有一个字母之差，但还是有很大区别的。广义上，CAID属于CAD的一个分支，许多CAD领域的方法和技术都可以借鉴和引用。2005年Autodesk（欧特克）收购Alias，2007年达索收购ICEM Surf，意味着CAID与CAD软件进一步整合的时代到来。

3 CG

CG（Computer Graphics,计算机图形）是指通过计算机软件所绘制的一切图形的总称。随着以计算机为主要工具进行视觉设计和生产的一系列相关产业的形成，国际上习惯将利用计算机技术进行视觉设计和生产的领域通称为CG，包括技术和艺术，几乎囊括了当今计算机时代中所有的视觉艺术创作活动，如平面印刷品的设计、网页设计、三维动画、影视特效、多媒体技术、以计算机辅助设计为主的建筑设计及工业造型设计等。在建模软件部分，CG指代的行业主要是CG艺术与设计、游戏软件、动画，更加偏向视觉传达和艺术表现。常用的CG软件有3ds max、Maya、C4D等。

1.2.2 三维建模软件的分类

按照软件的技术架构，三维建模软件可以分为多边形建模、曲面建模、实体建模以及雕刻建模四大类。

下面我们梳理一下各种分类中最具代表性的一些软件,以及它们的特点和应用领域。

1 多边形建模

多边形建模即 Polygon 建模,在早期主要用于游戏动画、影视等传媒娱乐行业,现在很多汽车设计行业也会用多边形建模方式快速构建前期设计意图、制作比例模型等(见图1-14)。

多边形建模的过程可以总结为:首先创建一个可编辑的简单多边形对象,通过对该多边形对象的各种子对象进行编辑和修改来实现建模的过程。可编辑多边形对象包含了 Vertex(节点)、Edge(边界)、Border(边界环)、Polygon(多边形面)、Element(元素)5 种子对象模式,与可编辑网格相比,可编辑多边形显示了更大的优越性,即多边形对象的面不只可以

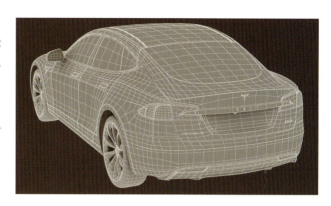

图 1-14　多边形建模

是三角形面和四边形面,还可以是具有任意多个节点的多边形面。多边形建模从技术角度来讲比较容易掌握,在创建复杂表面时,细节部分可以任意加线,在结构穿插关系很复杂的模型中就能体现出它的优势。另一方面,它不像曲面建模有固定的 UV 坐标,所以在贴图工作中需要对 UV 坐标进行手动编辑,以防止产生重叠、拉伸纹理。代表性的多边形建模软件有 Blender、3ds max、Maya、C4D 等。

多边形建模最大的好处就是自由方便快捷,不用去考虑相互之间的配合关系,只需要得到最后的效果图即可。所以,它不能用来指导生产,一般用于视觉效果上的推敲,还可以用于快速构思和渲染,特别是在精度不重要的情况下。多边形建模容易上手,但其精度还远远达不到工业化要求,这也是为什么多边形模型大多只存在于虚拟世界之中。对于工业设计和汽车设计来说,会用多边形建模构建前期比例模型即可。

2 曲面建模

曲面建模即 NURBS 建模,是指由曲线组成曲面,再由曲面组成立体模型。曲线有控制顶点(Control Vertex,CV),可以控制曲线的曲率、方向、长短。

曲面建模的思路与多边形建模有较大的不同。一般来说,创建曲面都是从曲线开始的,可以通过点创建曲线来创建曲面,也可以通过抽取或使用视图区已有特征(Feature)的边缘线创建曲面。首先要创建曲线,可以用测量得到的点云创建曲线,也可以从视图窗口中勾勒出所需的造型曲线。根据创建的曲线,利用一系列的曲面生成工具,创建产品的主要或者大面积的曲面。曲面建模更多应用在工业设计领域。曲面建模包括可控参数化建模和直接曲面建模。曲面建模不同于实体建模,不具备完全参数化的特征,所以曲面建模常用于产品造型设计、工业造型设计等领域(见图1-15)。

图 1-15　曲面建模

NURBS 是工业设计以及制造业领域的工业标准,Rhino、Alias、SolidWorks、CATIA、Creo 等软件都是基于 NURBS 开发的。

3 实体建模

实体建模是指通过基本体元素的集合运算或变形操作生成复杂形体,其特点在于三维立体的表面与其实

体同时生成。由于实体建模能够定义三维物体的内部结构形状，所以广泛应用于制造业（见图1-16）。代表性的实体建模软件有AutoCAD、CATIA、NX、SolidWorks、Creo等。

4　雕刻建模

雕刻建模方式即将手工雕刻工具放入了虚拟世界之中，在硬件上，它要求设计者必须有数位板或数位屏等具有压感的绘制工具。雕刻建模十分灵活，但在精度及曲面质量上有明显缺陷，无法为工业生产提供三维数据支撑，但其在影视、游戏等领域却得到了极大应用，受到很多设计师的欢迎（见图1-17）。

图1-16　实体建模

图1-17　雕刻建模

1.2.3　CAID在汽车行业的应用

CAID行业的主要应用软件有Rhino、Alias、ICEM Surf，在汽车设计领域主要使用Alias和ICEM Surf。Rhino主要用于产品设计，而Alias更多偏向前期应用，ICEM Surf偏向后期应用。

1　Rhino

Rhino（犀牛）是当今市场上最流行的建筑/工业设计三维建模软件。Rhino一直用于产品外观造型建模行业，因软件体积小、操作相对简单、插件众多，因而受到部分设计师的欢迎。但其在曲面精度控制、连续性（Continuity）控制、模型动态调整以及跟下游工程软件衔接等方面仍有不足。近些年，因Rhino可以配合着Grasshopper参数化建模插件一起使用，在汽车设计领域也逐渐受到欢迎（见图1-18）。

图1-18　Rhino+Grasshopper

2　Alias

Alias 是 Autodesk 的工业设计和 A 级曲面绘制软件，用于工业、产品和汽车设计的绘图、建模、曲面和可视化工具。Alias 是工业设计软件业界的标准，在精度和功能的全面性上都十分成功，而且还可以借助手写板在计算机上画草图和效果图；更新速度快，新功能和新模块经常引入其中。本书将围绕该软件展开介绍。

3　ICEM Surf

ICEM Surf 是卓越的曲线和曲面显式几何图形建模工具，常被称为 A 级曲面建模系统中的标杆，可以为复杂的自由形式，形状 CAD 曲面模型提供高端可视化的定义、分析和执行，直至实现最高质量。它广泛用于汽车、航空航天、消费品及冲压模具行业的产品设计流程中，提供直接曲面建模、精细调整、重构和扫描建模等丰富的解决方案。另外，其全局建模和以行业为导向的分析工具等高级工具，可以帮助设计师检测细微的曲面问题以及检查设计是否合规，还可同时执行高精度的曲面处理和体验实时 3D 可视化功能（见图 1-19）。

图 1-19　ICEM Surf

1.3　概念车

每年大大小小的车展上，在各家车企的展台前，都会有很多造型前卫、科技感十足的酷炫车型，形成一道科技与设计的饕餮盛宴（见图 1-20）。同时，它们还有另外一个共同特点，即没有售价，不出售。这样的车型有一个共同的名称——概念车（Concept Car）。

图 1-20　展台上的概念车

1.3.1　什么是概念车

概念车最早由 GM 在 1938 年推出，是一种仅用来展示而非销售的车型，展示汽车企业的造车概念（见

图1-21）。概念车也可理解为未来汽车。汽车设计师利用概念车向人们展示新颖、独特、超前的构思，反映着人类对先进汽车的梦想与追求。

概念车一般可以分为两种类型：一种是能跑的具有驾驶功能的汽车；另一种是展示设计概念的静态模型。概念车的设计和制造无须刻意考虑量产化时生产材料和工艺水平的限制，无须考虑机动车安全强制法律法规或设计标准，也无须具有完备的功能。

图1-21　第一辆概念车

中国第一辆概念车叫"麒麟"，在1999年于成立不久的通用泛亚技术中心诞生（见图1-22）。

概念车往往只是处在创意、试验阶段，也许永不投产。绝大部分概念车无法正常在开放公路合法行驶，有少数概念车根本就没有安装动力系统，只是一个样车模型，有些概念车连内饰都没有制作（见图1-23）。

图1-22　中国第一辆概念车"麒麟"

图1-23　概念车模型

因为没有规模化的成本摊销，概念车的成本往往远超量产车型。概念车的成本要包括几乎整个项目研发的费用和车辆制造成本。因不会制作大量高投资的造型模具，再加上特殊的设计要求，概念车的制造往往需要使用昂贵的特种加工方式，通常由黏土、金属、玻璃纤维、塑料等材料经3D打印组合制成，还需要大量的人工手动劳作。

1.3.2　为什么制作概念车

概念车在汽车中是内容最丰富、最深刻、最前卫、最能代表世界汽车科技发展和设计水平的。概念汽车的展示，是世界各大汽车企业借以展示其科技实力和设计观念的最重要的方式，因而每年大大小小的国际、国内汽车展览中总能看到概念车的身影。那么，这些花费重金打造出来的概念车都有哪些作用呢？

1　展示品牌活力，弘扬企业文化

设计前卫的概念车，表达出了汽车品牌对未来的一种态度。由于不需量产销售，所以大部分概念车的意义并不在于产品层面，而是在于对企业品牌层面的维护和塑造，大部分概念车用来向观众展示企业的进取心、创新活力、对未来的前瞻和规划的研究方向等（见图1-24）。概念车也可以弘扬汽车品牌的文化，表达品牌

图1-24　车展中的概念车（一）

的内在精神理念，或者提醒人们品牌具有辉煌的历史传统。比如有些概念车是对历史经典车型的致敬，还有些概念车是品牌重要节日的庆祝礼物。

2　展示设计能力，工程技术的新探索

没有了诸多现实元素的束缚，概念车通常也是汽车企业展现造型设计实力的好平台。有时，汽车企业甚至会推出一些概念车来展示其强大的设计能力（见图1-25）。

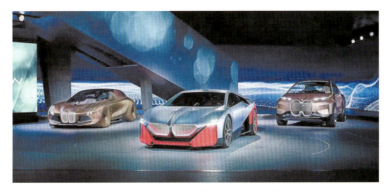

图 1-25　车展中的概念车（二）

对于一些独立的汽车设计公司，时不时地拿出一些概念车来证明自己的造型设计实力更有必要，这也可以增加与客户的联系。概念车对未来的构想不止于造型，同样可能体现技术层面的尝试。概念车有时也是汽车品牌对新技术的研究平台和成果展示。

3　品牌未来设计方向大预告，量产预告

汽车企业会在调整品牌造型设计风格前公开展示一款或几款定义未来汽车品牌造型方向的概念车。这类概念车不一定明确对应未来的量产车型，却意在把当前汽车企业对未来的造型规划提前向人们展示，预热市场的同时获取人们对新设计欢迎程度的反馈，在后续的一系列量产新车型上进行落实和调整（见图1-26）。

图 1-26　量产前的概念车

也有一些概念车和量产产品密切相关，比如量产预告型概念车。有一些车型会在开发之前先发布一款定位、设计风格或者理念相近的概念车来试探市场的反映，如果反映良好就决定量产，否则会加以改进。

量产预告型概念车都是在量产车型的设计已经基本定型以后才开始重新设计的。因为汽车的研发流程中，一款新车的研发在造型设计冻结后，可能一年甚至更久的时间内仍然需要大量的试验、测试，而不能直接公之于众。这些作为量产车型化身的概念车却可以提前出来和大家见面。

这些量产预告型概念车除了试探消费者的喜好外,也会被用来提前预热。有些为了让人提前适应其可能很独特的设计风格;有些就是为了在不影响现有车型的销售下,提前吸引关注,从竞争对手手中提前拉住潜在客户,使他们在本款车型上市前先暂时不购买别家汽车。

1.3.3 经典概念车型

从 1938 年哈利·J. 厄尔(Harley J. Earl)的 Y-job 出现到今天,在汽车工业发展史上有太多的概念车型展出,有的成为汽车史上的经典车型,有的则淹没在历史长河中。下面我们介绍几款经典的概念车型。

1　别克 Y-Job(1938)

别克 Y-Job(见图 1-27)是世界上第一辆概念车,被誉为"梦之车",由哈利·J. 厄尔设计,该车装有电动隐藏式前照灯、"瞄准具"发动机舱盖装饰、电动车窗、环绕式保险杠、与车身齐平的门把手以及直到 20 世纪 50 年代别克仍使用的预先设计的造型风格。别克至今仍使用垂直瀑布式格栅设计。

图 1-27　别克 Y-Job

它的出现给当时经济危机阴影中的美国人们提前看到未来的美好愿景,也是向那些逐渐走出困境的人们提醒:通用汽车才是接下来最好的选择。Y-Job 就此一辆,并不量产销售,但其很多设计元素和理念都在后续的别克量产车型得到体现。

2　阿尔法·罗密欧 BAT 系列(1953—1955)

阿尔法·罗密欧(Alfa Romeo)计划制造出阻力系数尽可能低的车辆。它与 Bertone 设计公司合作，并委托其设计3辆概念车，用于研究阻力对车辆的影响。当时的想法是，这些汽车以"Berlinetta Aerodinamica Tecnica"的名字命名为BAT。所有汽车都具有大型后保险杠和弯曲的鳍片。它们建立在Alfa Romeo 1900底盘上。这3款车分别在1953年、1954年和1955年的都灵车展上亮相（见图1-28）。

图1-28　BAT系列概念车

3辆车中阻力系数最小的为0.19，即使按今天的标准计算也是如此。对于每辆汽车，阿尔法·罗密欧提供了5速变速器和强大的四缸发动机，产生了超过90马力（约66kW，1马力=735.499W）的功率，足以将汽车推至最高速度125mile/h（约201km/h，1mile=1609.344m）。

3　兰博基尼·马尔扎尔（1967）

兰博基尼·马尔扎尔（Lamborghini Marzal）概念车（见图1-29）在1967年的日内瓦车展上首次亮相，其革命性的造型在整个汽车行业引起了轰动。当时，一家美国杂志指出，兰博基尼·马尔扎尔的设计立即使"其他所有东西看起来都过时了"。

它是由Bertone设计公司的设计大师马塞洛·甘迪尼（Marcello Gandini）设计的，旨在为兰博基尼提供真正的四人座汽车。使用一对鸥翼式车门代替传统的四门构架，以便保留轿跑车般的美感，同时增加四人座的实用性。与车顶一样，宽敞的鸥翼式车门也是用玻璃制成的，从而为创新的兰博基尼营造出通风

图1-29　兰博基尼·马尔扎尔概念车

的氛围。汽车玻璃的总面积高达 4.5m²。

其他造型特征还包括重复使用六角形主题，这种形状在蜂窝状的后百叶窗、仪表板、方向盘、座椅和车轮中都有使用。到目前为止，兰博基尼·马尔扎尔的设计风格仍在最现代的兰博基尼超级跑车中应用。特别是六角形，它已逐渐融入兰博基尼公司的设计语言中。

4　法拉利 512S Modulo（1970）

法拉利 512S Modulo 是由意大利著名的设计公司 Pininfarina 设计的概念跑车，在 1970 年的日内瓦车展上亮相（见图 1-30）。类似太空飞船的设计从首次亮相就赢得极大关注，最终赢得了 22 个奖项。

图 1-30　法拉利 512S Modulo 概念车

Modulo 的车身极低且呈楔形，看上去像有两个重叠的车身外壳，在腰围上有一个直线凹痕。前部组件、顶篷和行李舱以单一拱形曲线连接在一起，充足的风窗玻璃与截断的立柱相接，大大减轻了前部组件宽大表面的负担。其顶篷式玻璃车顶可以向前滑动进入车厢。所有 4 个轮子都被部分覆盖。该设计的另一个特殊功能是发动机罩上有 24 个孔，可显示法拉利 V12 发动机。

5　梅赛德斯 - 奔驰 C111 系列概念车

梅赛德斯 - 奔驰 C111 是在 20 世纪 60—70 年代生产的一系列概念车（见图 1-31）。奔驰当时正在试验新的发动机技术，包括 Wankel 发动机、柴油发动机和涡轮增压器，并使用基本的 C111 平台作为测试平台。其他试验功能包括多连杆式后悬架、鸥翼式车门以及带皮革装饰和空调的豪华内饰。

图 1-31 梅赛德斯-奔驰 C111 系列概念车

鸥翼式车门首次出现是在 1952 年的奔驰 300SL 车型上,而真正发扬光大则是在奔驰 C111 系列车型上,C111 的 4 款车型都采用了鸥翼式车门。和传统车门相比,鸥翼式车门不仅显得更加高雅,而且在技术上也有一定的必要性——车身机构更加紧凑,而且上下车也更加从容。C111-Ⅲ 最高速度达 260km/h,0 到 100km/h 加速仅需 5s。由于其在空气动力学方面的成功优化,阻力系数仅为 0.33。

6 玛莎拉蒂回旋镖(1972)

回旋镖(Boomerang)是乔治亚罗设计的一款概念车。该车由一台 4.7L V8 发动机提供动力,可产生 310 hp(约 232kW,1hp=745.700W)和 460 N·m 的后轮驱动力,有 5 速手动变速器和完全装潢的内部,仪表板布局独特,方向盘和仪表盘组是从仪表板中出现的单个控制台的一部分,方向盘围绕固定仪表盘旋转(见图 1-32)。

图 1-32 玛莎拉蒂回旋镖

这辆车由锐角和楔形组成，在接下来的 10 年中一直占据着主导地位，尤其是在乔治亚罗的作品中。车门是透明的，这可能是炫耀内部的一种微妙方式。侧身看起来就像是一个宇宙飞船，尖尖的车头十分犀利，给人一种无与伦比的速度感。汽车尾部的设计也十分亮眼，格栅状的设计很是经典，即使现在的绝大部分跑车也都采用的相同设计。4 个排气管的设计使它看起来十分霸气。

汽车的内饰设计在当时也算十分超前，棕黄色的软皮将座椅包裹起来，很有文艺气息。方向盘采用了镂空设计，汽车的仪表盘都被放到了方向盘中间，这样的设计在如今也没有出现过第二例。

7 福特 Probe 系列概念车

20 世纪 70 年代后期开始，福特和设计师吉亚（Ghia）开始使用 Probe 系列概念车探索一系列未来派设计（见图 1-33）。Probe I 于 1979 年首次展示，采用楔形设计，结合了许多减阻功能，例如有盖后轮和弹出式前灯。第二年又推出了外观更为传统的 Probe II，其掀背车的造型让人联想到小马车。1981 年的 Probe III 是带轮罩的先进设计理念，其车身特征演变为传统的福特 Sierra（或 Merkur XR4Ti），其造型语言也在福特 Taurus 中被使用。1982 年的 Probe IV 是具有更低阻力系数的更激进的概念车，并演变为同样激进的 Probe V。

图 1-33 Probe 系列概念车

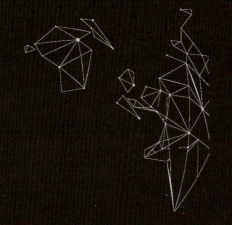

第 2 章

曲面王者——Alias 介绍

本章重点

- Alias 的发展历程
- 草绘、建模和可视化工作流
- 安装 Alias
- Alias 的界面与操作

导　读 ///////

工欲善其事，必先利其器，本章将进入 Alias 软件的学习。了解软件发展的历史对软件的学习也有很大帮助，所以本章首先介绍 Alias 的发展历程与版本说明，然后介绍软件的工作流程与优势，最后介绍软件安装的配置要求与过程说明，以及软件的界面与基础操作。

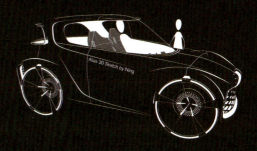

2.1 概述

作为最成熟的 CAID 软件，Alias 已经发展了三十多年，在汽车设计行业和制造业得到了最广泛的应用，汽车品牌设计中心和汽车设计服务公司几乎都会使用 Alias 作为三维造型工具。

2.1.1 发展历程与版本说明

1　发展历程

▶ 1983 年，Alias Research 在加拿大安大略省多伦多成立。Alias 初期产品的 Logo 与现在有所不同（见图 2-1）。

▶ 1985 年，发布首款产品 Alias 1.0。Alias 1.0 最大的特点在于其基于样条曲线设计图形，比多边形线生成的线条平滑得多。

图 2-1　Alias 初期产品的 Logo

▶ 1985 年，Alias 公司与 GM 签订了具有里程碑意义的协议，设计了一种系统。该系统结合了 NURBS（非均匀有理 B 样条）技术，该技术与 CAD 系统兼容。

▶ 1986 年，推出 Alias 2.0。它具有基本的样条几何形状，从而创造了术语 CAID 和一个全新的市场。

▶ 1990 年，推出了第三代软件，并把产品分为工业设计品牌 Studio 和用于娱乐市场的 PowerAnimator。

▶ 1993 年，Alias 公司与福特密切合作开发了 StudioPaint，这是一种高端油漆套装，旨在通过实时喷枪进行汽车素描和渲染。

▶ 1995 年，Alias Research 被 Silicon Graphics 收购，并合并了另一家 3D 软件图形公司 Wavefront Technologies，从而形成了 Alias | Wavefront，后来更名为 Alias Systems Corporation。

▶ 1997 年，Alias | Wavefront 发布新版本：Alias Studio 8.5、Alias AutoStudio 8.5 和 Alias Designer 8.5。

▶ 1998 年，Alias | Wavefront 推出了其新的 3D 旗舰产品 Maya。Maya 在以下关键领域处于行业领先地位：使角色栩栩如生、爆炸性的视觉效果和系统架构。

▶ 2005 年，Autodesk 收购 Alias 公司，StudioTools 更名为 Autodesk Alias AutoStudio。其后开始以每年一个版本进行升级更新，截至 2022 年 3 月，最新版为 2022 版本。

2　版本说明

本书中所涉及的 Alias 软件版本为 2021 版，每年的 4—5 月，Autodesk 会发布最新的版本。Autodesk Alias 产品线系列包括 Design、Surface 和 AutoStudio，不同的版本有不同的市场定位，其中 Alias AutoStudio 功能最为齐全，市场定价也最为昂贵。本书中的功能命令、案例介绍均使用 Alias AutoStudio 版本。各版本之间的区别见表 2-1。

表 2-1　Alias 各版本之间的区别

版本	AutoStudio	Surface	Design
登录界面			

（续）

版本	AutoStudio	Surface	Design
主要功能	※ 集成 SUBD（细分建模）建模工具 ※ 从草图到 A 级曲面完整工作流程 ※ 使用 Dynamo 参数化建模技术 ※ 通过 HMD（头戴式显示器）查看 VR 中的内容 ※ 包括 Alias SpeedForm、VRED Design（简称 VRED）、SketchBook Pro、Maya	※ 集成 SUBD 建模工具 ※ 从概念模型细化到 A 级曲面 ※ 通过 HMD 查看 VR 中的内容 ※ 使用 Dynamo 参数化建模技术 ※ 创建可用于生产的技术曲面	※ 集成 SUBD 建模工具 ※ 从草图到概念模型设计 ※ 探索、交流和可视化设计方案 ※ 通过 HMD 查看 VR 中的内容 ※ 使用 Dynamo 参数化建模技术
快速建模			
网格建模	☑		☑
概念探索	☑		☑
概念设计控制线	☑		☑
无损细节	☑		☑
渲染和材质管理	☑		☑
细节设计			
Dynamo 设计	☑	☑	☑
缝线	☑	☑	☑
曲面连选工具	☑	☑	☑
自动形状阵列	☑	☑	☑
精确曲面制作	☑	☑	☑
X 轴翻转视图	☑		
混合曲线工具	☑	☑	
A 级曲面			
精确曲面建模	☑	☑	
扫描数据工作流	☑	☑	☑
多混合工具	☑	☑	☑
多曲线轮廓输入	☑	☑	
交流与可视化			
使用 HMD 在 VR 中查看内容	☑	☑	☑
VRED 兼容性	☑	☑	☑
交互式产品可视化	☑	☑	☑
效果图	☑	☑	☑

（续）

版本	AutoStudio	Surface	Design
数据交换	☑	☑	☑
曲面分析			
光线影响和反射	☑	☑	☑
油泥着色	☑	☑	☑
曲面流动参照	☑	☑	☑
曲面评估	☑	☑	☑

2.1.2 工作流程

Alias 最大的特点之一就是全流程化的操作方式，包括草绘、建模、可视化、动画等，根据项目阶段的需求进行工作流的选择（见图 2-2）。

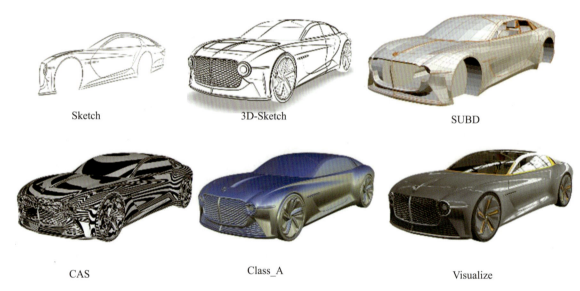

图 2-2 Alias 的工作流

在 Paint 工作流中，可以完成草图绘制、效果图绘制、数字胶带图及二维与三维的交互操作，详细内容可参见本书第 3 章。

在 Modeling 工作流中，可以完成 SUBD、CAS、参数化设计（Parametric Design）、A 级曲面、数据检测等，详细内容可参见本书第 3~5 章。

在 Visualize 工作流中，可以完成硬件渲染、渲染输出、交互评审等工作，同时通过动画模块进行动画展示，最后可以在 VR 虚拟环境中查看模型，详细内容可参见本书第 6 章。

2.1.3 优势

近些年来，Alias 的版本进行了很多革命性的功能更新，随着参数化设计（Dynamo）、细分建模（SUBD）、虚拟现实（Create VR）以及项目管理平台（SHOTGUN）的加入，Alias 在汽车造型设计中应用更加广泛和深入（见图 2-3）。

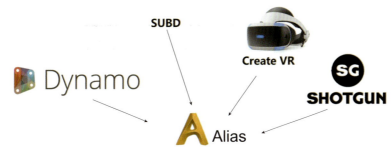

图 2-3　Alias 集成更多功能

2.2　硬件配置与软件安装

通常来说，三维软件对计算机硬件配置的要求相对较高，对处理器、显卡、内存、硬盘空间、屏幕色域等有着不同的需求。但是，这并不意味着计算机配置越高越好，合适即可。

2.2.1　配置要求

关于 Alias 软件适用的配置，官方给出了配置参考（见表 2-2）。

表 2-2　配置参考（Alias 2021 系统要求）

类别	项目	说明
软件要求	操作系统	Microsoft Windows 10（64 位） Microsoft Windows 8.1 Professional（64 位） Microsoft Windows 7 SP1（含更新 KB3140245）（64 位）
	浏览器	Autodesk 建议使用以下 Web 浏览器的最新版本来访问联机补充内容： Apple Safari Web 浏览器 Google Chrome Web 浏览器 Microsoft Internet Explorer Web 浏览器 Mozilla Firefox Web 浏览器
硬件要求	处理器	2GHz、64 位 Intel 或 AMD 多核处理器
	显卡	Alias 常规要求：受支持的 NVIDIA 或 AMD 显卡，最少配 256MB 专用纹理显存且与 DirectX 11 兼容 Alias VR：拥有 VR Ready 认证的任何 NVIDIA 或 AMD 显卡
	内存	8GB（建议使用 16GB）
	磁盘空间	安装所需的可用硬盘空间： Alias AutoStudio：10GB Alias Surface：5GB Alias Design：5GB
	指针设备	三键鼠标 用于草图绘制的 Wacom 图形数位板（可选）
	可选硬件	HTC Vive、Oculus Rift、Windows Mixed Reality
	NET FRAMEWORK	.NET Framework 4.6（对于 Windows）

提示 不再提供 Mac 对 Alias 和 VRED 的支持。

2.2.2 软件安装

本次安装教程使用的版本为 Alias AutoStudio 2020 版，其他版本的安装步骤与此相同。

STEP 01 解压安装文件。双击安装文件（见图 2-4），弹出是否运行文件提示，单击"运行"，按提示进行安装文件的解压（见图 2-5 和图 2-6）。解压后，会生成名为"Autodesk_ALAUST_2020_Enu_64bit_dlm"的文件夹。

图 2-4 Alias 安装文件

图 2-5 提示解压目录

图 2-6 解压文件需要足够空间

图 2-7 解压完成

注意 请保证解压文件的磁盘拥有足够的空间，否则会弹出磁盘空间不足的提示（见图 2-6）。

STEP 02 安装软件。解压安装文件后，系统会自动弹出安装界面；如果没有自动弹出，找到解压文件目录，双击"Setup"文件（见图2-7），即可进入安装界面。在安装界面单击右下角"安装"选项开始安装（见图2-8）。

图2-8　Alias安装界面

按照提示阅读许可协议，选择"我接受"，单击"下一步"按钮继续安装（见图2-9）。

图2-9　阅读许可协议

STEP 03　选择安装软件产品。软件产品包括Alias、SketchBook、Maya、VRED，可根据需求勾选要安装的软件产品。安装路径默认为C盘，建议更改为其他分区，避免占用系统盘太多资源（见图2-10）。完成后单击"安装"按钮继续安装。

图 2-10　选择安装软件产品

STEP 04　安装完成。接下来等待安装进度，根据安装硬件环境，安装会持续 30min 左右，安装完成后会有提示安装成功界面（见图 2-11）。

图 2-11　提示安装完成

STEP 05　启动软件。单击"立即启动"选项，或者双击桌面软件快捷方式图标，进入软件。

STEP 06　激活软件。第一次使用软件需要激活，先进入用户类型选项界面，单击"enter a serial number"（输入序列号）选项，输入正确的产品序列号和秘钥，就可以使用软件了（见图 2-12）。

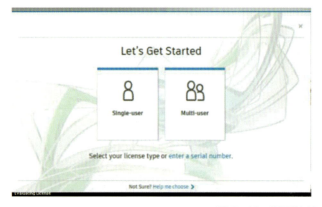

图 2-12　激活软件

2.2.3 用户说明

1 用户信息类型

首次启动 Alias 产品时,需要选择用户信息(见图 2-13)。

图 2-13 选择用户信息

Single-user:登录或单(人)用户。选择此选项,然后使用 Autodesk ID 登录,以使用指定的许可或开始试用。

Multi-user:网络许可或多(人)用户。如果使用网络服务器来管理许可,请选择此选项。

如果不确定自己拥有哪种许可类型,可单击"Help me choose"(帮助我选择),按提示操作即可。

2 多用户使用

使用 Multi-user 许可软件的步骤为先选择许可服务器模式,然后选择网络服务器,最后检查 Autodesk Network License Manager(NLM)的系统需求。

(1)选择许可服务器模式 选择以下许可服务器模式中的一种:

1)单一服务器。所有网络许可都安装在一台服务器上。

2)分布式服务器。网络许可进行拆分并安装在所需数量的服务器上。

3)冗余服务器。所有网络许可都安装在 3 台不同服务器上,其中 1 台处于活动状态而其他作为备份。

(2)选择网络服务器 在选择许可服务器模式后,选择 1 台或多台用于管理许可的网络服务器。服务器必须能够访问所有客户端计算机并在任何时候收到许可请求时都可用。它们必须运行在稳定网络(不会频繁重新启动或关闭)中受支持的操作系统上。频繁重新启动可能会干扰许可管理。服务器应能与端口 2080 以及介于 27000 和 27009 之间的端口(NLM 使用的端口)通信。尽管这些端口可配置,但更改它们可能会导致与其他应用程序发生冲突。除非必要,否则不要更改端口。

提示　网络可以包括 Windows、macOS 和 Linux 服务器的任意组合。

(3)检查系统需求 检查 NLM 的系统要求,并确保硬件和操作系统兼容 NLM。

3 教育版

首先要创建学生、教师或学校的教育账户。进入 Education Community 网页(网址为 https://www.autodesk.com.cn/education/free-software/alias-autostudio),单击屏幕右上角的"登录"选项(见图 2-14),然后单击"创建帐户"。

图 2-14　"登录"选项

注：网页中"帐户"为"账户"的误用。

在"创建帐户"页面中，输入个人信息，选中适用的"条款和条件"复选框，然后单击"下一步"，将收到一条确认消息以及一封包含链接的电子邮件。在该电子邮件中，单击链接以激活账户，并显示一条激活消息。重新进入"Education Community"页面，用创建的账号登录，登录后，就可以下载使用教育产品了。

2.3　Alias 的界面与操作

2.3.1　软件界面及其管理

1　启动软件

双击桌面上的软件图标启动软件，会显示软件加载信息（见图 2-15），一般可以选择 Default 模式。

图 2-15　Alias 2021 启动界面

选择工作模式之后会跳出亮显新功能的界面（见图 2-16）和基础知识介绍视频引导界面。默认情况下启用亮显，此界面中可以选择是否开启新功能亮显。新功能亮显的设置位置在菜单栏 Help>What's New >What's New Highlights 中。

图 2-16　亮显新功能界面

Alias 通过几个系列短片，讲解了一些基本功能和操作，单击不同图标都会出现相关的视频，视频中会讲解相关命令的使用教程（见图 2-17）。

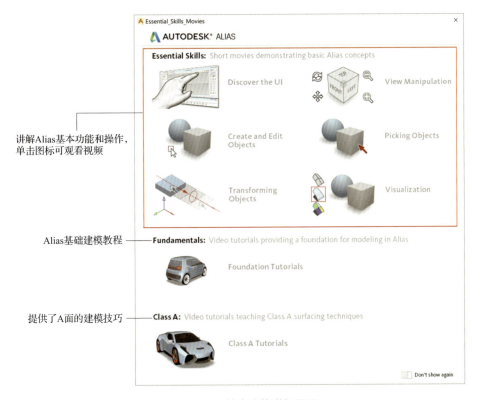

图 2-17　基本功能讲解界面

2　Alias 的界面

Alias 界面主要包括 7 个部分，如图 2-18 所示。

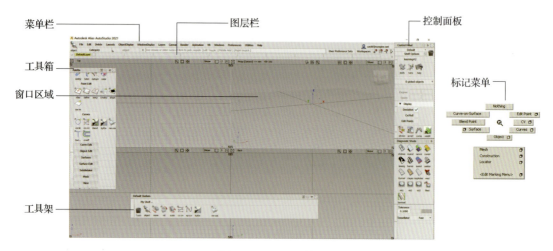

图 2-18　Alias 的界面

1）菜单栏：包含 Alias 所有的命令与工具集合，位于软件界面的顶端。
2）图层栏：图层管理窗口。
3）工具箱：Alias 中创建和操作对象的主界面。这些工具位于工具箱中，并根据各自的功能及所影响的对象类型进行了分组。可以对工具的位置进行自定义。
4）窗口区域：占据了界面大部分空间，位于中部，是构建任务操作的主要工作区域。
5）控制面板：可以对其位置进行自定义。
6）工具架：可以自定义常用工具，对其位置进行自定义。
7）标记菜单：通过标记菜单，可以最快的速度选择工具。标记菜单中的工具可以自定义设置。按住 <Shift+Ctrl> 键的同时单击任意键，可以显示标记菜单。

3　界面管理

在 Alias 使用过程中，通过展开和收拢控制面板、工具箱、工具架和控制窗口，可以最大化利用可用的屏幕空间；还可以将工具箱和工具架从水平方向重新调整为垂直方向等。

（1）收拢 / 展开　控制面板、工具箱、工具架和控制窗口可以进行收拢 / 展开操作，下面以"Palette"工具箱为例（见图 2-19）进行介绍。该操作同样适用于控制面板、工具架和控制窗口。

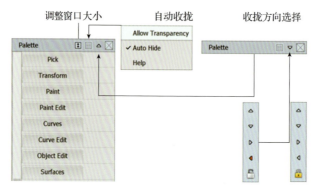

图 2-19　操作示意图

1)单击图标 [icon] 调整工具箱窗口的大小。

2)单击图标 [icon] 打开下拉菜单,然后选择"Auto Hide",将仅显示标题栏(直到将光标悬停在标题栏上时取消)。

3)单击标题栏上的箭头图标可以选择收拢/展开工具箱。按住标题栏上的箭头并在弹出的折叠菜单中选择其他箭头可以控制窗口收拢/展开的方向。选择折叠菜单上的"lock"可以锁定折叠方向,在移动工具箱窗口靠近应用程序窗口边缘时不会使工具箱方向发生变化。

(2)相互附加 按住<Shift>键并拖动标题栏,直至边缘捕捉到应用程序窗口、控制面板、工具箱、工具架或其他窗口的边缘,即完成附加操作。可以将控制面板、工具箱、工具架和某些窗口附加到应用程序窗口的边缘,以便它们与应用程序窗口成为一组可以同时移动和关闭的窗口。当拖动父窗口时,附加的窗口将随之一起移动。当打开或关闭窗口族中任一窗口时,族中所有窗口都将打开或关闭(见图2-20)。

图2-20 右边两窗口会跟随左边第一个窗口的移动而移动

(3)关于选项框和控制窗口 Alias有两种类型的选项窗口。一种是选项框,是指可以在屏幕中来回移动的简单窗口,但是不能调整其大小或收拢。通常这种选项窗口只包含几个选项。当此种选项窗口处于打开状态时,除非单击Exit或Go按钮关闭,否则不能在视图窗口中执行任何操作或选择任何工具。单击Go按钮可开始工具的操作,而单击Apply按钮仅可记住当前选项值而不启用此工具(见图2-21)。

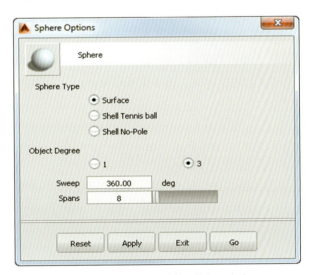

图2-21 选项框不能调整窗口大小

另一种是控制窗口，通常要比选项框复杂得多，而且包含许多选项，并可以在控制窗口仍处于打开状态时继续使用工具。在这种窗口中更改参数通常会使模型自动更新。这种窗口不带有 Go 按钮，而是带有 Next 按钮（用于从头重新开始工具的行为）和 Update 按钮（用于在未自动更新时根据窗口的新值更新模型），还可以展开/收拢控制窗口以有效管理屏幕空间（见图 2-22）。

选项框和控制窗口的底部都包含有 Reset 按钮。Reset 按钮的功能在不同位置会有所不同，取决于此按钮是位于工具箱或菜单栏中某工具的选项窗口之中，还是属于工具架上的一个工具。如果位于工具箱或菜单栏中某工具的选项窗口中，Reset 按钮始终恢复默认（出厂安装）的选项设置；如果属于工具架上的一个工具，Reset 按钮将恢复 Alias 启动时在工具中设定的选项设置。

（4）从子工具箱中选择工具　某些工具隐藏在子工具箱中。如果工具右上角带有黄色箭头，则表示它包含子工具箱。在该图标上单击并按住鼠标左键可显示其子工具箱（见图 2-23）。然后单击该工具图标，在出现的子工具箱或工具架的标题标签上单击鼠标右键，可从子菜单中选择该工具。

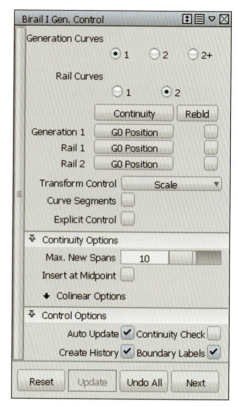

图 2-22　典型控制窗口参考图

图 2-23　子命令效果

2.3.2　操作对象

Alias 中包含非常庞大的工具和命令体系，这些强大的工具和命令体系为制作高复杂度、高精度、高质量要求的汽车内外饰造型曲面提供了强大的支持。同时，在 Alias 中，对这些命令、工具按照其性质和特点进行了清晰的分类，将它们归于不同的操作对象。接下来介绍菜单栏、工具箱、控制面板等操作对象。

1　菜单栏

菜单栏包含多个菜单（见图 2-24）。菜单栏中，每个菜单的下拉菜单里都包含多个子选项。

File	Edit	Delete	Layouts	ObjectDisplay	WindowDisplay	Layers	Canvas	Render	Animation	VR	Windows	Preferences	Utilities	Help
文件	编辑	删除	布局	物体展示	窗口展示	图层栏	画布	渲染	动画	虚拟现实	窗口	优先选项	实用工具	帮助

图 2-24　菜单栏

File 的下拉菜单主要用于管理文件的输入输出操作，Edit 的下拉菜单主要用于编辑操作方式，如撤销、复制、粘贴、群组等（见图 2-25）。

图 2-25　File 和 Edit 的下拉菜单

Delete 的下拉菜单用于删除场景中各种类型的文件，Layouts 的下拉菜单主要包括工作视图窗口的布局操作（见图 2-26）。

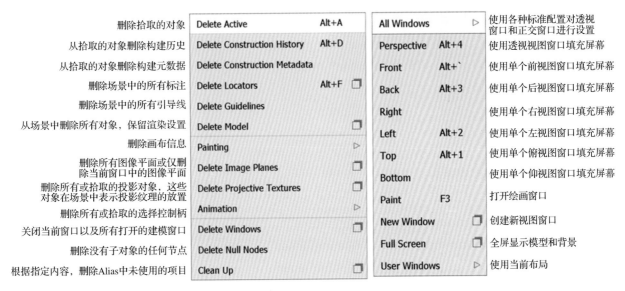

图 2-26　Delete 和 Layouts 的下拉菜单

ObjectDisplay 的下拉菜单主要包含对拾取对象的各种显示与隐藏效果，WindowDisplay 的下拉菜单主要包含显示对象的显示效果和精度（见图 2-27）。

图 2-27　ObjectDisplay 和 WindowDisplay 的下拉菜单

Layers 的下拉菜单包含对图层的一些设置，Canvas 的下拉菜单包含对画布的一些设置（见图 2-28）。

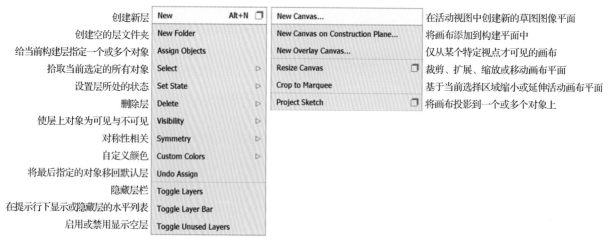

图 2-28　Layers 和 Canvas 的下拉菜单

Render 的下拉菜单包含渲染效果的设置选项，Animation 的下拉菜单包含对渲染动画帧的编辑选项（见图 2-29）。

图 2-29　Render 和 Animation 的下拉菜单

VR 的下拉菜单包含虚拟现实（Virtual Reality，VR）的设置选项，Windows 的下拉菜单可以显示一些工具窗口，Preferences 的下拉菜单包含软件工具栏和功能键有关的设置（见图 2-30）。

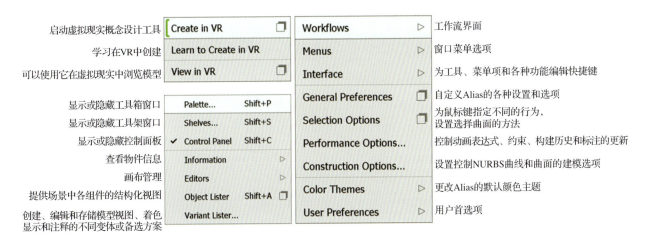

图 2-30　VR、Windows、Preferences 的下拉菜单

Utilities 的下拉菜单包含关于软件插件和系统问题的选项，Help 的下拉菜单包含关于软件使用的一些帮助选项（见图 2-31）。

图 2-31　Utilities 和 Help 的下拉菜单

2　工具箱

（1）工具箱　单击 Windows>Palette 可以打开工具箱，工具箱将使用的工具按照功能进行分类（见图 2-32）。工具箱以悬浮状态显示，可以随意调整其位置。

图 2-32　工具箱

（2）自定义工具架　自定义工具架可以将常用工具放置在特定的浮动工具栏。单击 Windows>Shelves 可以打开自定义工具架（见图 2-33）。

图 2-33　自定义工具架

使用鼠标中键将工具、菜单项、诊断材质球和构建平面选项拖动到工具架上可以自定义工具，同样操作将工具拖放到垃圾桶图标上可以删除工具。按住 <Ctrl> 键并双击工具图标，可以重命名该工具名称。按住 <Ctrl> 键并使用中键单击该项目图标将它拖动到同一工具架上的另一个位置，在拖动时一个红色箭头会指向当松开鼠标时复制的项目将出现的位置，一个向上的箭头指示会将该项目添加到一个层叠菜单。当已到达所需的位置时，松开鼠标中键，一个重复的图标会出现在箭头所指的位置。双击此图标打开选项框，可更改其设置，单击 Save 可以保存该选项内更改的设置。

（3）标记菜单　按住 <Shift+Ctrl> 键的同时单击鼠标，即可显示标记菜单（见图 2-34）。将鼠标指针滑动到方框图标上可以打开此工具的选项窗口。标记菜单是 Alias 特有的操作方式，它可以随时调出所设定的工具，提高工作效率。

Alias 可以自定义命令到鼠标的左、中、右 3 个键上，结合 <Shift> 和 <Ctrl> 键即可使用（见图 2-35）。添加（删除）命

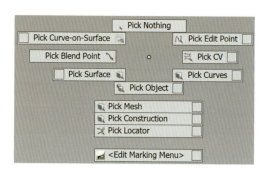

图 2-34　标记菜单

令：使用鼠标中键将工具、菜单项、诊断材质球和构建平面选项拖动到工具架（垃圾桶图标）上。设置完成后可以直接在 Shelf Options 里选择保存。

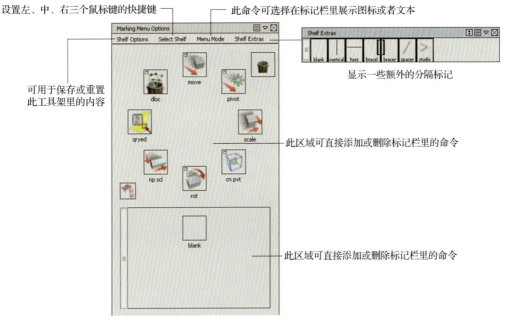

图 2-35　标记菜单设置界面

（4）快捷键（热键）设置　可以自由设置打开命令的快捷键（见图 2-36）。单击 Preferences > Interface>Hotkeys/Menu Editor 打开设置界面，可以为工具栏、菜单栏和各种功能编辑快捷键，还可标记在短菜单中包含哪些菜单项。

图 2-36　快捷键设置界面

3　控制面板

单击 Windows>Control Panel 可以分别打开各控制面板界面（见图 2-37），不同的工作流对应不同的控制面板。选项 Preferences>Workflows 中包含五个模块，分别是 Default、Paint、Modeling、Visualize 和 Subdiv，其中 Subdiv 为细分建模工作流，是 2021 版本新添加的模块。

Default 工作流：进行常规工作或用于制作动画，显示 Modeling 控制面板。

Paint 工作流：在自定义的 Alias 界面里进行草图绘制，显示 Paint 控制面板。

Modeling 工作流：在自定义的 Alias 界面里进行三维建模，显示 Modeling 控制面板。

Visualize 工作流：在自定义的 Alias 界面里进行渲染，显示 Visualize 控制面板。
Subdiv 工作流：在自定义的 Alias 界面里进行细分建模，显示细分建模控制面板。

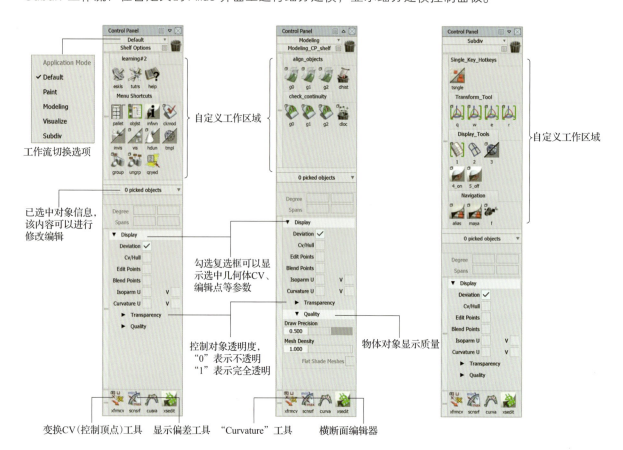

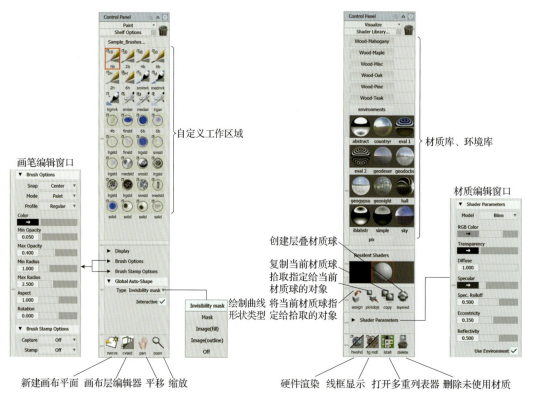

图 2-37　控制面板界面

2.3.3 基础操作

1 选择工具

（1）拾取和选择 要想高效使用Alias，必须掌握如何使用Pick工具（见图2-38）。用鼠标拾取物体时，左键单击或框选对象都可以完成选择，中键可以加选，右键可以减选。使用非Pick工具时，可以临时切换为拾取几何体。按住 <Shift> 键并单击可拾取和取消拾取几何体。要选择不同类型的对象进行变换，则必须选择不同的Pick工具。

图2-38　Pick工具栏

为了方便操作，一般会把常用的选择对象工具集成到标记菜单中的左键命令集合，可通过 <Shift+Ctrl+鼠标左键> 打开相关命令，这样便不用在工具箱菜单选择要使用的对象了，更加快捷。

（2）工具箱中的命令 可以通过单击相关工具图标打开对应命令，或在工具箱、工具架的标题标签上单击鼠标右键，从子菜单中选择相关工具（见图2-39）。如果工具右上角带有黄色箭头，则表示它包含子工具箱，在该图标上单击并按住鼠标左键可显示其子工具箱，然后单击该工具图标即可选用。

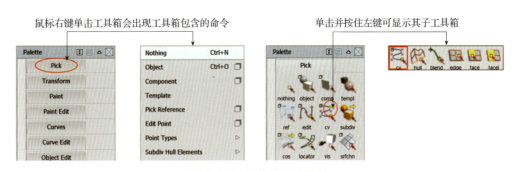

图2-39　子命令显示效果

选择具有多个有效对象的区域时，将出现一个选项框，可以通过单击列表里的选项进行精准选择（见图2-40）。

2 变换工具

Transform工具栏里包含了移动、旋转、缩放等变换物体的工具（见图2-41）。基本的变换工具可以设置在标记栏里。可以使用方向键"轻移"对象使其移动少许距离。按住 <Shift+Ctrl> 键的同时单击鼠标左、中、右键分别可以旋转物体、缩放物体、移动物体。变换工具栏里还包含Dynamo选项，我们将在第5章专门论述它。

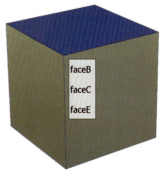

图2-40　精确选择对象

图2-41　Transform 工具栏

透视视图和正交视图中的鼠标键操作方式会有所不同：透视视图中鼠标左、中、右键分别代表坐标系中的 X 方向、Y 方向、Z 方向，而正交视图中鼠标的左、中、右键分别代表坐标系中的自由方向、水平方向、垂直方向。

Pivot 是物体变换轴心点，可以放在物体中心或自由选择位置。当设置好轴心点的位置后再选择相关的变换命令时，选中的对象会围绕轴心点而变换（见图 2-42）。

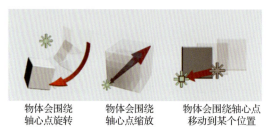

图2-42　物体变换轴心点

3　捕捉工具

为了方便操作，Alias 设置了很多捕捉工具（见表 2-3）。

表2-3　Alias 的捕捉工具

操　作	捕捉类型
按住 <Ctrl> 键	CV、编辑点、轴心点、标注
按住 <Alt> 键	栅格交点
按住 <Ctrl+Alt> 键	曲线、等参曲线（有时也称为等参线）、曲面边、面上线

单击提示行捕捉图标右侧的小箭头可打开曲线捕捉选项（见图 2-43）。

Snap Divisions：可通过将 Snap Divisions 设置为 0~100 的某个值，对曲线进行弧长捕捉（捕捉到中点、1/3 点、1/4 点等）。例如将此值设置为 2，然后使用曲线捕捉，会获得位于曲线中间的"可捕捉"点，显示为浅蓝色线段。

Snap to Center：在启用此选项的情况下单击曲线时，曲线边界盒的中心将显示为一个被圆圈包围的小十字叉，将光标移近中心图标便可以捕捉到它。

Pivot：在启用此选项的情况下单击曲线时，将显示该曲线的轴心点，将光标移近轴心点图标便可以捕捉到它。可以同时捕捉到缩放轴心点和旋转轴心点。

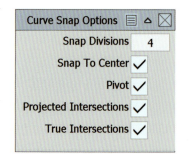

图2-43　曲线捕捉选项

Projected Intersections：启用此选项后，可以在任何正交或透视窗口中捕捉到曲线之间的交点，即使这些曲线在世界空间中并未实际相交也是如此。这些交点显示为粉色十字叉。

True Intersections：如果启用此选项，曲线捕捉时会自动捕捉到自由曲线、曲面边、等参线、面上线及修剪边之间的所有交点，还会自动将新的面上线（Curve on Surface，CoS）捕捉到同一曲面上的 CoS-CoS 交点。

4　显示工具

（1）提示行　提示行中可显示反馈消息和错误消息、提示完成当前工具的各个步骤、关于使用当前工具的简要说明、拖动鼠标时的数值反馈、使用键盘输入的任何信息、工具或菜单项无法完成任务时的警报消息。如果在尚未阅读提示行中的警报消息时有另一条消息取代了当前的警报消息，则可以单击提示行左侧的小按钮打开提示行历史记录窗口，查看截至目前提示行中显示的所有消息的列表（见图 2-44）。

图 2-44　提示行历史记录窗口

如果你使用的是单键热键，则必须先按 <Tab> 键或单击提示行，然后才能进行输入。若要进入相对定位模式，请在三维坐标前加"r"。若要进入绝对定位模式，请在三维坐标前加"a"。在提示行输入坐标时使用逗号或空格分隔坐标值。

（2）诊断着色工具栏　单击 Object Display>Diagnostic Shading 可以打开诊断着色显示控制窗口，该窗口中包含了多个着色模式，可以根据不同的着色模式检测或者预览数据。具体命令的注释在第 4 章数据检查小节有解释。普通着色的颜色可以自由选择（见图 2-45）。

不同材质球的着色效果如图 2-46 所示。Diagnostic Shade 选项中还包括多种曲面检测的工具。

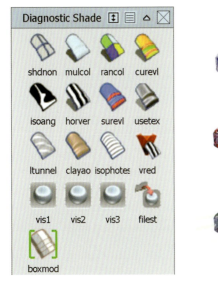

图 2-45　诊断着色工具

图 2-46　着色效果

5　构建历史

历史功能是 Alias 中非常便捷的一个工具。在操作过程中通过构建历史可以形成一种类似"父子"层级的关系，更新父级命令或选项可以传递给子级对象输出，同时也可再次执行编辑用于创建对象的工具选项和通过修改用于创建某个对象的对象（例如用于创建某个曲面的构建曲线）来更新该对象。几乎在每一种工具中，Alias 都提供了保存对象构建过程历史的选项，在工具菜单的底部会有 Create History 选项（见图 2-47）。

对构建历史进行编辑将自动更新该对象。例如在使用 Revolve 工具创建具有构建历史的对象时，可以改变所旋转的曲线的形状并进行编辑，重新显示创建所旋转的曲面的构建操纵器，曲面自动更新。

图 2-47　创建历史选项

在默认配色方案中，含有构建历史的操作对象将以绿色线框显示。选择 Windows>Information>History View，单击提示行右侧的"H"样图标按钮并选择构建历史相关选项（见图 2-48），可以查看对象的构建历史，并可通过单击对象来编辑工具选项的构建历史。如果对象具有可编辑的构建历史，Query edit 工具将自动选择用于编辑的适当工具。可以通过 History View 窗口查看所有带有构建历史功能的对象（见图 2-49）。

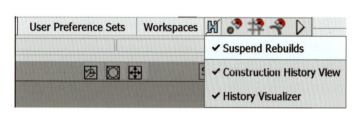

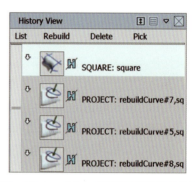

图 2-48　构建历史相关选项　　　　图 2-49　History View 可以查看对象的构建历史

在 2021 版本中引入了 History Visualizer 窗口（见图 2-50），可按节点呈现当前场景中的所有构建历史，从而可以查看命令和几何体之间的对应关系，并可替换命令的输入。通过右键单击输入并从弹出的菜单中选择 Replace，可以修改给定构建历史的工具的输入。

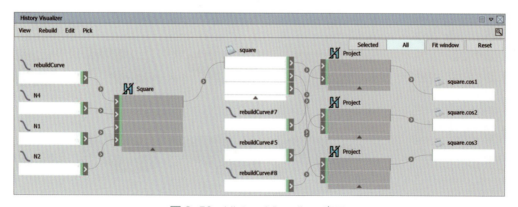

图 2-50　History Visualizer 窗口

保留太多的构建历史会影响软件的使用效率，所以如果造型确认需要删除构建历史，先拾取要删除其构建历史的对象，然后选择 Delete>Delete Construction History，这时会有提示窗口以确认是否删除构建历史，单击 Yes 选项即可。

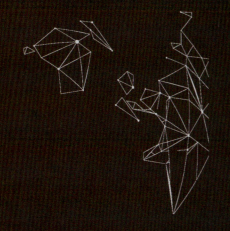

第3章

从二维草图到三维模型

本章重点

- Paint 工作流
- 数字胶带图的绘制
- 细分建模
- 动态形状建模
- 快速制作比例模型

导　读 ///////

草图是视觉和设计相关行业的敲门砖，是灵感的雏形，每一个设计方案都是从最初的草图经过一步步优化细化得来的。经过对设计要求的分析，在灵感出现时，适时地将其记录。Alias 在 2020 版本中引入全新的细分建模 SUBD 模块，其革新的建模方式提高了从二维到三维的工作效率。本章将介绍 Alias 的 Paint 工作流是如何通过数字草图帮助使用者快速获得创意灵感的，并介绍空间和比例在数字模型构建中的作用，以及神奇的 0.618 与汽车比例的关系，然后通过概念车制作案例来介绍草图绘制、数字胶带图绘制、三维草图制作以及细分建模。

3.1　Alias 中的草图

Alias 的工作流可以从绘制草图开始。在 Paint 工作流中，可以方便地创建草图、效果图、胶带图，并可将草图与三维数据结合使用。

3.1.1　Paint 工作流

首次运行 Alias 时，将出现一个工作流选择窗口。手绘模块可以在二维环境中工作，故选择 Paint 工作流（见图 3-1）。勾选 don't show again 复选框，以后每次启动 Alias 时将不再显示工作流选择窗口。

图 3-1　首次启动时选择 Paint 工作流

可在 Preferences>Workflows 中选择 Paint 工作流来更改默认工作流，其默认的快捷键为 <Ctrl+1>（见图 3-2）。Alias 每次启动时，将自动选择上次退出应用程序时处于激活状态的工作流。

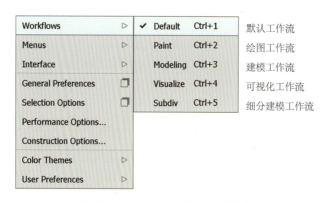

图 3-2　菜单中选择 Paint 工作流

在 Paint 工作模块中，将会针对二维草图绘制工作流自定义工具箱、菜单、工具架、标记菜单和控制面板，同时移除所有建模、渲染和动画功能，并将默认的 Alias 颜色更改为适合在白纸上呈现。当切换到绘画界面时还会设置自定义二维标记菜单和工具架。在选择 Paint 工作流后，Alias 会自动执行以下操作：

▶ 只显示与草图绘制相关的菜单、工具和工具架。
▶ 显示绘画面板。

▶ 禁用所有视图栅格。
▶ 在特殊的绘画窗口中,创建一个具有透明背景的新画布。
▶ 启用特定于草图绘制的标记菜单。
▶ 默认情况下,CV、外壳线和编辑点均已被禁用。

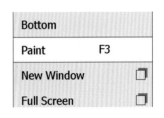

图 3-3　Paint 选项

绘画窗口是一种特定的视图窗口,与透视图、前视图(Front)等视图一样,位于菜单 Layouts 的下拉菜单中(见图 3-3)。绘画窗口可全屏显示当前活动画布的正面图,这样可以更轻松地将注意力集中在草图绘制任务上,而不受三维建模的干扰。

选择 Layouts>Paint 打开绘画窗口。在 Paint 模式下选择 File>New 新建画布时,也会自动创建绘画窗口(见图 3-4)。绘画窗口的标题栏显示了它所在的视图窗口的名称,例如 Top[Paint] 或 Persp[Paint]。

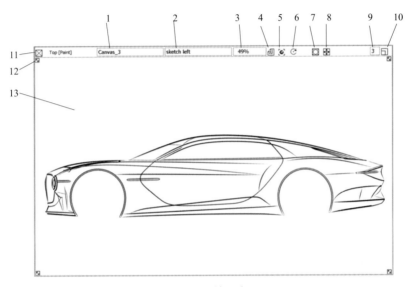

图 3-4　绘画窗口

图 3-4 中各部分的介绍如下:

1 为画布列表器。单击它将显示一个菜单,可以从中选择要在绘画窗口中显示的画布。

2 为图层列表器。单击它将显示一个菜单,可以从中选择当前画布上的层,然后该层将成为活动层(即在其上绘画的层)。在图层列表器中,活动层用"*"标示。

3 为缩放系数。单击它将显示一个菜单,可在其中设置缩放系数。画布最初会以某个缩放系数显示,以便能够充满绘画窗口(最适合的显示)。缩放系数 100% 表示一个屏幕像素等于画布层上的一个像素。使用 Zoom in/out 图标可以连续方式放大或缩小画布。

4 为翻转,用于从后面查看活动的画布。该图标的行为类似于开关。只有绘画窗口中的活动画布才受其影响。

5 为观察,用于在绘画窗口中重新居中或重新定位画布,使画布返回到原始视图。这是可以使画布最适合窗口的一种功能。观察图标可以有效地重置对画布应用的任何缩放、平移或旋转。

6 为旋转,用于在绘画窗口中围绕画布的中心以顺时针或逆时针方向旋转画布。

7 为放大/缩小,可使视角更接近画布以便处理细节,或者远离画布以查看总体视图。

8 为平移,使草图围绕画布上移、下移、左移和右移。

9 为视图窗口显示级别,默认数值为 3。

10 为视图窗口最大化显示。

11 为视图窗口关闭。

12 为视图窗口缩放选项,拖动它可以更改视图窗口大小。

13 为画布,是绘图工作区域。

3.1.2 Paint 常用工具

就如同传统的绘画一样,我们需要有画板、绘图纸、画笔、颜料、颜料板等工具。Alias 的 Paint 工作流提供了对应的数字设计工具,如画布平面、画笔、颜料板等。

1 Paint 工具集

Alias 中 Paint 工作流的常用工具主要分布在菜单 Canvas 的下拉菜单、工具箱 Paint 工具栏(见图 3-5)、控制面板 Paint 工作流。

图 3-5　工具箱 Paint 工具栏

2 画布平面

如同绘画创作需要画布一样,在 Alias 中,可以直接在视图中的画布平面上绘制草图。每个画布平面均包含一个或多个画布层。通常使用画布平面创建概念设计草图,将其用作建模参考,或用作注释模型或点云数据的参考。

(1) 创建画布平面　单击要创建画布平面的视图,然后选择 Canvas>New canvas 打开 New canvas 对话框(见图 3-6)。如果选择画笔工具,并在不含画布平面的视图中单击,Alias 也将自动打开该对话框,提示创建默认画布平面。为画布设置 Orientation、Background layer color、Paper size 等,单击 OK。

(2) 导入画布　通过导入图像、剪切和粘贴图像,或从 Windows 资源管理器拖放图像,可以将该图像用作新画布平面。选择 File>Import>Canvas Image 打开 Import Image Layery Options 对话框(见图 3-7),将 Layer Type 设置为 Image,启用 Always create New Canvas,然后单击 Go。此时将打开文件浏览器,使用文件浏览器选择要加载的图像文件,然后单击 Select,系统会将该图像作为新的画布平面加载到活动视图。

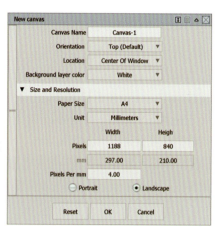

图 3-6　New canvas 对话框　　　图 3-7　Import Image Layer Options 对话框

如果导入的是 Photoshop 的 PSD 文件，则所有层将以相同的名称导入画布中成为图像层，但不支持 PSD 文件中的层遮罩和向量遮罩，即将这些遮罩层导入 Alias 后层上的遮罩效果将被忽略。执行以下操作可以解决该问题：

1）在 Photoshop 中将所有所需层遮罩和向量遮罩转换为图像层。

2）将所有图像层导入 Alias 后，选择 Windows>Editors>Canvas Layer Editor。

3）在 Canvas Layer Editor 窗口中使用 Convert>Copy layer to mask 或 Convert>Copy layer to invisibility mask 工具将这些图像层转换回遮罩层。

（3）导出画布 若要导出整个画布平面，则需要使用 File>Export>Make Canvas Picture。

3 图像层

图像层如同一张透明的醋酸纤维纸，可以在其上绘制草图。通过在不同图像层绘制不同元素的草图，可以轻松更改单个元素或者重新排列图像层以更改其顺序。也可以复制图像层、将图像层合并到一起、临时隐藏图像层，或永久删除图像层。每个画布平面还包含一个背景层，背景层可定义画布平面的背景色。画布平面还可以包含遮罩层和不可见遮罩层。所有这些类型的层都可以包含绘画或形状。

（1）创建图像层 在创建图像层之前，必须至少有一个画布平面。默认情况下，一个画布平面除了包含背景层之外，还包含一个图像层。可以在 Windows>Editors>Canvas Layer Editor 中为每个画布平面创建多个附加图像层（见图 3-8）。

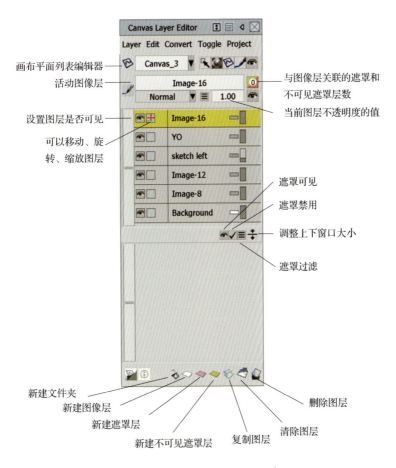

图 3-8 Canvas Layer Editor 窗口

（2）管理图像层

1）命名图像层。默认情况下，系统会将图像层命名为 Image-1、Image-2、Image-3 等。任何时候创建新图像层，都应给它们指定有意义的名称（例如 Background、Outline、Handle）。对于活动画布，其 Canvas Layer Editor 窗口中会列出每个图像层的名称。

2）合并图像层。在两个或多个图像层上完成草图绘制之后，可以将它们合并到一个图像层中。

 将两个或多个图像层合并到一起之后，无法再将它们拆分为单独的图像层。如果将一个形状层与一个图像层合并到一起，将得到一个图像层，并将丢弃所有形状特性。该图像虽然看起来仍是相同的，但无法将其作为形状进行编辑。

3）导入图像文件。若想导入一个图像文件以用作某个草图的参考或基础，可以将该图像导入为一个新画布平面，或将该图像作为一个图像层导入到某个现有画布平面中，还可以将该图像从 Windows 资源管理器拖放到 Alias 中，以将其导入为图像层。导入包含透明度或不透明度信息（即 alpha 通道）的图像文件时，还将导入透明度信息。如果导入 Photoshop 的 PSD 文件，则每个图像层会分别导入并保留其名称。

4）导出图像层。可以使用 32 位 BMP 格式导出图像层，这样该图像文件会包含 4 个通道（RGBA），或者使用 24 位 BMP 格式导出图像层，这样该图像文件会包含 3 个通道（RGB）。许多图形应用程序无法读取 32 位 BMP 文件，在这些情况下，可使用 24 位 BMP 格式导出图像，或使用 imgcvt 实用程序将 32 位 BMP 文件转化为 24 位 BMP 文件。

4 画笔

Alias 中的草图绘制和绘画工具统称为画笔。创建草图时，应使用画笔将绘画应用到画布平面上的图像层。

（1）画笔分类　默认画笔有铅笔（Pencil）、马克笔（Marker）、喷笔（Airbrush）、软蜡笔（Pastel Soft）和实心绘笔（Solid Brush）（见图 3-9），可以拖动画笔来对画布平面应用绘画笔迹。画笔以笔迹形式在画布平面上绘画，笔迹由一系列紧密排列的笔迹点组成。如果在画布平面上单击画笔，而不是拖动画笔，那么只会应用单个绘画笔迹点。使用橡皮擦工具"Eraser"，可以拖动它以笔迹形式将绘画从画布平面中擦除。

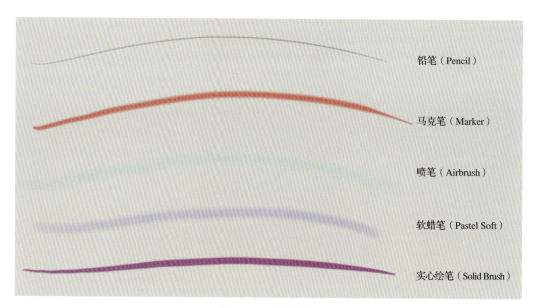

图 3-9　画笔分类

可以双击任意功能画笔命令，打开 Brush Options（画笔设置）窗口（见图 3-10）进行自定义画笔设置，可以设置画笔模式、颜色、不透明度、马克笔湿度、模糊强度、锐度、大小、形状、轮廓和笔画等。

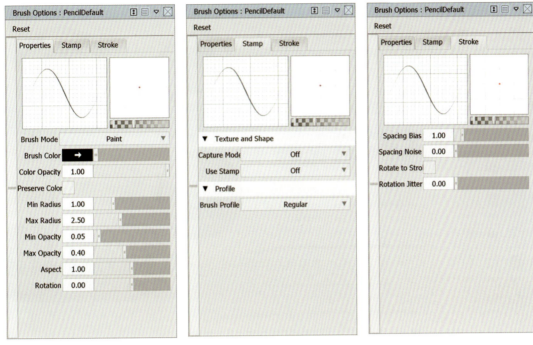

图 3-10　Brush Options 窗口

（2）画笔颜色　使用 RGB/HSV 滑块或颜色混合调色板设置画笔颜色。

保持画笔工具处于激活状态，单击位于 File 菜单正下方的色块，或者在 Paint 控制面板中单击 Color 色块，或者单击 Brush Options 窗口中的 Brush Color 色块，打开 Color Editor（颜色编辑器），如图 3-11 所示。颜色编辑器有 3 个选项卡。

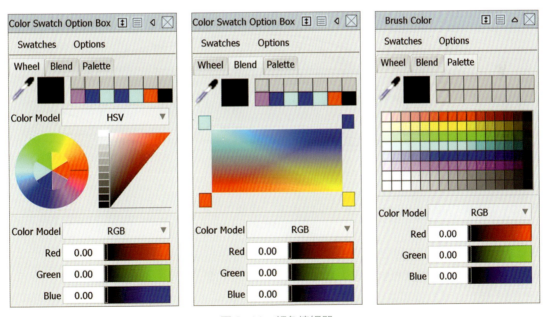

图 3-11　颜色编辑器

（3）形状纹理画笔　形状纹理画笔可以使用设定的图形来作为画笔笔迹，如图 3-12 所示。Alias 提供了部分形状纹理画笔，也可以自定义创建形状纹理画笔，以选择开始绘制时所需的画笔样式。可以从工具箱或 Paint 控制面板选择画笔样式，如 Solid Brush、Airbrush、Pencil 等。打开 Brush Options 窗口并选择 Stamp 选项卡，从 Capture Mode 的下拉列表中选择 Shape and Texture 选项。

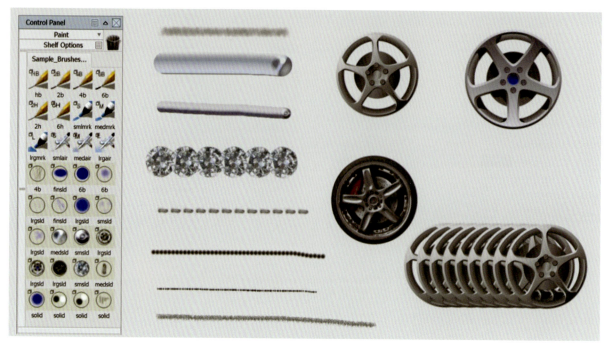

图 3-12　形状纹理画笔

3.1.3　数字胶带图

1　概念设计草图

本节我们将通过绘制概念车侧视图（见图 3-13）来讲解 Alias 的草图绘制流程。

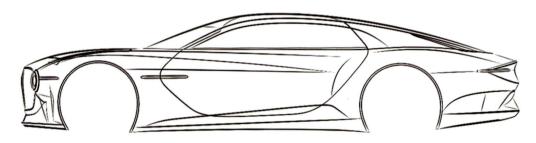

图 3-13　概念车侧视图

STEP 01　选择 Layouts>Right 创建一个侧视图，或选择 Layouts>All Windows>All Windows 创建 4 个视图。

STEP 02　从 Paint 工具箱中选择 Pencil、Marker、Airbrush 或 Solid Brush。

STEP 03　在 Paint 控制面板中自定义画笔的颜色、不透明度、大小、形状和笔迹特性。

STEP 04　使用画笔在视图中绘制草图。

STEP 05　若要创建新画布层以在其中绘制草图，请选择 Windows>Editors>Canvas Layer Editor，在弹出的窗口中单击 layer，选择 New image layer。

STEP 06　若要选择一个画布层以在其中绘制草图，请在视图窗口标题栏中单击 Active Image Layer，从菜单中选择一个画布层。

STEP 07　若要调整草图的视图，请按住 <Alt+Shift> 键并使用鼠标中键平移或右键推拉在视图中拖动。

STEP 08　选择 File>Export>Make Canvas Picture，将草图另存为图像文件。
STEP 09　选择 File>Print 打印草图。

2　数字胶带图

除了草图外，设计过程中还会以 1∶1 的比例在墙壁上绘制平面图，即所谓的胶带图（见图 3-14）。胶带图是汽车造型形态从二维转换到三维必不可少的流程，同时为后续的设计提供模板和参考。

（1）胶带图　由于草图线条的随意性较高，效果图表达造型常利用夸张的角度和比例，所以两者在形态表达上都具有很强的模糊性和不确定性。胶带图则是将草图和效果图推敲演化形成的造型语言进一步提炼为特征线。特征线更具精准性与逻辑性，并具有特定的工程约束与形态内涵，是被标记为腰线、裙边线、肩线等名称的造型实体。因此，与草图与效果图相比，胶带图的形态表达更为明确（见图 3-15）。

图 3-14　胶带图　　　　　　　　　　图 3-15　Alias 中完成的胶带图

胶带图能够明确车型特征并调整其比例、空间、姿态。胶带图一般都是正交视图。正交视图是一种三向投影视图，可记录汽车的车型和尺寸信息，并以二维描述三维对象及其位置。侧视图通常作为正交视图的绘制起点，承载车高、车长、轴距、最小离地间隙等决定汽车姿态、空间、比例的信息。同时，侧视图所容纳的车顶线、发动机舱盖线、车肩线、腰线、裙边线等主特征线是决定汽车造型特征的关键信息。

（2）设置绘图参数　在 Alias 中可以完成数字胶带图的绘制，首先需设置绘图参数，具体步骤如下：

STEP 01　设置单位。选择 Preferences>Workflows>Paint，启用二维绘画菜单，进入 Paint 工作流。在菜单栏中选择 Preferences>Construction Options 设置工作单位，展开 Units 中的 Linear，设置 Main Units 为 cm，启用 Reset Grids（见图 3-16）。

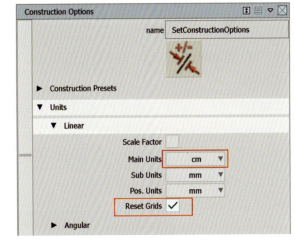

图 3-16　单位设置

STEP 02　设置网格参数。从工具箱中选择 Construction>Grid Preset，将 Grid Spacing 设置为 10（见图 3-17），即以 10cm 的间隔绘制网格。

STEP 03　进入 Paint 模块。在菜单栏中选择 Layouts>Left。在 Paint 控制面板的 Global Auto-Shape 部分，从 Type 的下拉列表中选择 Image（outline）。若想在创建新曲线时显示绘制轮廓，需勾选 Shapes（部分显示）和 All（全部显示）复选框（见图 3-18）。

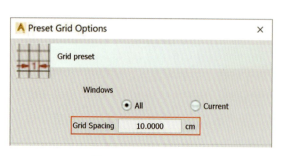

图 3-17　网格设置　　　　　图 3-18　Paint 控制面板

如果不想显示绘制轮廓，请取消勾选 Shapes 和 All 复选框。

STEP 04　设置画笔。使用标记菜单，按住 <Shift+Ctrl> 键的同时右键单击 Shape，在弹出的 Shape Edit 窗口中勾选 Shape Outline 复选框，Style 设置为 SolidBrush（详细定义的画笔），Opacity（控制轮廓不透明度）设置为 1，Width（宽度）设置为 4（也可以根据自己的需求自定义宽度），RGB Color 设置为黑色（见图 3-19）。

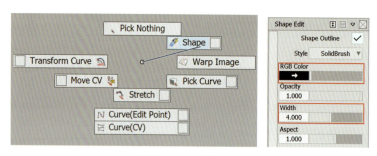

图 3-19　画笔设置

（3）绘制数字胶带图　前期设置完成后即可开始绘制胶带图，下面以宾利概念车的左视图为例介绍其绘制过程。

STEP 01　构建画布。在菜单栏中选择 Canvas>New Canvas 构建新的画布，调整尺寸为 6120mm×1530mm，Orientation（视图）设置为 Left，Background layer color（背景颜色）设置为 White，Paper Size（画布尺寸）设置为 Custom（自定义尺寸），Pixels Per mm（画布分辨率）设置为 1，单击 OK 生成新画布平面（见图 3-20）。

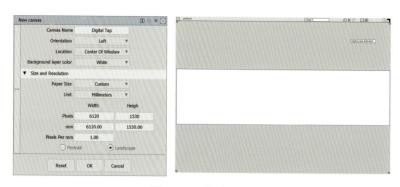

图 3-20　构建画布

STEP 02　导入草图并调整尺寸。单击 Windows>Editors>Canvas Layer Editor，选择 Layer>New image layer（import）导入新的图像层（见图 3-21）。※ 此处提供"Sketch Left"参考文件。

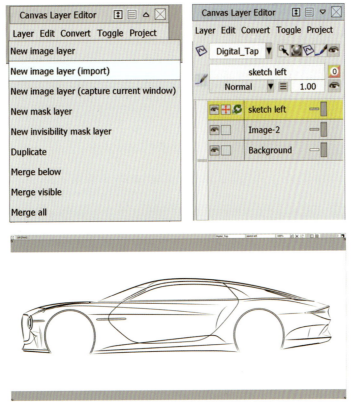

图 3-21　导入新的图像层

导入的草图需要调整尺寸。在 Curve 工具箱中选择 Keypoint Curve Tools>Rectangle 构建矩形曲线，通过 Windows 菜单中的 Information>Information Window 调整矩形曲线的参数，其宽度、高度分别设置为 589.5cm、151cm（见图 3-22）。

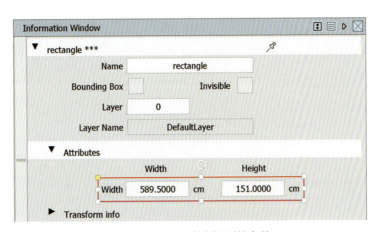

图 3-22　设置参考矩形的参数

单击 Windows>Editors>Canvas Layer Editor，选择 Edit>Transform layer，使刚才导入的参考草图层处于选中状态，接下来就可以移动和缩放图像层了，应使草图比例与参考矩形长度一致，然后单击右下角的 Accept（见图 3-23）。

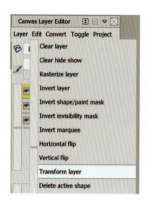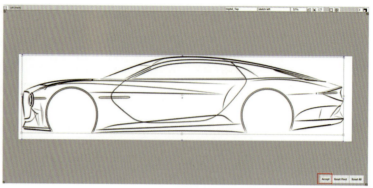

图 3-23　调整导入参考文件的尺寸

将 Paint 控制面板 Transparency（透明度）选项中 Canvases 的数值调整为 0.5（见图 3-24）。

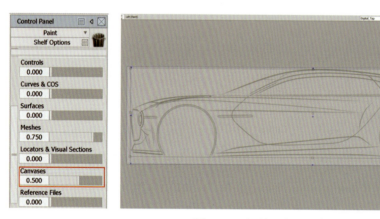

图 3-24　调整画布透明度

STEP 03　制作 Y0 轮廓和轮眉。在工具箱中选择 Curves>New Curves>New Edit Point Curve 来拟合外轮廓线（由前至后依次拟合），并调整 CV 使外轮廓线与草图一致（见图 3-25）。

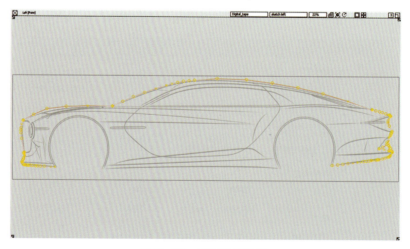

图 3-25　绘制外轮廓线

外轮廓线的 Width 设置为 10，画布上生成对应的 Y0 线，并在 Canvas Layer Editor 中显示（见图 3-26）。

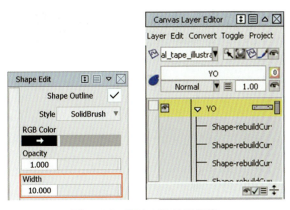

图 3-26　画布 Y0 线显示栏

为便于观察绘制效果，可使用 <F12> 键或选择 WindowDisplay>Toggles>Model 关闭几何体曲线和点（见图 3-27）。

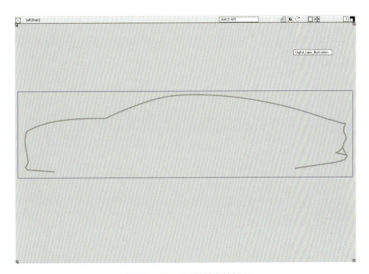

图 3-27　观察绘制效果

在工具箱中选择 Curves>New Curves>New Edit Point Curve，开始通过草图拟合轮眉。在拟合过程中会出现 CV 不够的情况，可在控制面板的 Degree 处增加（见图 3-28）。

注意　　Degree 最多增加到 7 阶。

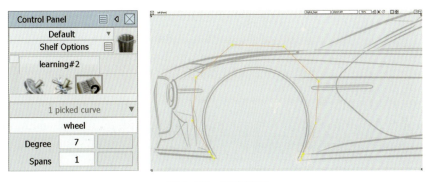

图 3-28　拟合轮眉

外轮眉线构建完成后，在工具箱中选择 Object Edit>Offset，偏移 3.5cm 做出轮眉内圈。

在工具箱中选择 Paint>Shape>Make Image Shape（线必须是封闭线框），依次选择轮眉线后，工具会自动填充绘制轮眉（见图 3-29）。

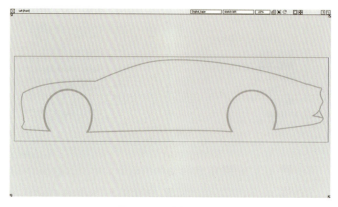

图 3-29　轮眉绘制

STEP 04　绘制腰线。先构建特征线，然后通过 Curves>New Curves>New Edit Point Curve 进行拟合，其 Width 设置为 6（见图 3-30）。

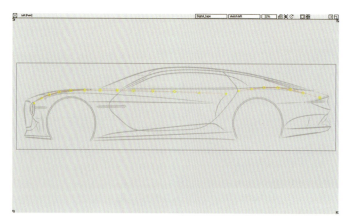

图 3-30　腰线绘制

STEP 05　绘制前保险杠（简称前保）部分。根据草图在工具箱中选择 Curves>New Curves>New Edit Point Curve 去进行拟合，线的 Width 设置为 6。以车灯为例，先构建两个圆，然后通过缩放、移动与草图拟合。最后，取消线框模式和草图进行观察（见图 3-31）。

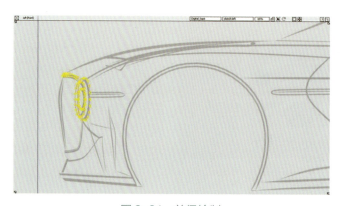

图 3-31　前保绘制

STEP 06　绘制后保险杠（简称后保）部分。先构建特征线，然后调整 CV 使其与草图拟合，并将所绘制曲线的 Width 设置为 6。绘制完成后再对车灯部分进行绘制（见图 3-32）。

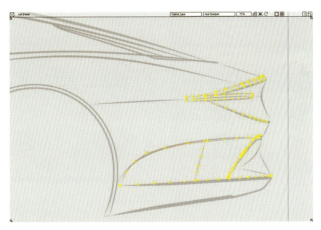

图 3-32　后保绘制

STEP 07　绘制侧车窗和车顶部分。构建曲线去拟合侧车窗和 AC 柱部分，线的 Width 设置为 6。侧面可以看到的车顶部分的特征线，同样需要进行绘制（见图 3-33）。

图 3-33　车窗和车顶部分绘制

STEP 08　绘制门板处特征和分缝线。门板处特征由 5 组特征线构成，在工具箱中选择 Curves>New Curves>New Edit Point Curve，通过调点去拟合。分缝线（可以使用多跨距线）构建完成后，调整 CV 使其与草图一致（见图 3-34）。线的 Width 设置为 6。

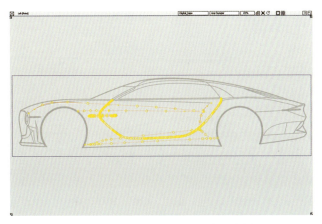

图 3-34　门板处特征和分缝线绘制

STEP 09 绘制车轮。先构建前车轮线，然后通过复制、缩放得到轮胎内圈线（见图3-35）。将前轮复制后移动到后轮位置。线的 Width 设置为6。

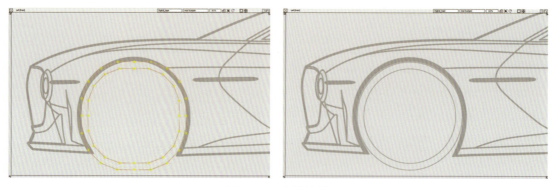

图3-35 车轮绘制

至此，胶带图绘制完成（见图3-36）。

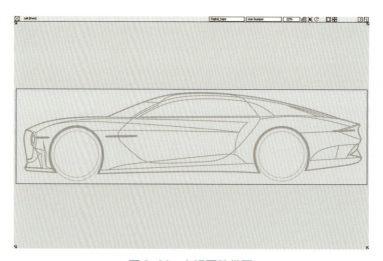

图3-36 左视图胶带图

用同样的方法构建俯视图、前视图和后视图（见图3-37）。

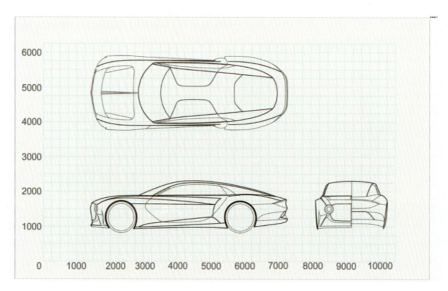

图3-37 数字胶带图

3.2　二维到三维

二维草图到三维模型，首先是空间的转换，从二维的平面空间上升为三维立体空间。接下来涉及的知识点都是在三维空间中完成的，比如汽车造型比例、快速形态（Speed Form）、CAS、A级曲面、参数化设计、渲染动画等。影响汽车外观的所有因素中，比例是最重要的因素之一。设计汽车首先考虑的也是长宽高、前后舱长短、离地高度，这些参数在大的维度上决定了该车的风格。

在造型推敲阶段，快速形态有不可取代的作用。快速形态对于汽车设计来说是相对纯粹的造型，有些车企会用它来探索自己品牌未来的设计语言。Alias 最新的细分建模工具 SUBD 可以在三维空间中快速推敲汽车比例和快速形态（见图3-38）。

图 3-38　SUBD 快速推敲造型

3.2.1　空间、比例、形态

1　三维空间

零维可以理解为是一个点，点在维空间中代表一个坐标，也确定了一个位置的存在。一维是线，线是一组连续点坐标的集合，所以一维有长度和方向。二维是面，面由无数根线组合而成，面有两个维度——长度和宽度。三维是体，它在二维面的基础上又多了一个维度——高度，所以三维即长度、宽度、高度。从零维到三维的特点见表3-1。

表 3-1　从零维到三维的特点

图形参考	维度	形状	状态	结构
●	零维	点	静止	1个顶点
▬	一维	线	零维的运动	2个顶点 1条线
■	二维	面	一维的运动	4个顶点 4条线 1个面
◼	三维	体	二维的运动	8个顶点 12条线 6个面 1个体

几乎所有的三维设计软件都会有空间操作视图窗口，在该视图窗口可以进行物体对象的处理工作，Alias 也不例外。在 Alias 的透视图窗口（见图3-39）中，我们将介绍几个重要的概念来加深对三维空间的理解。

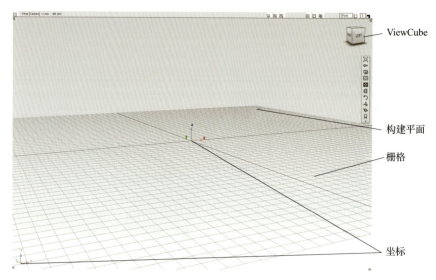

图 3-39 Alias 的透视图窗口

（1）**坐标**　Alias 中的三维空间由坐标构成，有 X、Y、Z 3 个坐标，这是世界空间坐标系。X、Y、Z 分别代表 3 个方向，红色为 X 方向，绿色为 Y 方向，蓝色为 Z 方向，如图 3-40 所示。Alias 中的工具都会将对象放入 XYZ 坐标系中。

默认情况下，系统以绝对坐标模式对视图坐标进行坐标定位，由信息行上移动提示中的"（ABS）"注释指示。以绝对坐标模式进行坐标定位时，对象将移动到指定的网状点云位置，或旋转到为 3 个坐标轴分别指定的绝对度数值，或根据其原始大小进行缩放。

（2）**构建平面**　在透视图中 X 与 Y 坐标可以定义一组平面，在正交视图中不同的坐标也可以定义一组平面，例如在左视图中 X 与 Z 坐标可以定义一组平面，这样的平面称为构建平面。所有的模型构建工作都是在坐标定义的构建平面中完成的。

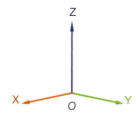

图 3-40 三维坐标

一个场景中只能有一个构建平面。如果创建构建平面时场景中已有构建平面，现有的构建平面将变为参考平面。可以自由放置和旋转构建平面，或根据曲线或曲面约束构建平面。使用 Plane 工具可创建参考平面。参考平面可用作需要平面的工具的输入，也可用作构建平面。在任何时候都可以很容易地将一个参考平面转化为一个构建平面（反之亦然）。

Plane 工具可创建 5 种不同类型的构建平面（见图 3-41）：

1）View：1 点式构建平面，可以在其中指定平面的中心点。这种平面的方向使 Z 轴与视图向量平行。也可以将该点捕捉到任意几何体。

2）Slice：一种新的平面类型，可以在其中指定两个点。第 3 个点被置于视点位置，这样将可从边缘查看平面。这种类型的平面对于定义横断面十分有用。

图 3-41 使用 Plane 工具创建构建平面

3）3 Pt：常规的 3 点式构建平面，可以在其中通过输入 3 个点定义整个平面。

4）Geom：这种类型允许将平面的中心点捕捉到几何体，使 Z 轴的方向与曲面的法线或曲线的切线一致。

5）World：一种 1 点式平面，可以将该点捕捉到任意几何体。三个坐标轴的方向与世界轴一致。

选择 Construction>Plane，此时将显示各个点和平面操纵器（见图 3-42）。通过拖动点或使用平面操纵器可以调整平面。若要将此平面设置为参考平面并继续创建其他平面，请单击 Next Plane。若要将此平面设置为构建平面，请单击 Set Construction Plane。若要在某个构建平面与世界空间坐标系之间切换，可选择 Construction>Toggle Construction Plane。

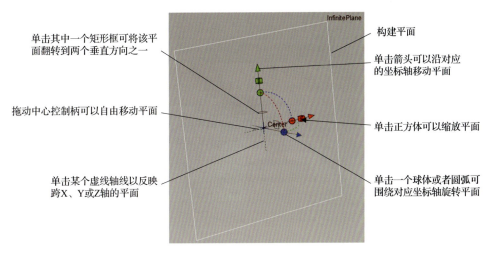

图 3-42 平面操纵器

选择 WindowDisplay>Toggles>Construction Objects，可以隐藏或显示该构建平面。如需删除构建平面，仅拾取该构建平面，然后按 <Delete> 键，或从菜单中选择 Delete>Delete Active。

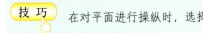在对平面进行操纵时，选择 Windows>Information>Information Window 可查看详细信息。

（3）View Cube 就像一个正方体有 6 个面一样，Alias 也有 6 个视图，分别是 Front（前视图）、Back（后视图）、Right（右视图）、Left（左视图）、Top（俯视图）、Bottom（仰视图）。Alias 中可以通过 View Cube（默认）和 View Panel 进行视图的选择和切换（见图 3-43）。

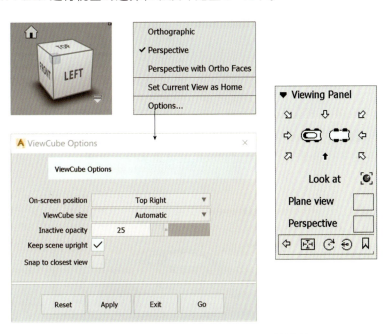

图 3-43 ViewCube 和 View Panel 的选项

在透视图窗口按住 <Alt+Shift> 键和鼠标任意键进行操作时，在 ViewCube 下会显示视图窗口操作快捷菜单（见图 3-44）。通过快捷菜单可以快速地进行对应的操作。

（4）栅格 Alias 中栅格是重要的参考工具，可以通过栅格进行准确的捕捉定位。栅格的尺寸大小可以预先设置（见图 3-45），为物体对象提供非常直观的尺寸参考。

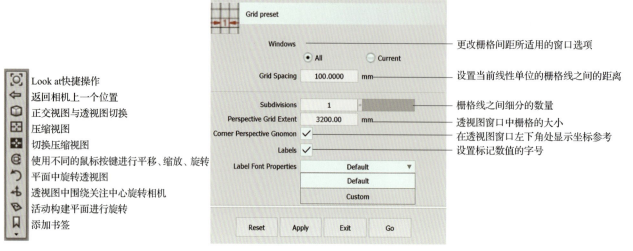

图 3-44 视图窗口操作快捷菜单　　图 3-45 预设栅格选项

2 比例

比例是指车身主要尺寸参数间的相关尺度与比例。在经典汽车设计著作 *H-Point* 中，作者指出车身设计中"比例就是一切"，可见比例的重要性。最经典的比例莫过于黄金分割（Golden Section）。黄金分割简单来讲就是将一个整体一分为二，较大部分与整体部分的比值等于较小部分与较大部分的比值，其比值约为 0.618（见图 3-46）。这个比例被公认为是最能引起美感的分割比例，因此被称为黄金分割。古希腊数学家、哲学家毕达哥拉斯将 0.618 称为"人间最精巧的比例"。

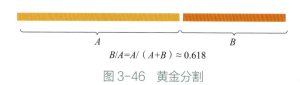

图 3-46 黄金分割

黄金分割法则也一直应用于汽车工业设计中，并且一直在整个汽车设计过程中起着巨大的作用。一款车型的成功不只是依靠其性能上的卓越表现，还有很大一部分原因来自于它的设计，而设计的基础就在于比例。阿斯顿·马丁 DB9 的车身设计就是黄金分割应用的典型案例（见图 3-47），营造出了轻盈、简约的自然之美。

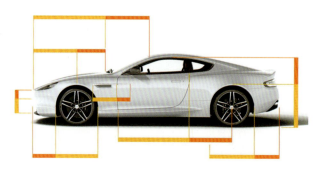

图 3-47 汽车中的黄金分割

黄金分割可以应用于各种图形，不仅衍生出了黄金矩形，还衍生出了黄金螺旋。理解黄金螺旋最简单的方法便是将一个正方形拉伸为一个矩形，长是宽的1.618倍，就可以得到黄金矩形，再将黄金矩形与正方形重叠，将得到一个清晰直观的黄金比例，继续以这种方式填充黄金矩形，所能填充的正方形便越来越小，然后在每个正方形里画一个90°的扇形，所有弧线连起来就是黄金螺旋。其中的矩形遵循着斐波那契数列，所以黄金螺旋也称为斐波那契螺旋（见图3-48）。

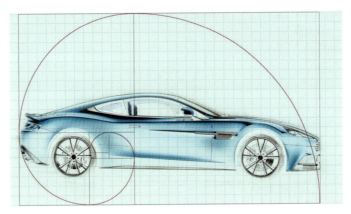

图3-48　斐波那契螺旋

3　快速形态

快速形态是汽车设计中最基本的要素。通过对自然界中动植物的外形、运动姿态、基础的图形元素进行提炼、推演、精简、演化，可以绘制任何形状的东西，如奔跑的野兽、飞行的鸟类、游动的鱼类，从而形成新的线条、设计语言、造型风格等。在这一阶段，不需要考虑过多的功能，而是将关注点放在外形上，只考虑形状和美观。这一阶段是创造力的挑战和想象力的释放。快速形态的演变如图3-49所示。

图3-49　快速形态的演变

通常，设计师会尝试设计非常多的快速形态，一般从形态雕塑开始去尝试设计，然后从抽象的比例模型逐步设计成比较具象的快速形态。比如马自达的一个快速形态（见图3-50），首先提取出了豹子身上的肌肉形态，对头部造型做了简化，夸张了豹子中间的腰身（变得更细），使整个形态更加修长，增强了速度感。

同时还融合了豹子的后腿形态，使后驱表现出非常强的速度感和力量感，整体给人非常强烈的视觉冲击。

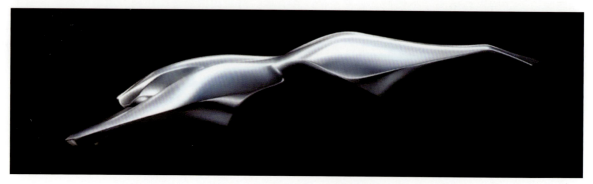

图 3-50　马自达的一个快速形态

3.2.2　细分建模

细分建模是 Alias 2020 版本中新增的一套特殊的建模工具，简称 SUBD（见图 3-51），专门用于汽车快速建模。SUBD 模块能够充分利用多种建模技术来构建任何形状，可以快速将二维草图转换为三维概念图。

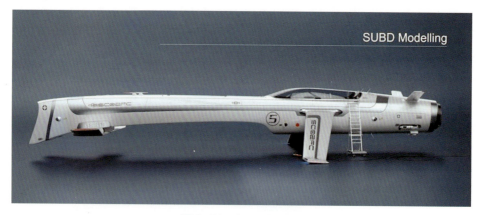

图 3-51　Alias SUBD

1　SUBD 模块

细分曲面（Subdivision Surface）最基本的概念是细化，通过反复细化初始的多边形网格，可以产生一系列趋向于最终细分曲面的网格。每个新的子分步骤产生一个新的有更多多边形元素并且更光滑的网格，如可以将五边柱细分为圆柱（见图 3-52）。

图 3-52　五边柱细分为圆柱

细分主体是 Alias 中的一种几何体类型，提供平滑的连续曲面，用于创建对象和有机形状。Alias 细分主体是符合标准 Catmull-Clark 细分的曲面，这使它们与其他内容创建应用程序中的细分曲面一样。不过，

Alias 细分主体是一系列连续的 NURBS 曲面面片，因此它们也继承了 Alias 曲面的特征。这意味着 Alias 细分主体同时具备 Alias NURBS 曲面和传统细分曲面的优势。

例如，使用连续细分曲面可以采用类似于多边形建模的方式与模型进行交互，通过启用新工作流，实现快速外形确定和概念建模，从而加快设计流程。利用与 NURBS 曲面的紧密集成，细分主体可以通过添加高质量的曲面造型细节（例如修剪、圆角和面板间隙）来增强概念设计，最终将获得一个 Alias 独有的混合建模环境，方便将这两种类型的几何体整合到概念设计工作流中。

Alias SUBD 的特性总结如下：
- 和 NURBS 建模兼容。
- 直接输出为 NURBS 曲面数据。
- 同时保留传统的 NURBS 修剪和 Subdivision 的所有功能。
- 兼容各种传统曲面、曲线的测量工具。
- 可直接输出为"Subdivision"（文件格式），兼容 Maya 等细分建模软件。
- 可直接读取"Subdivision"内容的"obj"文件。

2 细分建模常用工具

Alias 中与细分建模相关的功能和命令主要集中在两个模块内，一部分是在用于选取物件对象的 Pick 工具箱内，另一部分则集中在用于构建细分主体对象以及对细分主体对象进行编辑的 Subdivision 工具箱中。

下面将分别介绍与细分建模相关的功能和命令的含义以及基本使用方式。

（1）Pick 工具箱（见图 3-53）

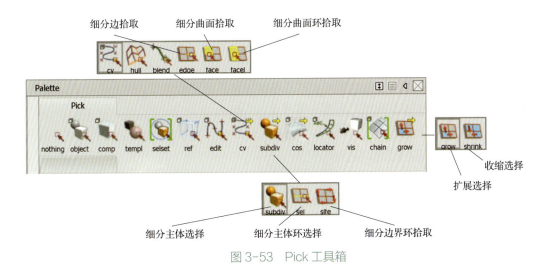

图 3-53 Pick 工具箱

1）细分边拾取。可以拾取或取消拾取 NURBS 对象上外壳线线段的两个相邻顶点或细分主体的单个边。

2）细分曲面拾取。可以拾取或取消拾取 NURBS 对象上面的 4 个角 CV 或细分主体上的单个面。

3）细分曲面环拾取。可以拾取或取消拾取 NURBS 对象上沿某个循环外壳线的所有 CV 或细分主体上沿某个循环边的所有面。

4）细分主体选择。可以拾取或取消拾取细分主体。使用此工具还能够快速区分细分主体和 NURBS 对象，例如工作空间中有两个对象，可使用此工具快速选择和识别细分主体。

5）细分主体环选择。可以拾取或取消拾取细分循环边。此工具无法选择 NURBS 组件。

6）细分边界环拾取。可以拾取或取消拾取预先选择的边的循环边。

7）扩展选择。可以从当前选定组件沿所有方向向外扩展当前选定 NURBS 或细分组件的区域。此工具适用于 NURBS 对象上的选定 CV 和细分主体上的选定边。

8）收缩选择。可以从当前选定组件沿所有方向向内收缩当前选定 NURBS 或细分组件的区域。此工具适用于 NURBS 对象上的选定 CV 和细分主体上的选定边。

（2）Subdivision 工具箱（见图 3-54）

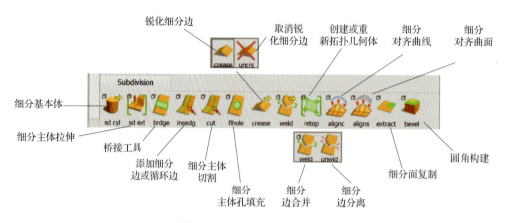

图 3-54　Subdivision 工具箱

1）细分基本体。可以创建细分长方体、平面或圆柱体。鼠标左键长按其图标可扩展显示其子工具。

2）细分主体拉伸。可以在细分主体上生成新的边和面。此外，还可以使用此工具拉伸曲线以添加细分边和面，这将从曲线创建细分主体，如此则可以使用细分建模工具继续进行造型。

3）桥接工具。可以通过在两个单独的细分面或边之间添加中间面和边将其连接。使用此工具可连接两个单独细分主体的边或面，也可以使用此工具填充细分主体中边之间的孔。

4）添加细分边或循环边。可以在距选定边指定距离处插入平行和垂直边或循环边。插入边时，系统会自动在该边与相邻边之间创建细分面。

5）细分主体切割。可以通过沿选定边和 CV 的路径剪切和重建细分边主体拓扑。例如，可以使用此工具切割出一个粗略形状，然后使用其他细分建模工具对其进行优化。

6）细分主体孔填充。可以通过添加一个或多个面来填充细分边之间的孔或闭合细分主体中的开口处。

7）锐化细分边。可以沿选定边创建 G0 锐化边界。

8）取消锐化细分边。可以移除使用上个工具创建的 G0 锐化边界。

9）细分边合并。可以合并细分边或 CV。使用此工具可合并选定的细分边或 CV。

10）细分边分离。可以沿选定边分离细分曲面。分离后的细分边与原有边界不产生联系，可随意编辑。

11）创建或重新拓扑几何体。可以用于塑造和延伸现有细分主体以适合参考对象的形状，并通过松弛顶点、添加边和循环边或切割边来优化任何细分曲面。

12）细分对齐曲线。可以将选定 CV 与曲线对齐。

13）细分对齐曲面。可以将细分主体的选定 CV 及关联边与某个 NURBS 曲面对齐。使用此工具可以通过 NURBS 曲面平滑或修改选定的 CV。

14）细分面复制。可以从细分主体复制或分离选定的细分面。使用此工具可复制细分主体的特定区域以创建单独的新对象，还可以从源细分主体中移除提取的面，或者将它们保留在原始对象中。

15）圆角构建。可以在选定边界的两个方向上插入自选定边偏移的边或循环边。使用此工具可以锐化限制曲面，或向边添加拱以创建圆角。

3.2.3 建模案例

1 车标案例

Alias 在引入细分建模之前，使用更多的是 NURBS 建模。NURBS 建模中一般将造型分解为主要造型表面、过渡造型表面、工程翻边及小造型倒角几种曲面类型，这几种曲面类型都建立在曲面拼接造型的工作方式之上，因此如何分面是曲面造型构建的关键，然而细分建模并不是这种思路。接下来通过一个简单的案例——制作某车型的车标（见图 3-55），来体验细分建模的快捷。

图 3-55　某车型的车标

（1）导入参考图片　在透视图窗口中，单击 ViewCube 将视图切换到左视图，从软件外部将左视图参考图片拖至 Alias 工作区即可。同理，使用 ViewCube 分别将视图切换到前视图、俯视图，将参考图片对应导入。※ 本章节提供数据参考文件和完整模型，见文件夹"3.2.3"。

 提示　Alias 不接受中文路径，参考路径、Alias 文件名称等不可出现中文。

（2）定义参考图的尺寸

1）构建参考几何体。选择 Pallette> Surfaces >Cube，在工作窗口区域单击即可构建得到立方体，新建的立方体会以透明线框状态显示。

2）定义参考几何体的尺寸。选中新建的立方体后，选择 Window>Information>Information Window，Transform info 状态栏中的 Scale 即为该立方体的初始尺寸信息，3 个选项框的内容分别表示该立方体在世界坐标系 X、Y、Z 向的尺寸信息，将其数值更改为 114×64×66。

3）缩放参考图。选择 Pick>Object 拾取左视图参考图，单击 ViewCube 切换视图至左视图，然后在工具箱中选择 Transform >Scale 工具，将参考图缩放至大小与参考几何体相匹配，并配合 Transform>Move 工具将参考图在该视角下移动至立方体内部。

4）将前视图和俯视图参考图也缩放至相应大小，并移动至参考立方体内部（见图 3-56）。接下来调整参考图的透明度。将控制面板 Transparency 选项中 Canvases 的数值调整为 0.2。至此，参考图的尺寸定义完成，删除参考立方体。

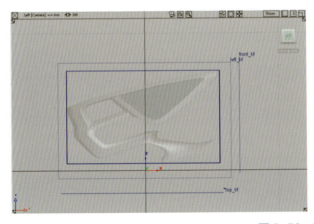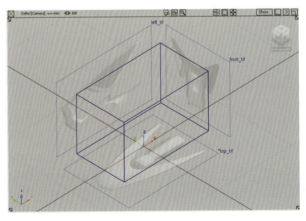

图 3-56　移入参考图

（3）构建模型

1）构建主体。

STEP 01 模型分析。该模型为左右对称模型，进行模型构建时可只构建一半，另一半最后进行镜像、焊接处理即可。

STEP 02 选择 New Edit Point Curve 工具，双击打开选项窗口，将 Curve Degree 的值更改为 1，在左视图中绘制特征棱线，并移动 CV 的位置，使其与参考图的特征匹配。同时在前视图中移动曲线的 CV，使其与参考图的特征匹配（见图 3-57）。

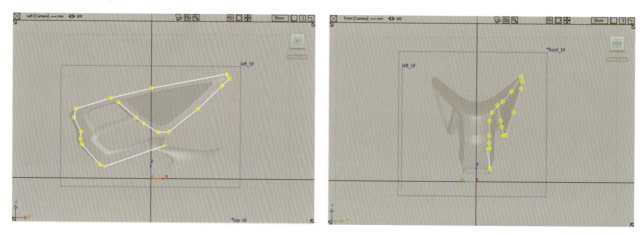

图 3-57　构建特征棱线

 注意　Alias 2020 版本使用曲线构建 SUBD 模型时只支持一阶曲线。

STEP 03 选择曲线。选择 Subdivision>Extrude 工具，使用缩放方式构建曲面组并调整曲面组位置，使其贴合造型，再选择 Box Mode Shader 显示曲面组的拓扑结构（见图 3-58）。

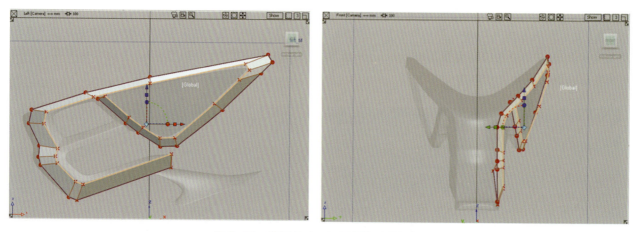

图 3-58　使用 Extrude 工具构建曲面组

STEP 04 使用 Pick>Point Types>Edge 工具选择曲面组的边界，再使用 Subdivision>Extrude 工具延展出第二组曲面组，并在俯视图中移动该边界，使其贴合造型棱线（见图 3-59）。

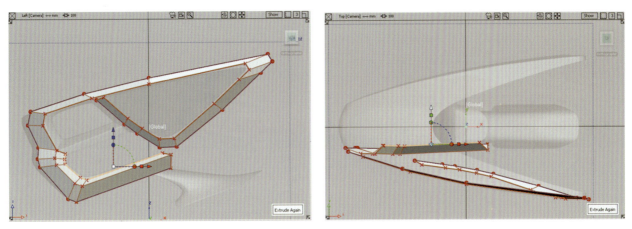

图 3-59　移动效果

STEP 05　使用 Subdivision>Bridge 工具桥接曲面，使用 Subdivision Cut 工具增加曲面布线，然后调整以贴合造型（见图 3-60）。

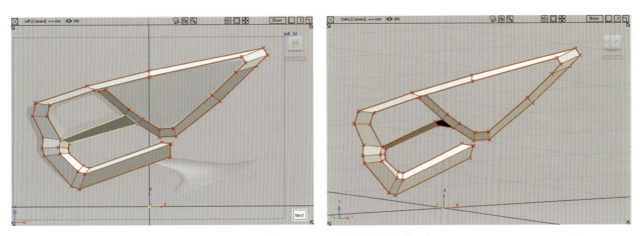

图 3-60　使用 Bridge 工具桥接曲面（一）

STEP 06　使用 Subdivision>Cut 工具配合 Subdivision>Bridge 工具桥接曲面空缺处（见图 3-61）。

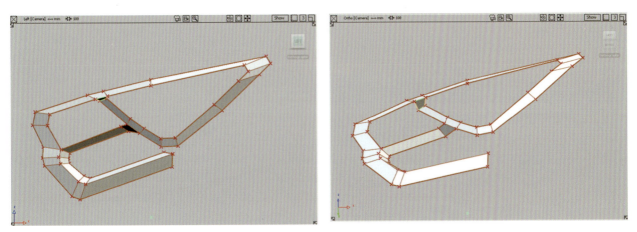

图 3-61　使用 Bridge 工具桥接曲面（二）

STEP 07　使用 Pick>Subdiv Hull Elements>Subdiv Edge Loop 工具选择边界环，使用 Subdivision>Extrude 工具构建内圈曲面组，然后调整以贴合造型（见图 3-62）。

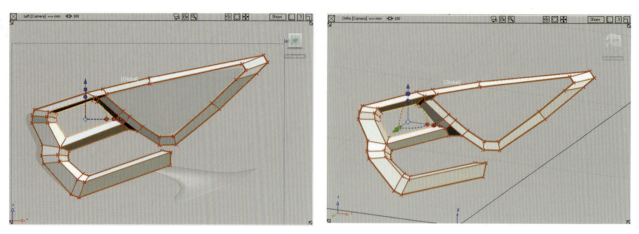

图 3-62 构建内圈曲面组

STEP 08 选择所有自由边界，使用 Subdivision>Extrude 工具构建 Y 向曲面并调整（见图 3-63）。

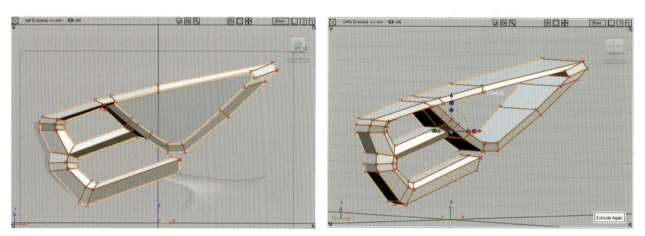

图 3-63 构建 Y 向曲面

STEP 09 选择 Subdivision>Insert Edge 工具，在其中的 Insert mode 选项处选择 Perpendicular，在 Distance 处输入数值 2.5，在该位置插入边界环（见图 3-64）。

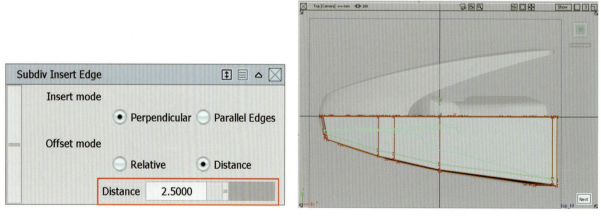

图 3-64 插入边界环

STEP 10 选择 Subdivision>Cut 工具增加曲面边界，并删除多余曲面。使用同样的方法调整羽翼处曲面边界（见图 3-65）。

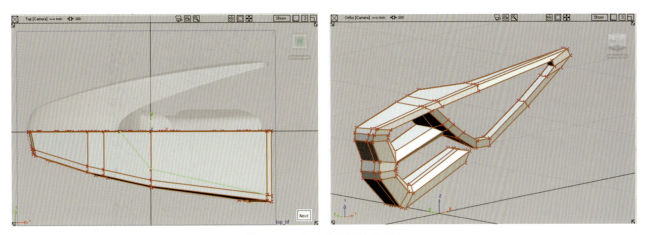

图 3-65　构建俯视图边界形态

STEP 11　使用 Subdivision>Bridge 工具将羽翼背侧曲面组进行桥接，再使用 Subdivision>Extrude 工具在曲面处填补空缺区域（见图 3-66）。

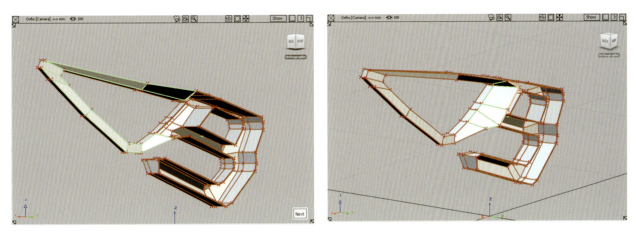

图 3-66　构建羽翼背侧曲面组

STEP 12　使用 Pick>Point Types>Edge 工具选择所有特征棱线边界，使用 Subdivision>Creases>Crease Subdiv Edge 工具将其创建为硬棱线（见图 3-67），选择 ObjectDisplay>Diagnostic Shading 打开诊断着色显示控制窗口，切换为诊断着色显示，观察模型。

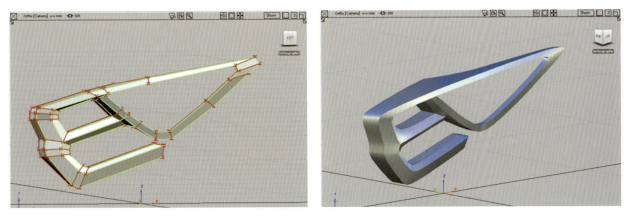

图 3-67　创建硬棱线

STEP 13　调整造型形态。对于各圆角处的过渡，可使用 Subdivision>Insert Edge 工具增加其边界，加强对圆角过渡效果的控制，并调整过渡圆角大小以贴合造型（见图 3-68）。至此，主体构建完成。

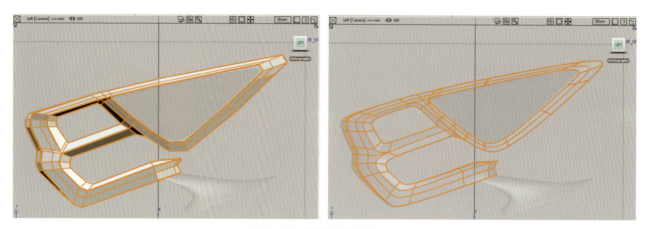

图 3-68 调整过渡圆角大小

2）构建底座。

STEP 01 在底座处，使用 Cut 工具（经过上述练习，读者对工具都已熟悉，故不再赘述路径）切割曲面增加布线，并删除底面（见图 3-69）。

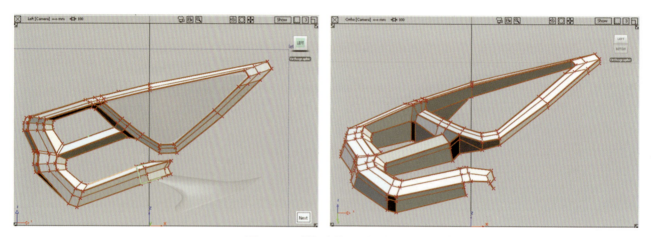

图 3-69 增加布线、删除底面

STEP 02 选择底部边界，使用 Extrude 工具延展构建出基础底座曲面（见图 3-70）。

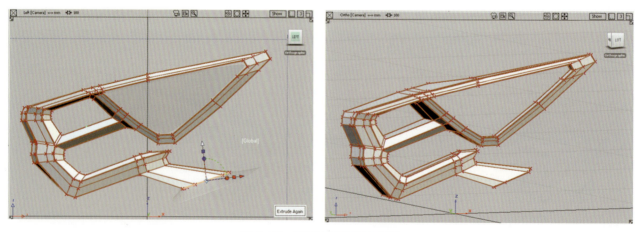

图 3-70 延展出基础底座曲面

STEP 03 继续使用 Extrude 工具延展曲面，并调整以使之贴合造型特征（见图 3-71）。该区域调整时要注意与参考图的对应关系。

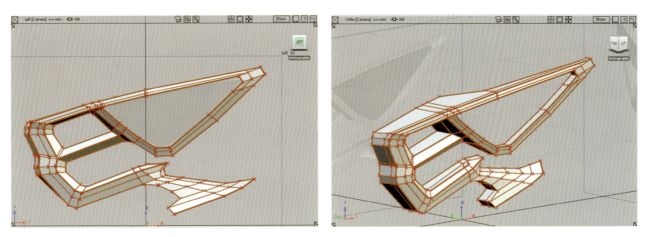

图 3-71 继续延展曲面

STEP 04 构建羽翼表面。通过移动 CV 使曲线贴合边界,将羽翼中空处填补遮挡即可(见图 3-72)。

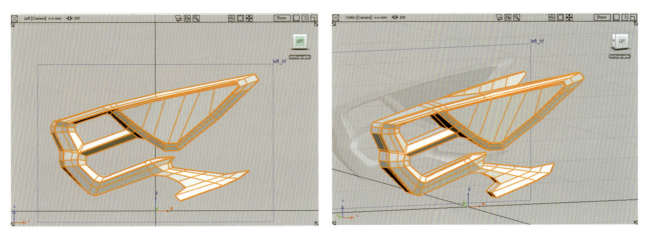

图 3-72 构建羽翼表面

STEP 05 优化模型。使用 Cut 工具对模型的拓扑结构线进行重构,尽可能使拓扑结构上仅存在四边形形态。另外,在满足造型形态前提下删减多余结构线,使模型的拓扑结构简单清晰且符合逻辑。模型优化完成后,可通过添加边界的方式构建工程圆角。模型布线优化前后对比如图 3-73 所示。

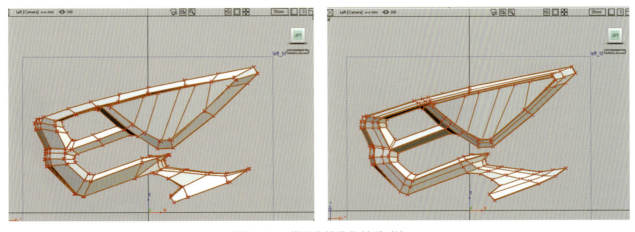

图 3-73 模型布线优化前后对比

STEP 06 数据整理。单击 Edit>Duplicate>Mirror，将模型实体镜像。使用 Subdiv Weld 工具将 Y0 处镜像边界曲线进行焊接（见图 3-74）。

提示 Y0 焊接时，使用 Tolerance 方式情况下应严格控制公差值，使之小于上述过程中所构建圆角的 CV 间距，否则容易导致错误焊接或焊接失败。

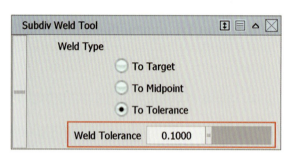 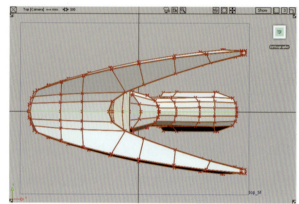

图 3-74　镜像焊接

STEP 07 单击 Layers>New 创建新图层，双击图层名称可对其进行重命名。使用 Object 工具选择参考图，然后选择刚创建的图层并在其上单击右键，从弹出的菜单中选择 Assign，将参考图放进该图层内。将模型数据放置到其余图层内，并对图层进行命名。至此，模型构建完成（见图 3-75）。

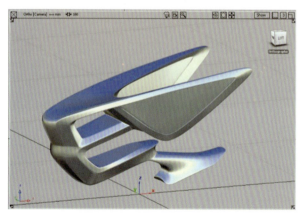 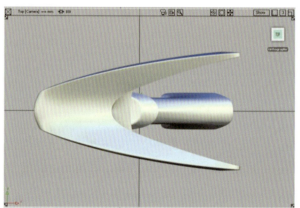

图 3-75　模型构建完成

2　座椅案例

本案例的座椅采用分体式设计，构建模型时可先构建下本体。开始模型构建之前需要先确定座椅的高度，再根据比例效果进行调整。本案例中座椅的高度定为 110cm（见图 3-76），可构建参考几何体并对其高度进行定义。

（1）构建下本体

STEP 01 依据座椅效果图的比例，绘制出座椅下本体的 Y0 截面线。绘制 Y0 截面线时要从整体把握该线的比例关系。使用 Extrude 工具在 Y 向从 Y0 截面线拉伸出曲面组（见图 3-77）。

图 3-76　座椅效果图

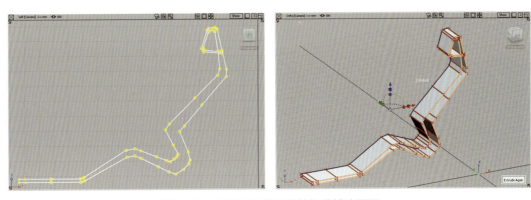

图 3-77　绘制 Y0 截面线并构建辅助平面

 注 意　在本案例中没有将前视图作为参考，其实在更多实际项目中也是如此，这就需要模型师要有一定的比例把握能力和技巧。

STEP 02　在前视图中构建两条曲线，这两条曲线的位置决定了座椅的宽度，所以在构建时要和构建 Y0 截面线一样，需从整体考虑比例关系。使用 Multi-Surface Draft 工具将曲线沿 X 向构建曲面，并且构建历史（见图 3-78）。

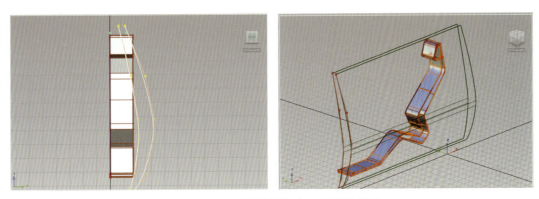

图 3-78　绘制曲线并构建 X 向辅助曲面

STEP 03　构建侧围曲面组。使用 CV 工具选择 STEP 01 中构建的两个曲面的外侧所有 CV，单击 Align to Surface 工具，在操作界面右下角弹出的对话框中选择 Align to Surface 选项，将曲面 CV 沿 Y 向约束至 STEP 02 中构建的右侧曲面上，将内侧 CV 约束至 STEP 02 中构建的左侧曲面上，并调整曲线以带动构建历史调节侧围约束曲面组的形态，从而优化侧围曲面组的形态（见图 3-79）。

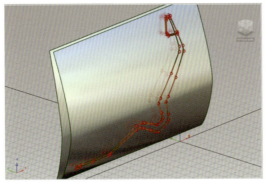 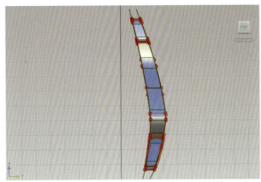

图 3-79　曲面约束造型

STEP 04 使用 Bridge 工具桥接两组曲面的末端（见图 3-80）。

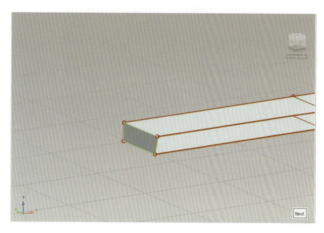 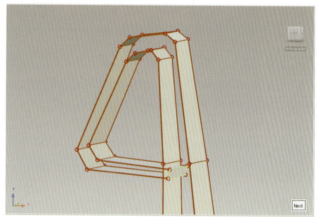

图 3-80 桥接两组曲面的末端

STEP 05 使用 Bridge 工具桥接两组曲面的侧围（见图 3-81）。

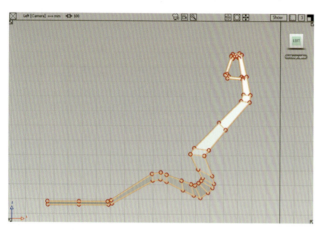 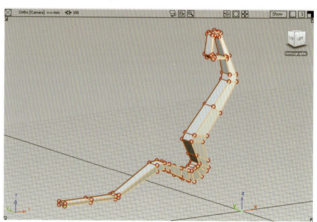

图 3-81 桥接两组曲面的侧围

STEP 06 在各视图下调整曲面组侧围曲线的形态，以保证线性关系且避免曲面干涉（见图 3-82）。

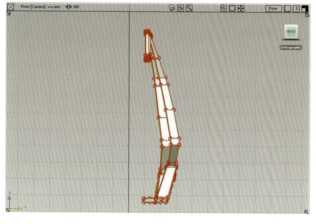 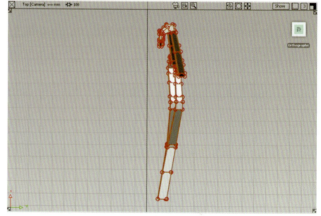

图 3-82 调整线性关系

STEP 07 构建头枕基础面。使用 Edge 工具选择曲面组侧围上对应头枕区域的曲面边界，使用 Extrude 工具沿 Y 向拉伸出曲面组直至 Y0 处（见图 3-83）。

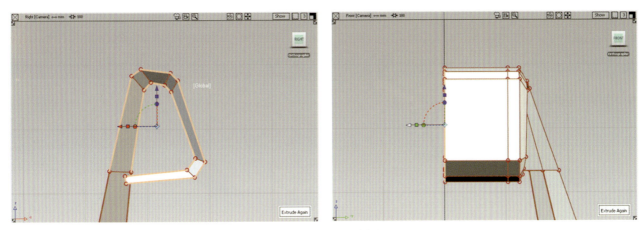

图 3-83　构建头枕基础面

STEP 08　使用 Extrude 工具创建脚踏基础曲面组，并使用 Cut 工具等优化拐角处布线（见图 3-84）。

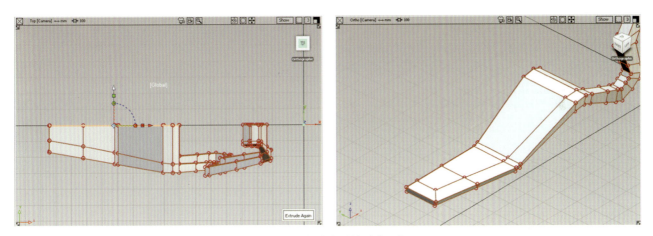

图 3-84　创建脚踏基础曲面组

STEP 09　使用 Bridge 工具桥接内圈曲面组（见图 3-85）。

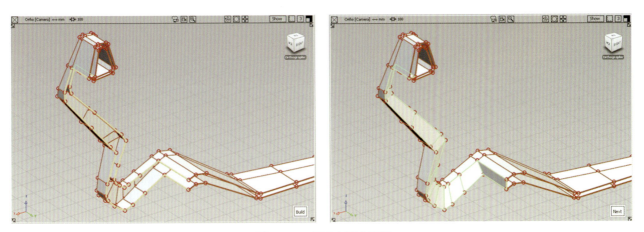

图 3-85　桥接内圈曲面组

STEP 10　增加下本体曲面组。选择 Delete>Delete Construction History 删除拾取对象的构建历史。选择 Bevel 工具，将 Relative 模式下 Divisions 的数值设为 1，为侧围外圈创建曲面组。使用 Crease Subdiv Edge 工具将各曲面组边界创建为棱线，然后调整造型（见图 3-86）。

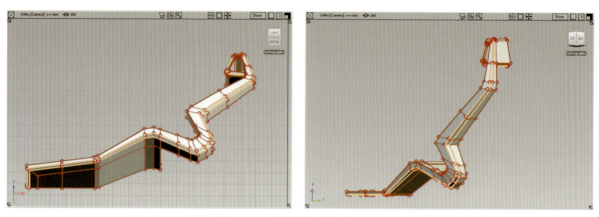

图 3-86 创建侧围基准曲面组

STEP 11 修改头枕。使用 Insert Edge 工具为头枕新增边界环，并调整 CV 增加头枕厚度，营造可靠感及包覆感。最后，检查并优化模型的形态（见图 3-87）。

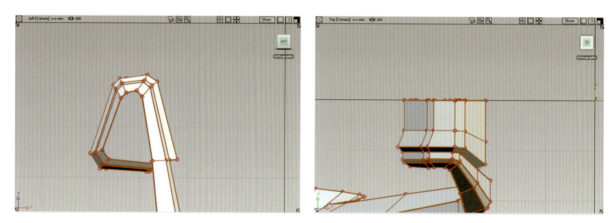

图 3-87 修改头枕

（2）构建上本体

STEP 01 绘制座椅上本体的截面线，使用 Extrude 工具沿 Y 向拉伸出曲面组，并在前视图下调整曲面边界的形态（见图 3-88）。

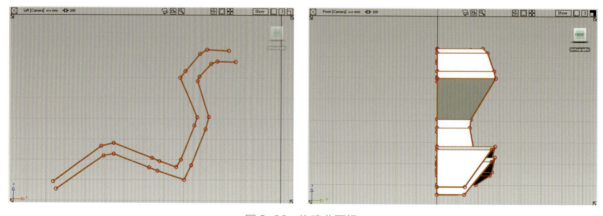

图 3-88 构建曲面组

STEP 02 使用 Bridge 工具桥接上本体曲面组的侧围。使用 Crease Subdiv Edge 工具将各曲面组边界创建为棱线（见图 3-89）。

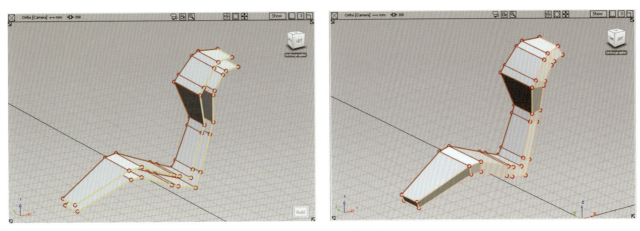

图 3-89 桥接头枕底面

STEP 03 使用 Insert Edge 工具在 Relative 模式下插入两组边界来为靠垫边缘做转折（见图 3-90）。

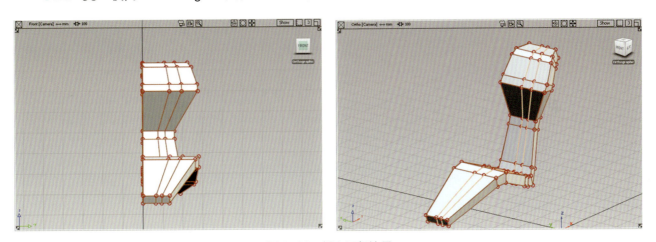

图 3-90 插入两组边界

STEP 04 调整造型。为营造座椅的包覆感，可使用 Crease Subdiv Edge 工具将上本体边界创建为硬棱状态（见图 3-91）。

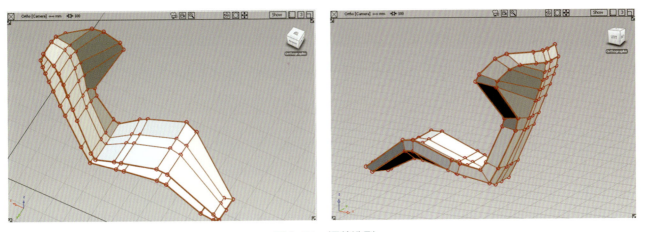

图 3-91 调整造型

STEP 05 使用 Bevel 工具增加边界，然后使用 Crease Subdiv Edge 工具创建折边并优化（见图 3-92）。

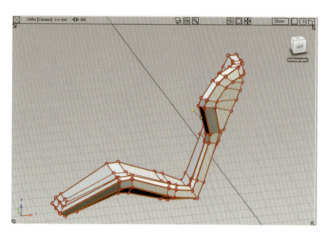
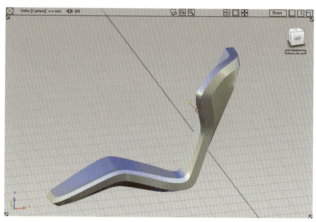

图 3-92　增加造型曲面

STEP 06　使用鼠标右键单击图层，在快捷菜单中选择 Symmery 选项，将创建的座椅模型进行对称镜像，然后在各视图下检查并优化调整上、下本体造型的形态（见图 3-93）。

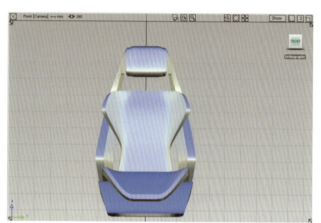
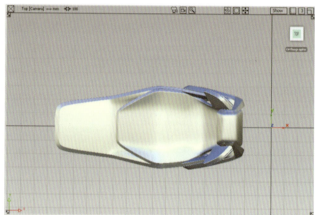

图 3-93　优化调整模型

3.3　比例模型

从二维平面向三维立体转换时，胶带图是一种行之有效的方式，但是它依然停留在二维阶段。在油泥模型上也可以通过胶带图来推敲造型（见图 3-94）。同样，借助 Alias 的相关命令，我们可以将二维的草图、胶带图转化为三维的草图、胶带图。

3.3.1　三维草图

我们可以非常快速地通过 SUBD 工具制作比例实体模型（称为"内腔"），但它并不是真正意义上的汽车曲面模型，而是一个参考模型，就如同制作油泥模型时使用的内部泡沫模型一样，只是在空间上绘制出

图 3-94　油泥模型上的胶带图

了车型的特征线，如Y0处、腰线、轮眉等（见图3-95）。下面的案例通过构建主要特征，说明三维草图的制作方法。

图3-95　制作三维草图的过程

1　导入参考图

1）在菜单栏中选择File>Import>Canvas Image，分别在左视图和俯视图下导入参考图（见图3-96）。

 要勾选Always create New Canvas复选框，否则再次导入的图会与上次导入的图叠加在一起。

图3-96　导入参考图

2）调整参考图的尺寸。在俯视图下，使用Rectangle工具构建矩形曲线，然后通过Windows>Information>Information Window调整矩形曲线的参数，宽度、高度分别设为5895mm、2200mm。以车长为参考等比例缩放参考图片（见图3-97）。

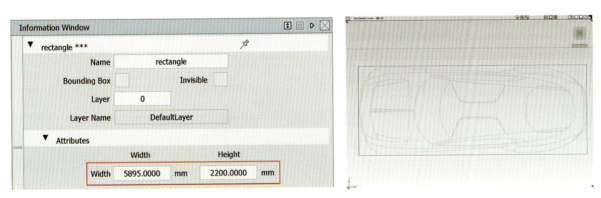

图3-97　在俯视图下调整参考图的尺寸

在左视图下构建矩形曲线,并通过 Windows>Information>Information Window 调整矩形曲线的参数,宽度、高度分别设为 5895mm、1510mm。以车长为参考等比例缩放参考图片(见图 3-98)。

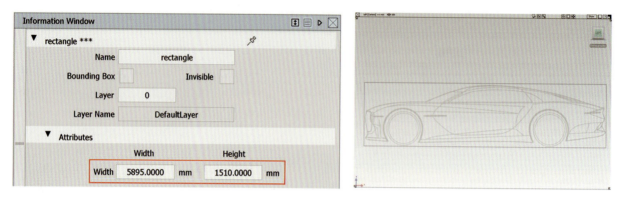

图 3-98　在左视图下调整参考图的尺寸

2　Y0 处特征

1)根据参考图,使用 New Edit Point Curve 工具在左视图下构建 Y0 线,使其与参考图拟合(见图 3-99)。

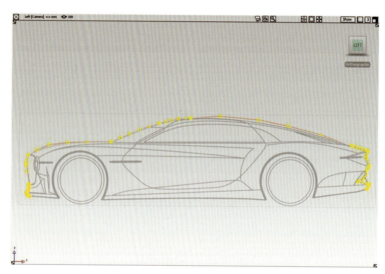

图 3-99　构建 Y0 线

2)以发动机舱盖为例,先拾取发动机舱盖曲线,然后使用 Multi-Surface Draft 工具构建翻边面,其参数设置如图 3-100 所示。

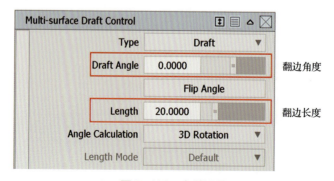

图 3-100　参数设置

3)模拟笔锋特征。选择两端边界点,按住 <Ctrl> 键,将下端点直接吸附到上端点(见图 3-101)。

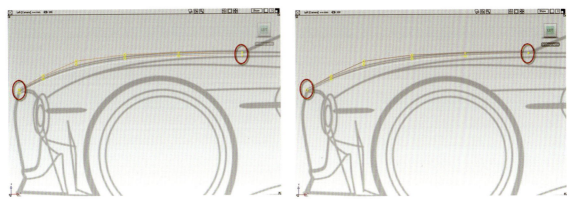

图 3-101　吸附端点

使两端宽窄趋势变得集聚,移动 CV 向上调整位置,使其中间向两边的宽度渐变到窄,模拟笔锋特征(见图 3-102)。

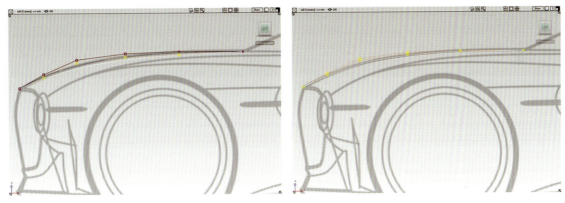

图 3-102　Y0 处笔锋特征

4)进行着色显示以便于观察效果。使用 <F12> 键或选择 WindowDisplay>Toggles>Model 关闭几何体曲线边框(见图 3-103)。

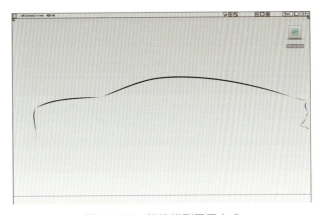

图 3-103　切换模型显示方式

3　腰线特征

1)腰线是车身的主要特征线。在左视图下构建腰线,通过调整 CV 拟合参考图。然后切换到俯视图,调整腰线拟合参考图(见图 3-104)。

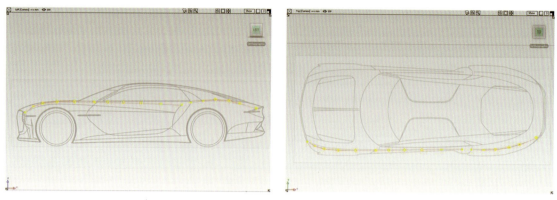

图 3-104 构建腰线

2）使用 Multi-Surface Draft 工具构建 Y 向的向下 15mm、角度为 45°的翻边面，并同样做笔锋特征（见图 3-105）。

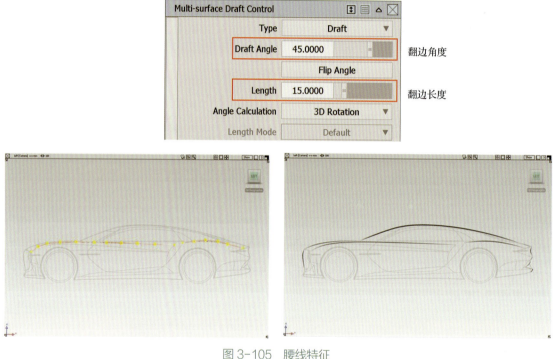

图 3-105 腰线特征

腰线构建完成后，在俯视图和空间中展示（见图 3-106）。

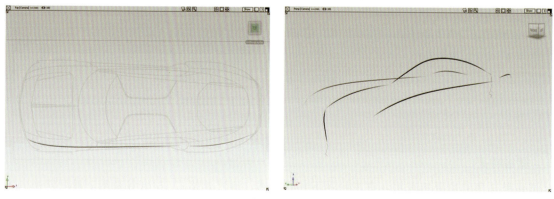

图 3-106 腰线展示

4 轮眉特征

1）在左视图中，使用 New Edit Point Curve 工具通过参考图拟合轮眉。拟合过程中会出现 CV 不够的情况，可在控制面板的 Degree 处增加，单击 Accept 确定调整曲线的阶数（注意，最多加到 7）。然后切换到俯视图，通过参考图进行位置调整（见图 3-107）。

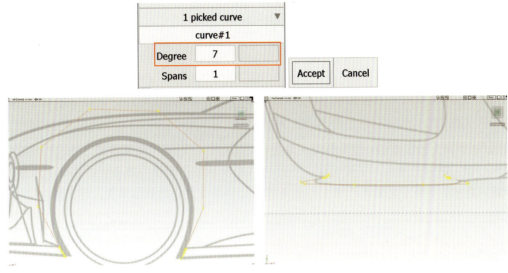

图 3-107　构建外轮眉线

2）外轮眉线构建完成后，使用 Offset 工具偏移 30mm 做出内轮眉线（见图 3-108）。

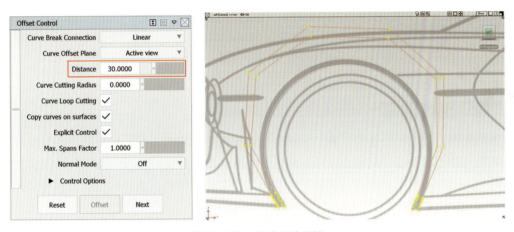

图 3-108　构建内轮眉线

3）使用 Multi-Surface Draft 工具构建 Y 向的长度为 20mm、角度为 30°的翻边面，并在两端做笔锋特征（见图 3-109）。

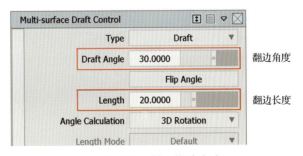

图 3-109　轮眉构建完成

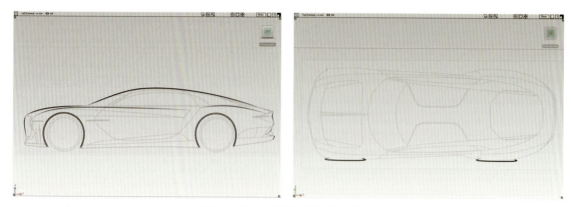

图 3-109 轮眉构建完成（续）

4）按照上述步骤（先构建线，然后翻边，最后在翻边面的首尾制作笔锋效果）依次构建前保、发动机舱盖、门板和分缝、后保、顶盖、车窗特征，然后将曲面显示颜色调整为黑色，内腔面显示颜色调整为白色，完成三维的数字胶带图（见图3-110）。※ 本章节提供制作完成的数据文件，见文件夹 "3.3.1"。

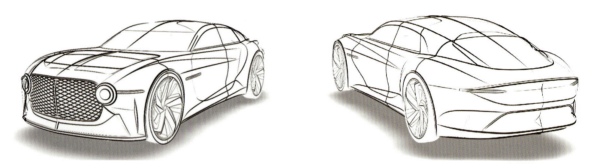

图 3-110 三维的数字胶带图

3.3.2 "捏"出概念车

通过前面的案例，我们已经基本了解了SUBD的建模思路和常用工具，那么面对造型相对复杂、曲面质量要求相对较高的汽车模型（见图3-111）时，如何通过SUBD完成建模？接下来的案例我们将继续探讨通过SUBD进行汽车模型构建的方法和技巧。※ 本章节提供建模输入文件和完成的数据文件，见文件夹 "3.3.2"。

图 3-111 汽车模型效果展示

1　整车案例（上）——比例模型

通过观察分析，可以将车身分为五个部分（见图3-112），我们将依次完成这五个部分的细分建模工作。

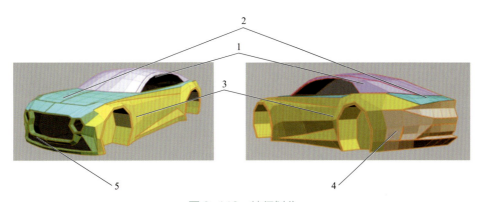

图 3-112　特征划分

1—顶盖区域　2—前后饰盖　3—轮眉与侧围　4—后保　5—前保

（1）构建顶盖

STEP 01　构建顶盖特征线。使用 New CV Curve 工具，在选项框中将 Curve Degree 设置为 1，其他参数保持默认，然后在左视图窗口中画出顶盖弧线（见图3-113）。注意 CV 的排布，尽量使用较少的 CV 来描述特征。

图 3-113　构建顶盖特征线

STEP 02　拉伸出顶盖细分面。使用 Extrude 工具，在控制窗口中从 Direction Type 的下拉菜单中选择 Global，然后将顶盖弧线沿 Y 向拉伸约 900mm（见图3-114）。

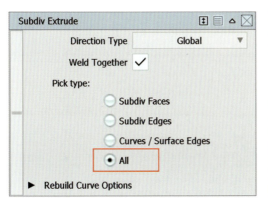
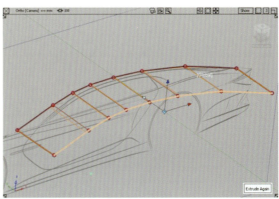

图 3-114　拉伸出顶盖细分面

STEP 03 调整顶盖边缘特征。双击控制面板底部的 Transform CV 图标，打开其控制窗口，在 Transform 选项中选择 Move，在 Mode 选项中选择 SLIDE 和 HULL，如图 3-115 左图所示。在俯视图下将特征线调整至图 3-115 右图所示位置。

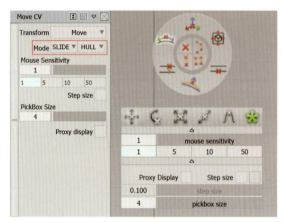 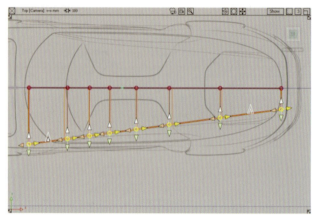

图 3-115　修正边界

下面开始修改顶盖造型的饱满度。使用 Insert 工具细分拓扑，在拉伸面内部增加两条细分线。在俯视图下选择 CV，分别调整前端和尾端造型特征（见图 3-116），将第二排中部点调整弧度。沿 Y 向使用 Extrude 工具将边界拉伸 100mm，然后抓取 X 向控制器上的方块缩放调整拉伸的边界（见图 3-117）。

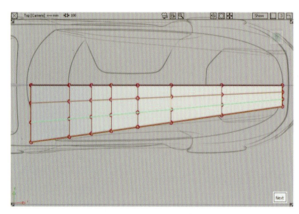 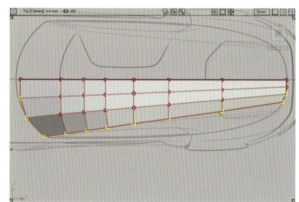

图 3-116　细化顶盖面

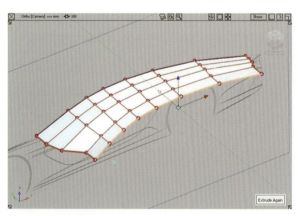 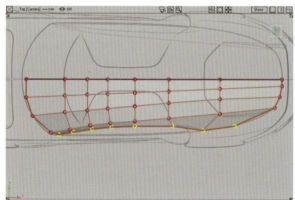

图 3-117　调整边界造型

STEP 04　优化 A 柱造型轮廓。使用 Insert Edge 工具细分拓扑，使用 Transform CV 工具选择 SLIDE 模式拾取整段线的 CV，然后选择 HULL 选项进行调整。通过左视图与俯视图观察造型（见图 3-118）。

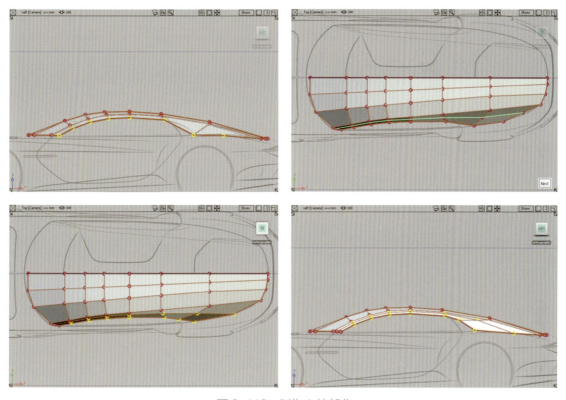

图 3-118　制作 A 柱部分

STEP 05　增加 A 柱翻边，添加棱线。使用 Transform CV 工具拾取的中部区域 CV 并以 NUV 模式移动，增加造型的饱满度。选择边并使用 Crease I Subdiv Edge 工具加棱，完成 A、C 柱造型（见图 3-119）。

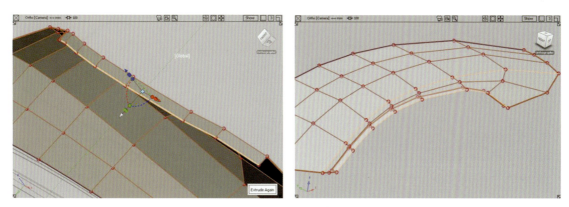

图 3-119　细分造型

（2）构建前后饰盖

STEP 01　勾画外圈轮廓线。根据俯视图以及左视图下的前后饰盖和侧面主特征线、前饰盖 Y0 线，勾画 A、C 柱对应的特征线。使用 Extrude 工具，在前后饰盖和侧面主特征线的 Z 向生成一组面，在 Y0 线和 A、C 柱的 Y 向生成一组面。使用 Bridge 工具将 Y0 线与外侧面桥接，前后转折处先使用 Subdiv Weld 工具进行焊接，再使用 Fill Hole 工具自动填补。使用 Cut 工具将从 Y0 线拉伸出的面删除（见图 3-120）。

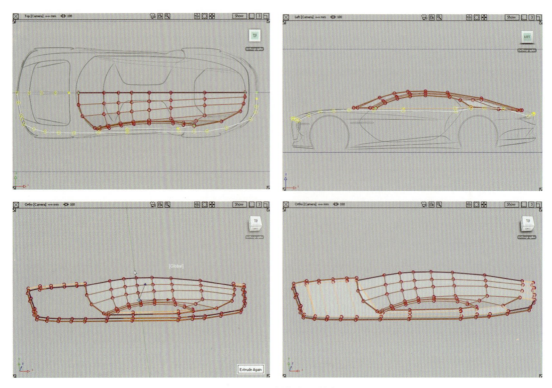

图 3-120 制作前后饰盖

STEP 02 前饰盖特征与 A 柱。在前饰盖前端使用 Insert Edge 工具细分拓扑，将前饰盖部分与顶盖焊接。使用 Fill Hole 工具对 A 柱区域进行缝补，配齐前端 CV。在 A 柱与前饰盖连接区域使用 Cut 工具增加 CV 断开，并将 CV 在 Z 方向移动。使用 Subdiv Weld 工具焊接后三角区域，再使用 Fill Hole 工具进行缝补（见图 3-121）。

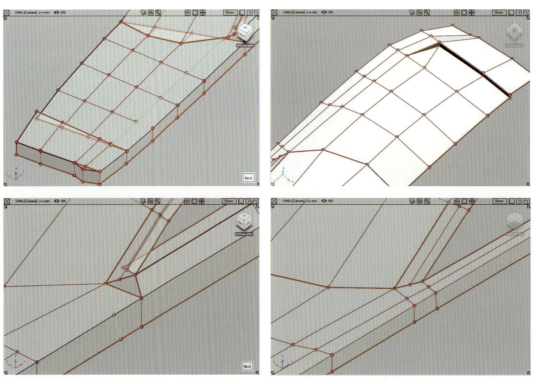

图 3-121 细分特征

STEP 03 后饰盖特征与 C 柱。在 C 柱区域后方使用 Fill Hole 工具进行缝补，缝补面使用 Cut 工具调整拓扑。在侧面使用 Cut 工具添加边界，并增加环线。也可使用 Insert Edge 工具自动增加，不能自动增加的可使用 Cut 工具补齐（见图 3-122）。

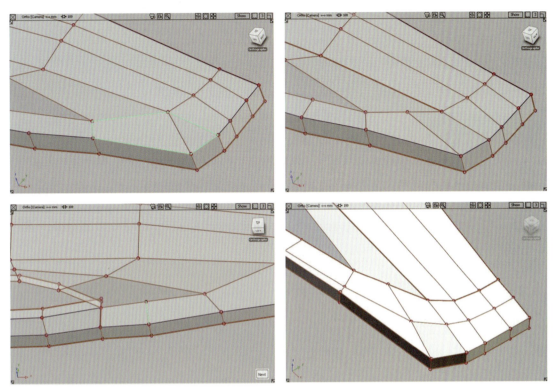

图 3-122　细化 C 柱造型

将前后三角窗的翻边焊接起来，将顶盖与 A、C 柱边界使用 Crease Subdiv Edge 工具生成棱（见图 3-123）。

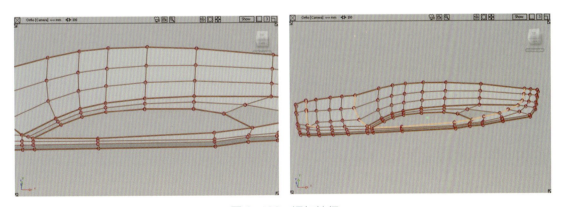

图 3-123　添加特征

（3）构建侧围

STEP 01 构建轮眉特征线。使用 Circle 工具构建一个多跨距单阶的圆，在其选项框中将 Degree 设置为 1（见图 3-124）。

使用 Scale、Move、Set Pivot、Rotate 等工具调整圆环位置，使用 Detach 工具断开圆环并删除不需要的线，调整曲线两端（见图 3-125）。复制一个轮眉移动到后轮位置，构建中线、改变中心点并旋转，最后调整两端。

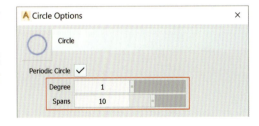

图 3-124　Circle Options 选项框

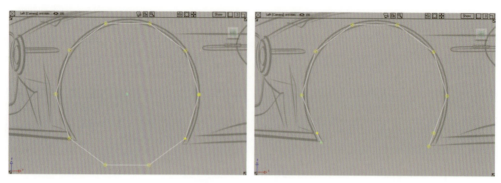

图 3-125　制作轮眉

STEP 02　构建轮眉与轮包。选择轮眉线，然后沿法线方向使用 Extrude 工具进行拉伸，使用 Transform CV 工具选择 SLIDE 模式和 HULL 选项调整宽度。使用 Transform CV 工具（选择 SLIDE 模式）、Insert Edge 工具或 Cut 工具调整轮眉底部对应边界线。沿 Y 向使用 Extrude 工具拉伸出一组面。对翻边面的点使用 Center Pivot 工具后放大，然后对边界底部进行调整（见图 3-126）。

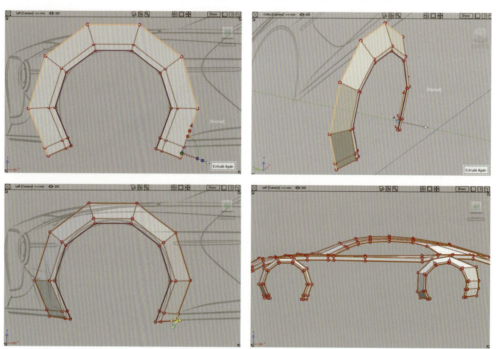

图 3-126　构建轮眉特征

STEP 03　连接侧围。在侧面使用 Subdiv Weld 工具进行焊接，但焊接出来的面没有弧度，可以通过 Cut 工具为侧面添加边界，沿 Y 向调整弧度。将后轮轮眉与后三角窗下的分离区域进行焊接，然后调整侧围主特征线的趋势（见图 3-127）。

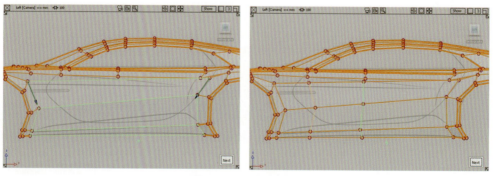

图 3-127　连接侧围

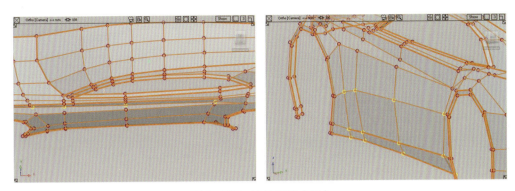

图 3-127　连接侧围（续）

STEP 04　调整侧围造型。使用 Subdiv Weld 和 Fill Hole 工具将侧围与窗台缝合线起来，并调整侧围排点。增加侧围特征分布线，沿 Y 向调整深度。优化后轮包拓扑 CV，在特征线上使用 Crease Subdiv Edge 工具生成棱线（见图 3-128）。

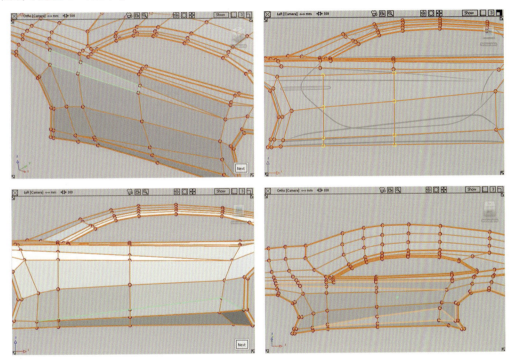

图 3-128　调整细分特征

（4）构建后保

STEP 01　构建后保基面。在左视图下构建后保的两条特征线，沿 Z 向向下拉伸。焊接轮包与后保，底端尾部向 X 向收回（见图 3-129）。

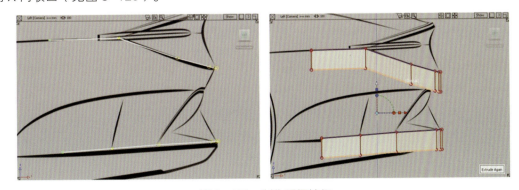

图 3-129　制作后保特征

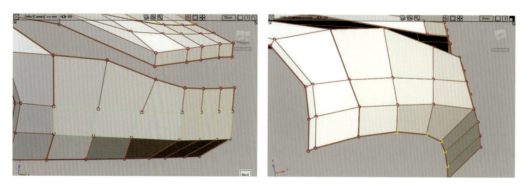

图 3-129 制作后保特征（续）

STEP 02 构建后尾造型。将行李舱盖转角处焊接到后尾上，使用 Subdiv Weld 和 Fill Hole 工具填充缺口，并使用 Cut 工具分割尖角，调整凹陷特征（见图 3-130）。

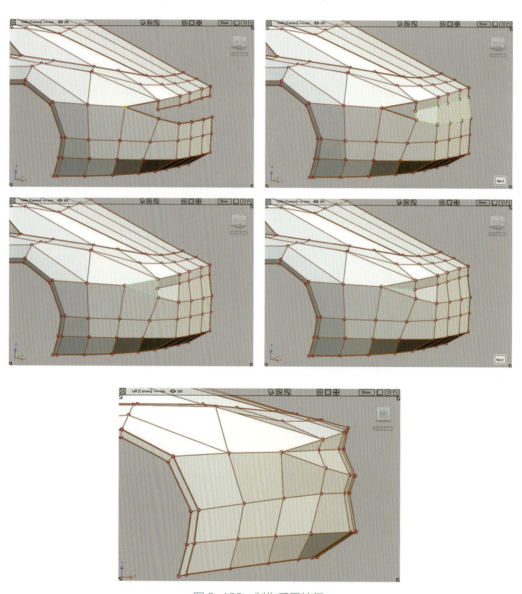

图 3-130 制作后尾特征

STEP 03 构建后保下裙特征。使用 Cut 工具分割底保险杠区域，划分出图 3-131 所示的布线。对于图中内圈侧边的三个点，使用 <Ctrl> 键抓取后在侧面吸附对齐，并调成深浅弧度。

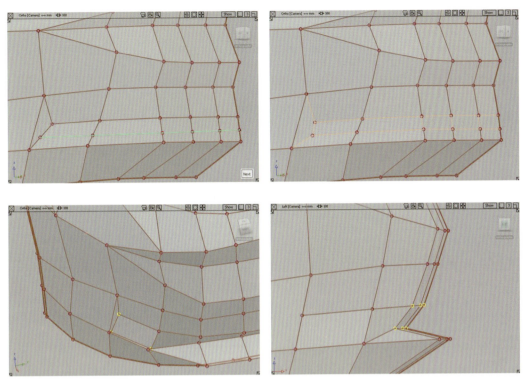

图 3-131 细分特征

STEP 04 优化后保特征。使用 Cut 工具斜切分割出边线，并把后侧线段沿 X 向拉伸。在特征硬交线上使用 Crease Subdiv Edge 工具生成特征棱线（见图 3-132）。

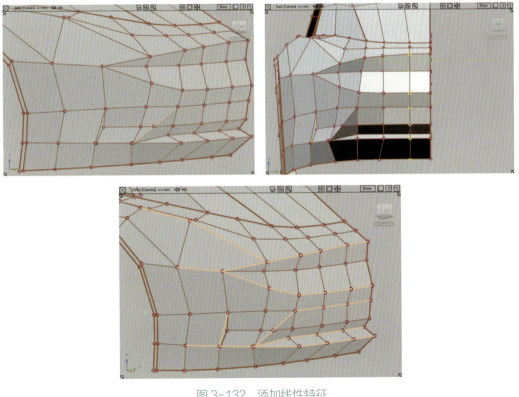

图 3-132 添加线性特征

(5) 构建前保

STEP 01　构建前照灯轮廓。构建一个单阶的圆线，从圆的边界使用 Extrude 工具（选项框中拉伸方向选择 Normal）拉伸出一组面（见图 3-133）。

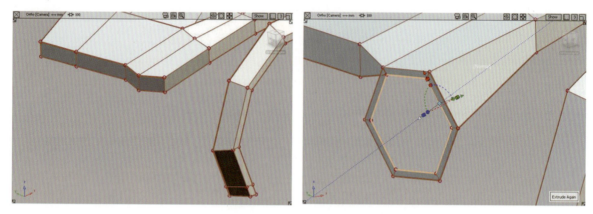

图 3-133　前照灯特征

STEP 02　构建前保特征。参照草图构建前保特征线，并沿 Z 向向下拉伸，还需把前格栅边框宽度调整一致。构建侧风口边界线，并沿 Y 向拉伸。将灯的边界使用 Extrude 工具（拉伸方向选择 Normal）进行拉伸并做翻边，再使用 Subdiv Weld 工具与周围缝合。前保底部的制作与后保底部一样，即勾画底部边界并吸附（见图 3-134）。

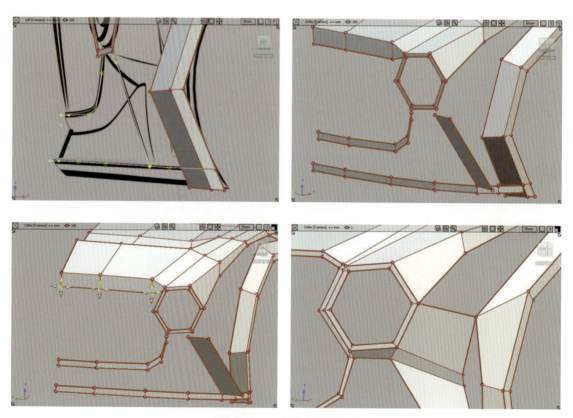

图 3-134　制作前保特征

STEP 03　填补前照灯上方造型。对于前照灯上方的特征，可使用 Cut 工具添加边界，并构建凹陷特征。侧面也使用 Cut 工具添加边界，并与前轮包缝合（见图 3-135）。

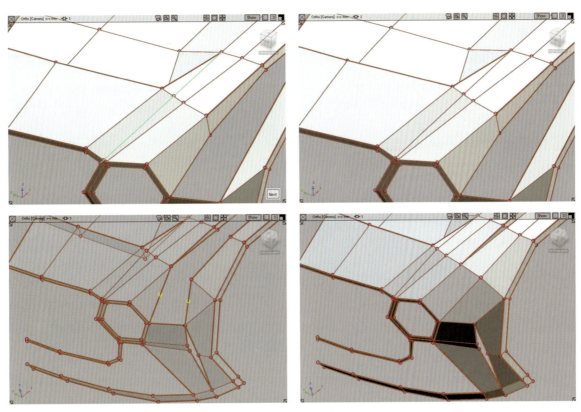

图 3-135 细分特征

STEP 04 优化前保特征。前格栅、下保险杠和侧风口处使用 Extrude 工具增加翻边。下格栅处做翻边并调整，灯圈连接处进行优化。翻边面边缘使用 Crease Subdiv Edge 工具生成棱线（见图 3-136）。

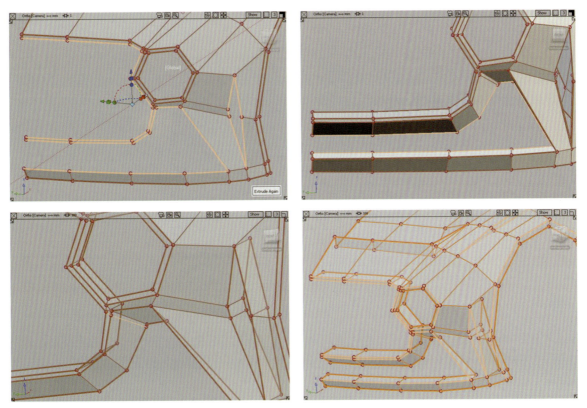

图 3-136 前保的线性特征

(6) 整理

STEP 01　封闭底部造型。选择底圈以及轮圈边界，使用 Extrude 工具延伸后吸附到 Y0（见图 3-137）。

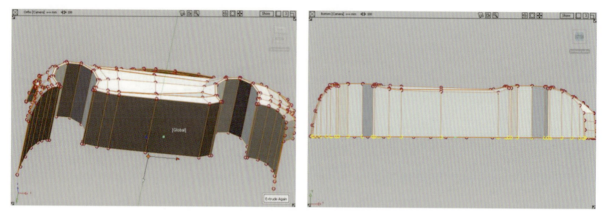

图 3-137　底部封闭

STEP 02　构建轮圈深度。使用 Cut 工具增加细分拓扑，将分割出来的部分与轮眉延伸整排对齐，并使用桥接方式补齐轮圈的缺口部分（见图 3-138）。

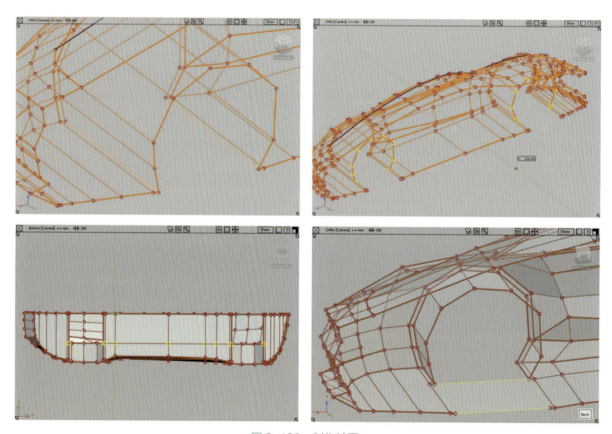

图 3-138　制作轮圈

STEP 03　填补轮圈内腔及优化边界。使用 Subdiv Weld 工具将轮圈内腔的缺口焊接成面，通过 Cut 工具生成边界并焊接，通过 Crease Subdiv Edge 工具增加棱边。对前后保边界进行优化，在底边边界上通过 Crease Subdiv Edge 工具增加棱线（见图 3-139）。

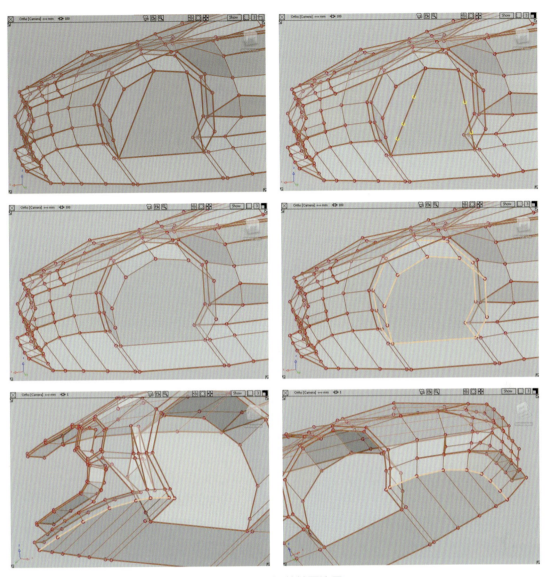

图 3-139 调整轮圈边界

2 整车案例（下）——细节特征

（1）顶盖 在车顶玻璃面与立柱之间使用 CUT 工具增加了一条细分边，选择车顶玻璃面，使用 Extrude 工具沿法线方向往下压制作出凹陷特征，选择顶盖与车身主体相交边界，使用 Crease Subdiv Edge 工具制作出硬棱特征。使用 Fill Hole 工具填充三角窗区域的露面（见图 3-140）。

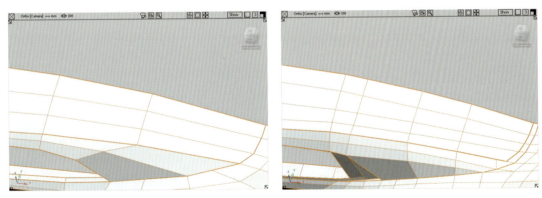

图 3-140 细分顶盖对比

（2）前后端盖　在中间 Y0 处增加特征，前端盖有弧度趋势需要使用 Cut 工具做出渐消特征，在玻璃前端不需要延伸线，可直接在边框上使用 Cut 工具进行剪切（见图 3-141）。

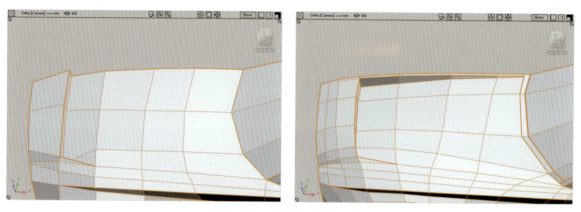

图 3-141　发动机舱盖板对比

除了提升细分等级，在尾端还要使用 Bevel 工具做倒角循环边来细分，并结合 Extrude 工具形成饰条（见图 3-142）。

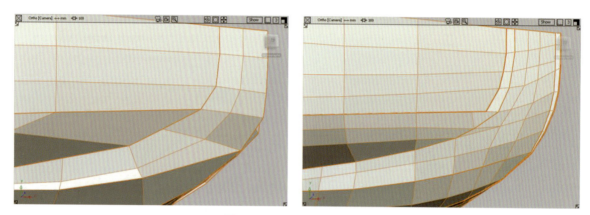

图 3-142　行李舱盖板对比

（3）侧围　在 SUBD 中圆形一般用正多边形来稳定造型。增加细分不能只增加一侧，且整圈都增加时应是倍数上的增加。原先的轮眉是 10 段的圆，现增加成 24 段的圆并发散循环边到周围，侧围特征也随着轮眉细分增加而发散，然后顺着趋势添加拓扑，则可以增添和优化特征细节（见图 3-143）。

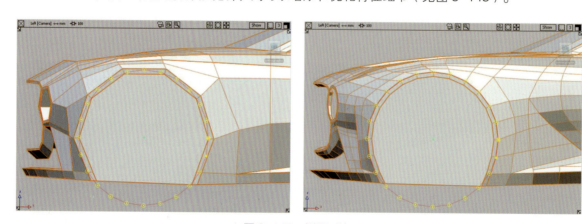

图 3-143　侧围对比

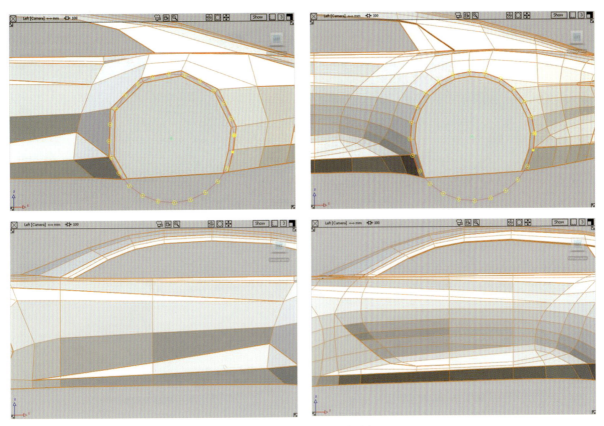

图 3-143 侧围对比（续）

> **技巧** 增加圆圈细分的阶段要考虑周围特征的需求，通过简单加减法计算出一个合理的区间，可以适当控制细分的复杂程度。

（4）**后保**　在饰盖板上通过 Bevel 工具做出一圈饰条（见图 3-144）。

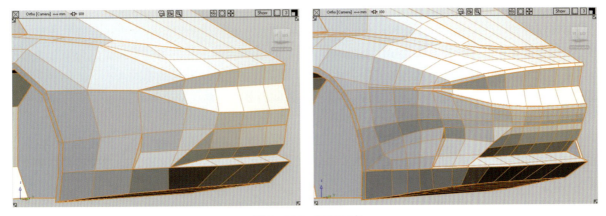

图 3-144 后保对比

（5）**前保**　将灯圈圆形的细分数提高，从 6 段提升一倍至 12 段，并发散到周围。细化周圈特征并与轮眉前端细化衔接（见图 3-145）。

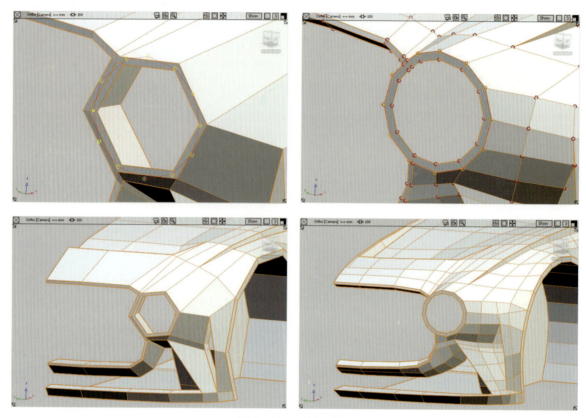

图 3-145 前保对比

随着细分细化程度的增加,拓扑会逐渐向塌陷的造型靠近,所以拓扑的位置会有所改变。使用 Crease Subdiv Edge 工具生成的趋势平缓的直棱在细分增加时变动较小,但面上的饱满度、弧度造型较大的边界会随细分的增加有所变动,在细分时需要注意保持造型。

3.3.3 动态形状建模

动态形状建模(Dynamic Shape Modeling)是 Alias 中的一种特殊的模型修改方式,该工具可以快速地进行模型全局更改。可以将其视为一个高级的非等比修改工具,用于拉伸和压缩模型,且模型各个部分之间的基本关系不会改变,也不能增加或减少特征,但是可以在模型内部修改相对大小、比例和形状。使用 SUBD 完成比例模型后可以使用动态形状建模进行整体调整。当然,动态形状建模依然可以调整使用 NURBS 完成的曲面模型。

Alias 提供了常用于动态形状建模的 Lattice Rig(晶格)和 Transformer Rig(变形器)等工具箱。Lattice Rig 工具箱很容易使用,可以快速上手。Transformer Rig 工具箱较为高级,可用于更详细、更特殊的造型过程。

接下来的案例是,在不改变轮眉与轮毂大小不变的情况下,调整车身整体比例。

1 关于 Lattice Rig

(1)简单拉伸

STEP 01 生成晶格。选择 Object Edit>Dynamic Shape Modeling>Lattice Rig,打开 Lattice Rig 工具箱。选择概念车模型,单击 Accept Targets 以创建晶格,然后关闭线框以便于观察(见图 3-146)。

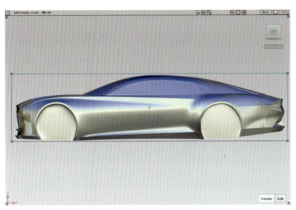
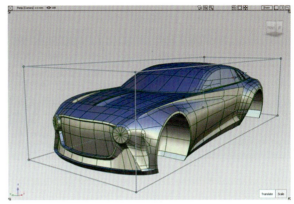

图 3-146 创建晶格

STEP 02 添加晶格拉伸。在 Lattice Rig 工具箱中选择 Split Lattice Edge 工具，在需要拉伸的地方添加晶格，这样可以确保除车身外其他部分不发生变化（见图 3-147）。

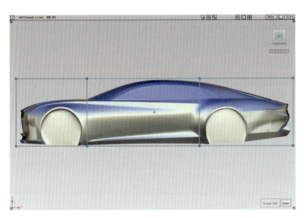
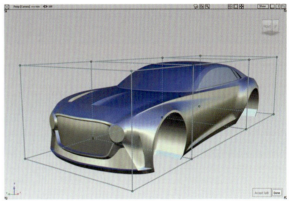

图 3-147 添加晶格

晶格有无关联晶格和关联晶格两种模式。无关联晶格以虚线绘制，对它进行修改时不影响目标几何体，这样就可以对晶格进行细化调整，以便达到对目标几何体的期望修改效果。关联晶格以实线绘制，操纵它时会修改目标的几何体。

在 Lattice Rig 工具箱中，单击 Toggle Lattice Engage State 工具进入关联晶格模式（晶格线变为实线），使用鼠标单击晶格的四个顶点或者直接框选，然后使用鼠标左键单击并拖动箭头向两端移动（见图 3-148）。

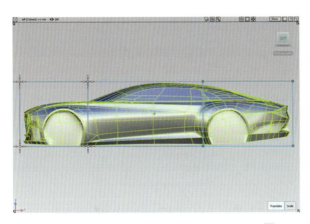
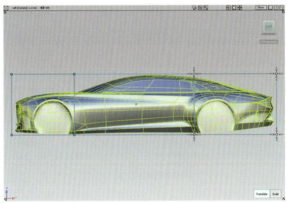

图 3-148 拉伸

在保证轮眉造型不变的情况下，将概念车车身加长，对整体比例进行调整，其前后对比如图3-149所示。

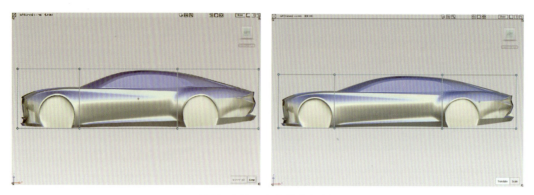

图3-149　车身整体加长

（2）局部拉伸　使用Lattice Rig工具修改模型的某些部分时，必须保证同一模型的其他部分不变。将那些应修改的部分作为Lattice Rig工具的目标时，会出现牵扯其他面的情况。例如对前保和后保部分进行修改时，但是不能影响轮眉和其他造型。

按照前面所述"生成晶格"中的步骤操作，加载模型并生成初始晶格。在该部分中，我们会将初始晶格修改为只包含要修改的前保部分，然后执行修改。

STEP 01　修改晶格。使用左键单击并向左拖动蓝色箭头，向左移动晶格末端，将晶格末端正好放在前轮眉前面（见图3-150）。

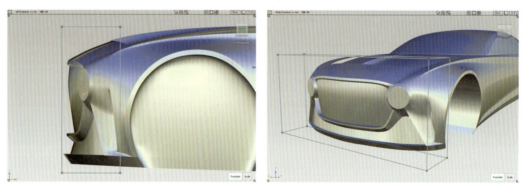

图3-150　修改晶格

STEP 02　拉伸。通过在工具箱中单击Toggle Lattice Engage State工具来关联晶格。使用鼠标中键围绕晶格顶部的点绘制一个拾取框，注意取消选择底部点。使用蓝色箭头操纵器向左拉伸晶格的前端，并在合适的位置松开鼠标左键。根据晶格框更改前保部分，晶格外的部分保持原形（见图3-151）。

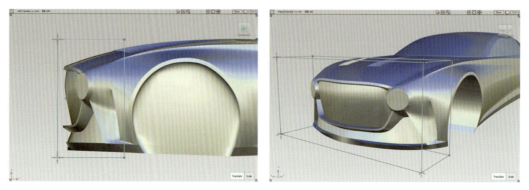

图3-151　前保部分拉伸效果对比

通过 Lattice Rig 工具，可以在保持轮距不变的情况下加长或缩短整体车身、抬高或降低车窗与顶盖部分、延伸或缩短前后保距离。

打开历史，选择 Revert 工具并单击，可以还原到之前的状态（见图 3-152）。

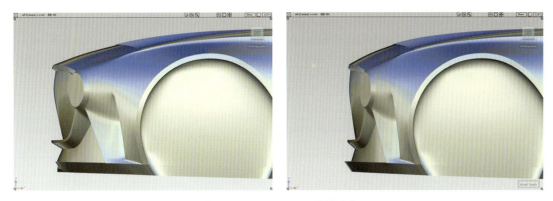

图 3-152　Revert 工具的功能

在数据完成并确定了最终状态时，打开历史使用 Commit 工具，会删除掉历史和原始数据（见图 3-153）。

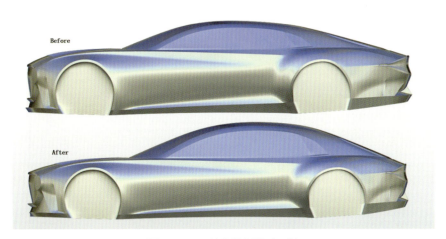

图 3-153　整体比例修改对比

2　关于 Transformer Rig

（1）添加目标和约束设置装备　下面将学习如何设置装备以修改车顶。确切地说，将学习如何将该模型的现有曲面关联为装备中的目标。

STEP 01　添加目标。此处以车顶部分为例（见图 3-154）。

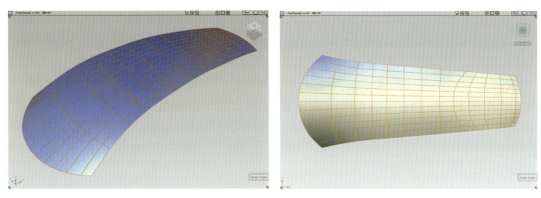

图 3-154　车顶

STEP 02 选择 Curves>New Curves>New Edit Point Curve 工具，使用曲线拟合车顶的轮廓线（见图 3-155）。

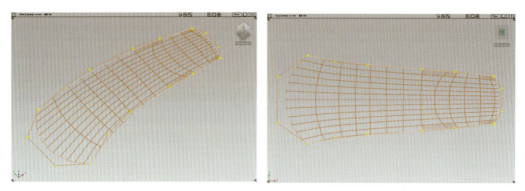

图 3-155 构建轮廓线

STEP 03 选择 Transformer Rig 工具，使用左键选取车顶，单击 Accept Targets 使车顶成为装备中的目标几何体（见图 3-156）。该工具是将变形工具添加到模型时要选择的第一个工具，使用该工具可以选择要修改的对象。只有在选择目标之后，才能打开该窗口，使用该窗口中的设置可以更改原始几何体和目标几何体的可见性，还可以为全局 NURBS 塑形选择拟合方法。

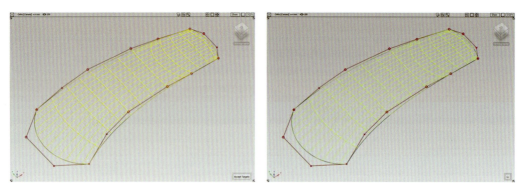

图 3-156 选取车顶

打开车顶历史，在 Transformer Rig 工具箱中选择 Add Constraints（添加约束定义）工具，选择轮廓线对车顶面进行约束（见图 3-157）。

Add Constraints 工具可约束不应修改的模型区域，同时可限定修改范围。约束的连续性可固定为位置连续性或切线连续性。使用鼠标右键单击某个约束可弹出菜单，从中可更改约束的连续性。默认情况下，约束被设置为切线连续。选择 Pick>Object 工具退出 Transformer Rig 工具。

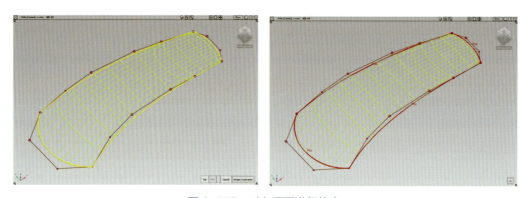

图 3-157 对车顶面进行约束

(2)构建修改器曲面

STEP 01 选择 Curves>New Curves>New Edit Point Curve 工具,使用曲线拟合车顶的中心线(见图 3-158)。

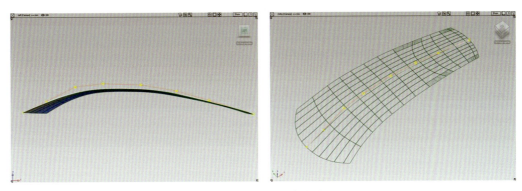

图 3-158 构建中心线

STEP 02 选择 Transform>Move 工具,使用鼠标右键将曲线向下拖动到 A 柱下,并进行 XZ 对称(见图 3-159)。

STEP 03 选择 Surfaces>Skin 工具创建一个曲面,并删除曲面的历史(见图 3-160)。

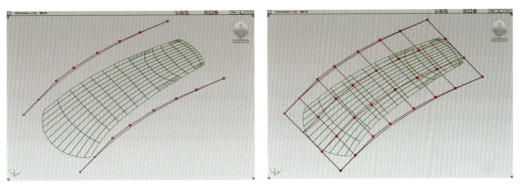

图 3-159 移动曲线至两边　　　　　　　图 3-160 构建修改面

打开车顶历史,从 Transformer Rig 工具箱中选择 Add Free Modifiers(添加自由修改器)工具,并选择修改器曲面,单击 Accept Modifiers 进行确认,然后单击 Go(见图 3-161)。两条曲线被设定为自由修改器,可操作曲线上的 CV,使目标几何体发生改变。

自由修改器是一个曲面或曲线,可设置所有选定目标的形状。Add Free Modifiers 工具可将几何体指定为自由修改器,并可使用 Alias 的常规功能操纵几何体和对目标几何体实施更改。

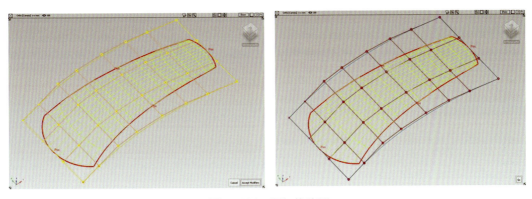

图 3-161 添加修改面

(3)更改修改器

STEP 01　在俯视图下拾取修改器曲面，打开 Transform CV 工具后，选择中间 CV，选择沿法线方向进行修改（见图 3-162）。

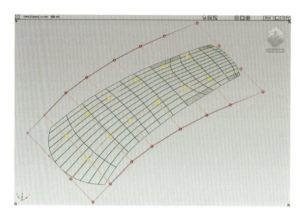

图 3-162　选择编辑点

STEP 02　选取移动方向后，箭头变为蓝色，拖动鼠标左键，目标曲面会根据对修改器曲面的更改而更改（见图 3-163）。

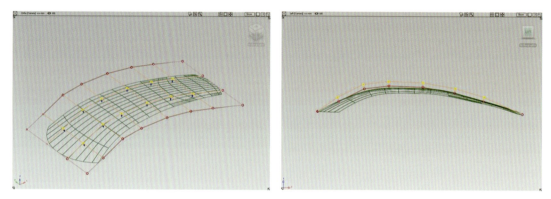

图 3-163　移动编辑点

STEP 03　将更改曲面与目标曲面的原始形状进行比较。打开历史，双击工具箱中的 Transformer Rig 图标以打开选项窗口，选中 Show All Geometry 后可以很直观地看出更改曲面与目标曲面之间的差异（见图 3-164）。

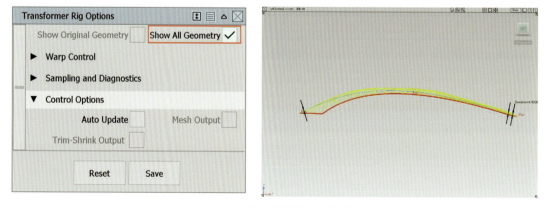

图 3-164　选项窗口和差异展示

STEP 04 将车顶放回车身部分,使用该工具可以快速修改整体造型(见图3-165)。

图 3-165 车顶与车身整合

第 4 章

技术与艺术的探索之旅

本章重点

- 汽车设计中的曲面
- A 级曲面、B 级曲面、C 级曲面
- 点、线、面、型
- 理论交线
- 曲线、曲面连续性
- 公差设置
- Alias 中的高阶命令
- 复杂造型的分面思路
- DTS
- 高级检测及评估工具的应用
- Object Lister
- 数据的整理与输出

导 读

汽车被称为流动的雕塑，"点、线、面、型"则是构成"雕塑"的基本要素。本章将介绍这些元素如何通过 Alias 转换为不同的造型设计语言。另外，本章将通过构建概念车特征案例来介绍 Alias 在汽车数字设计过程中涉及的知识点，包括软件命令的使用、分面思路的梳理、汽车特征的构建技巧等。4.1 节通过对汽车曲面的介绍，讲解分面、理论交线、A 级曲面等知识。4.2 节为本书重点小节，通过案例讲解如何通过 Alias 构建概念车模型。4.3 节讲解数据的检查、整理和输出，以及数据输出时的注意事项。

4.1 漂亮的高光

1885年，奔驰制造出世界上第一辆汽车（见图4-1），那时的汽车造型更像是一辆马车。随着时代的发展，汽车的外观也经历着不断的变化，从厢型车身、流线型车身、船形车身、鱼形车身到今天的楔形车身。汽车的外形也从一开始的仅为满足功能性需求，发展到如今的追求艺术美感。

图4-1 世界上第一辆汽车

4.1.1 曲面与光影

每一种汽车外观设计都有自己的使命，为乘员提供最大化的内饰空间或者在赛道上达到最优的性能，又或者通过空气动力学来降低油耗。在各个阶段，汽车外观设计也都会有不同的流行趋势，不过最终，重点都会聚焦到对"光影"的控制能力上。

1　车身光影

流动的光影形成了流动的形面之美，光影能够有效地体现汽车车身的形体感、空间感、轻重感与层次感。光影的形成其实是设计师对形面处理的结果，具有相当的专业性和抽象性，也是领域知识表达的结果（见图4-2）。

图4-2 汽车曲面的光影变化

汽车造型设计不是简单的美化装饰，而是科学技术和艺术技巧高度融合的结晶。汽车造型包含结构、性能、工艺等科学技术因素，而且还需综合考虑艺术因素和社会因素的影响。总之，汽车造型应是实用性、科学性、艺术性相结合的产物。汽车车身外观设计主要经历了马车型车身、厢型车身、流线型车身、船形车身、鱼形车身、楔形车身六个阶段（见图4-3）。

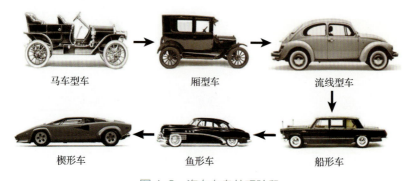

图4-3 汽车车身外观阶段

2 如何产生造型的"光影"

汽车不是一个纯粹的静态物体,当汽车或观察者移动时,光线和高光都会沿着它的反射表面移动。在汽车设计领域,所谓的"光影"并不是控制光源的种类或是照射方向,而是通过曲面的变化,让光影呈现自己想要的效果。素描就是很好的展现(见图4-4)。如果我们绘制一个立方体的话,无论光从什么方向投射,立方体都会呈现清晰的明暗交界——亮部和暗部被分割为两块区域,互不干涉,没有往来。而如果我们绘制一个球体的话,它的明暗交界就不明显,有一种亮部和暗部融合的感觉。

光源在球体的正上方时,可以看到阴影变成了一个类似圆的形状;光源在球体的斜上方时,可以看到阴影变成了一个有角度的倾斜的椭圆;光源在球体的正前方时,可以发现阴影变成了一条直线。要想产生光影,就一定需要曲面,同样,曲面形态的变化产生了光影的变化(见图4-5)。

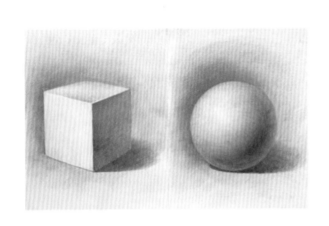
图4-4 素描的光影变化

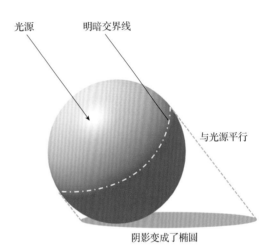
图4-5 曲面与光影

汽车被称为流动的雕塑,构成"雕塑"的基础则为曲面。汽车设计对于曲面、曲面下光影的变化已经越来越关注。如果车身的线条不能融入车体,也不能融入曲面,则无法形成耐人寻味的光影,那么这辆车的设计可以说已经失败了一大半。从之前的设计图、黏土模型可以看出,从汽车设计被人们关注开始起,汽车厂商就有一颗在设计上标新立异的心,对设计的重视是一贯的。随着制造工艺的不断提升,更多造型设计成为可能。曲面的多样光影的变化在汽车设计中从各个维度得到了体现。

3 汽车车身曲面的分类

在整个汽车开发的流程中,有一工程段称为"Class_A",重点是确定曲面的品质可以符合A级曲面的要求。A级曲面是造型设计要求和生产工艺标准,比如:满足相邻曲面之间的间隙在0.005mm以下,切率变化(Tangency Change)在0.16°以下,曲率变化(Curvature Change)在0.005°以下。符合这样的标准才能确保钣金件的环境反射不会有问题。A级曲面包括多方面的评测标准,比如反射是不是好看、有无褶皱等。

A级曲面是汽车车身外表面中的高可见区域曲面。汽车车身曲面按照可见性的高低可以分为A级曲面、B级曲面和C级曲面(见图4-6),其中A级曲面最直观地呈现在消费者面前,所以对其曲面质量要求是非常高的。A级曲面包括发动机盖、前后翼子板、前后保险杠、车门、ABC柱、后背门、顶盖、侧围以及内饰件中的高可见区域曲面。B级曲面是介于A级曲面与C级曲面之间的一种曲面,是车身曲面中的少可见曲面,包括门板面、仪表板下部面、顶盖等区域。C级曲面是指汽车车身曲面中的不可见曲面或者极少见曲面,这些曲面的连续性要求达到G1或者以上即可,局部区域不影响制造的只需要达到G0连续即可。C级曲面包括车身内饰件中的不可见部分,如地板等。

图4-6 汽车车身曲面的分类

4.1.2 点、线、面、型

在NURBS构建汽车模型的过程中,其思路基本可以理解为:点生线、线生面、面成型,不同的型体构成了汽车造型的千变万化。点、线、面、型是从自然形式中凝练出来的最基本的造型符号,也是构成形式美的最基本要素,它们有自己的形式特色与设计表达中的情感特征。

点确定了空间的位置,线则是点的运动轨迹。线由点生,故线有方向。线借助运动,打破了点的静止状态,从点到线就是从静到动。线的运动轨迹形成了面,面有两个方向,从线到面就产生了造型的变化(见图4-7)。不同面与面之间在空间上的组合,配合以比例就构成了汽车造型的变化。

 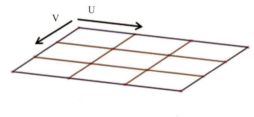

图4-7 从线到面

1 NURBS

NURBS是Non-Uniform Rational B-Spline的缩写。Non-Uniform(非均匀性)是指一个控制顶点能够改变。Rational(有理)是指每个NURBS物体都可以用有理多项式形式的表达式来定义。B-Spline(B样条)是一类特殊的曲线,是最初在计算机建模出现之前由船舶工业发展需求而创造并发展起来的。当时海军的设计师需要通过几个点来画一条光滑曲线,一个简单而有效的方法是用金属重物(这在后来的数学解释上称为节点)放置在控制点(Control Point)上,并使用薄金属片绕过这些控制点自然弯曲得到光滑变化的形状,这个形状称为样条(见图4-8)。

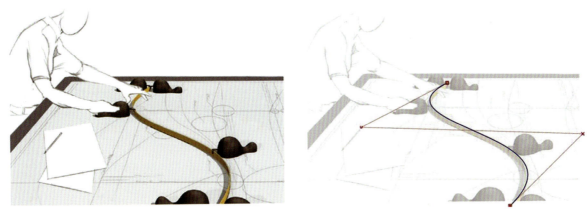

图 4-8　样条

2　点

点在几何学上被界定为没有长、宽、厚度而只有位置的几何图形。在 Alias 中，点的表达为参考点（Point），参考点在场景中标记为一个三维坐标，通过 X、Y、Z 三个坐标来确定作为要记住或捕捉到的坐标的占位（见图 4-9）。

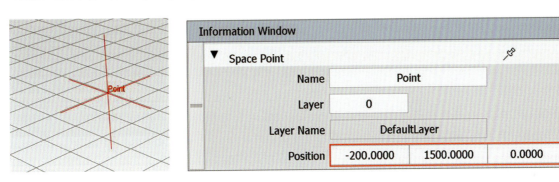

图 4-9　点确定了一个三维空间位置

3　线

点的运动轨迹形成了线。在汽车造型中也有线的特征。Alias 中曲线主要分为一般曲线、过渡曲线（Blend Curve）、关键点曲线（Key Point Curve）、面上线、文本曲线等几个类别。曲线工具被归纳于 Curves 工具箱内（见图 4-10），每种曲线工具的用法皆存在一定差异，下面为大家介绍几种主要的曲线工具。

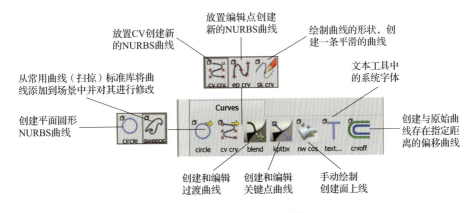

图 4-10　Curves 工具箱

（1）曲线元素 Alias 中曲线包含 CV、外壳线、跨距、编辑点等元素，这些元素构成了 Alias 曲线的特征（见图 4-11）。

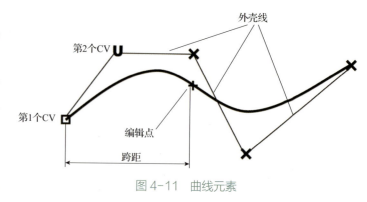

图 4-11 曲线元素

1）CV 是控制曲线形状最基本、最重要的手段。Alias 中 CV 的数量等于曲线的阶数加上 1。例如，对于阶数是 3 的曲线，每个跨距有 4 个 CV。

Alias 中按不同的方式绘制 CV，以区分曲线的起点和终点。第 1 个 CV（位于曲线的起点）绘制成一个方框。第 2 个 CV 绘制成一个小的"U"，以显示从起点开始递增的 U 维。所有其他 CV 均绘制成小的"X"。CV 的显示方式可以自定义修改。

2）随着曲线的跨距/编辑点的增多，可能会无法追踪 CV 的顺序。为了显示 CV 之间的关系，可以在 CV 之间绘制连线，这些连线称为外壳线。

3）较长且较复杂的曲线需要多条单跨距曲线。在绘制一条长曲线时，Alias 实际上是将多个曲线跨距接合在一起。上一个曲线跨距的最后一个 CV 成为下一个曲线跨距的第一个 CV，从而在曲线段之间产生了非常平滑的过渡。

4）编辑点用于标记两个跨距之间的连接点，因此可以通过查找曲线上的编辑点确定曲线是否由多个跨距组成。Alias 将编辑点绘制成小的十字形。与贝塞尔曲线（Bezier Curve）的曲线上控制点（在许多二维绘图程序中使用）不同，NURBS 的编辑点通常不用于编辑曲线。CV 用于控制 NURBS 曲线的形状，编辑点只用来指示曲线包含的跨距数。

（2）一般曲线 Alias 中主曲线按照绘制时放置的对象元素的不同被分为 CV 曲线和编辑点曲线两类。CV 曲线绘制时放置的是 CV，编辑点曲线绘制时放置的则是编辑点。

1）CV 曲线。选择 Curves>New Curves>New CV Curve 以运行该工具。可在该工具的选项框中设置绘制的曲线将具有的参数值和阶数（见图 4-12）。在视图窗口中单击以放置新曲线的 CV，或者输入 CV 位置的坐标即可完成 CV 曲线构建。

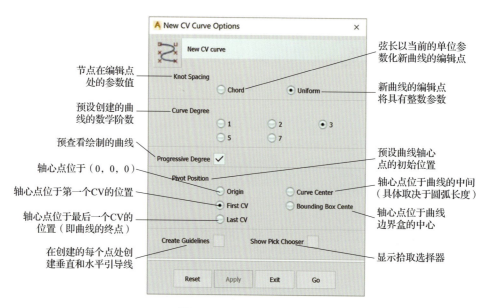

图 4-12 CV 曲线选项框

一般情况下，Alias 中 m 阶的曲线需要 $m+1$ 个 CV 才能可见。若要更快地看到曲线，需要启用选项框中的 Progressive Degree 选项。

2）编辑点曲线。编辑点曲线绘制时放置的是编辑点。编辑点可用于多跨距曲线的绘制，日常使用中经常用于绘制从两个端点创建的单跨距曲线（见图 4-13）。

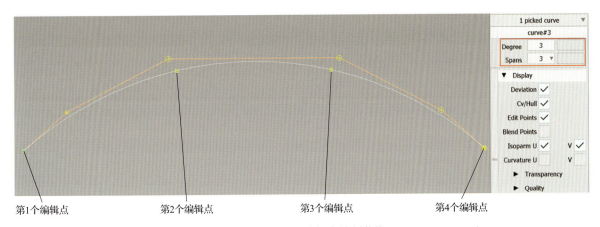

图 4-13　使用编辑点绘制曲线

选择 Curves>New Curves>New Edit Point Curve 工具，在视图窗口中单击放置新曲线的编辑点即可完成编辑点曲线的构建。再次选择该工具可以开始绘制另一条编辑点曲线。

（3）过渡曲线　过渡曲线是带有历史和连续性功能的特殊曲线，也是 Alias 中常用的一种曲线类型。通过在其形状下放置约束，如曲线必须通过的点，曲线必须借助其来连续的曲面，以及曲线必须移动的方向，来绘制带有连续性的特殊自由曲线（见图 4-14）。单击 Blend Curve Toolbox 工具可以显示一个附加浮动工具箱。

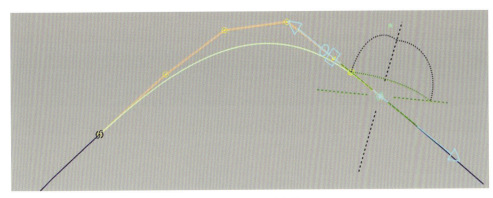

图 4-14　过渡曲线

（4）关键点曲线　关键点曲线由线和圆弧组成，这些线和圆弧会记住关系和约束并会在编辑线时应用这些关系和约束。此外，还可以在"Information Window"窗口中编辑这些特殊属性。与普通曲线一样，关键点圆弧也包含编辑点和 CV，除此之外它还包含半径、扫掠角度和中心点，所有这些都可以进行编辑。在编辑期间，圆弧仍是圆弧，它不会由于编辑关键点而发生形状变化。

将关键点曲线组合到合成曲线中时，仍会保持各条线和圆弧之间的关系。并且，关键点曲线工具会创建引导线，这对于在绘制时使曲线相互对齐非常有用。单击该工具图标可显示或隐藏一个附加浮动工具箱，其中包含用于创建和编辑关键点曲线的工具（见图 4-15）。

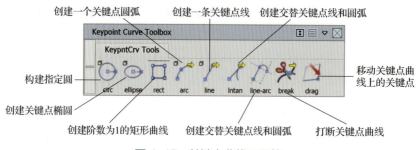

图 4-15 关键点曲线工具箱

（5）面上线 面上线是在曲面的 UV 空间中，而不是在场景的 XYZ 空间中绘制的特殊曲线，通常用于定义沿其方向修剪曲面或形成新曲面的边的线。面上线没有 CV，只能通过移动曲线上的编辑点来控制这些曲线。

要创建面上线，可以直接在曲面上绘制，或将现有曲线投影到曲面上，也可以将现有几何体与某个曲面相交。另一种类型的面上线是由工具（如"Cross Section Editor"）生成的"可视"曲线，这些曲线仅用于显示，没有与其相连的几何体（见图 4-16）。

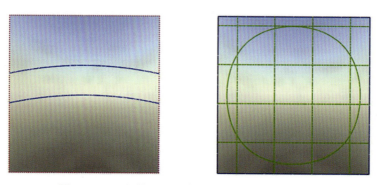

图 4-16 几何体面上线（左）与可视面上线（右）

4　曲面

曲面可以看作一条直线或曲线在空间连续运动所形成的轨迹。Alias 中曲面构建工具集合在 Surfaces 工具箱之中（见图 4-17）。Alias 中曲面主要分为主曲面、过渡曲面、角点曲面等几个类别。各类曲面分别对应不同的曲面构建工具。

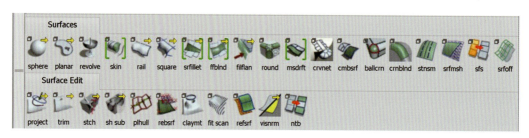

图 4-17　Surfaces 工具箱

（1）主曲面　曲面模型中，主曲面主要是指构成模型主要形态的基本曲面，Alias 中构建此类曲面的工具主要包括 Skin、Rail Surface、Square 等。

1）Skin 工具。该工具可以创建通过一组曲线的曲面。构建曲面时，选择 Skin 工具后直接选择构建曲面的曲线即可。若需要对曲面参数进行调节，应先双击 Skin 工具打开其控制窗口（见图 4-18）。

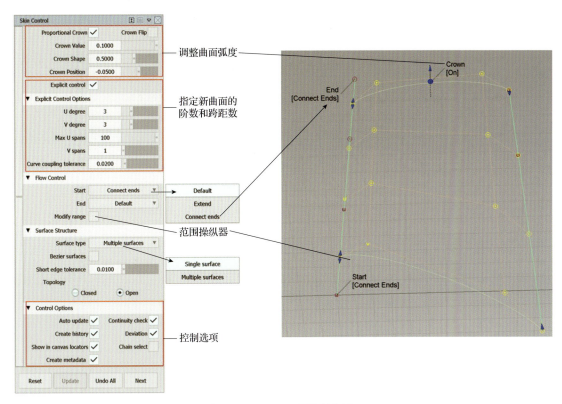

图 4-18　Skin 工具的控制窗口

2）Rail Surface 工具。该工具通过使用一条或两条"轨道"曲线来生成曲面。在整个扫掠过程中，形状曲线与轨道保持在相同的点相接，就像火车在铁轨上行驶一样。Rail Surface 图标的外观也会随 Rail Surface Options 控制窗口中 Generation Curves 和 Rail Curves 设置数值的不同而产生变化（见表 4-1）。

表 4-1　rail 工具组合

名称	Monorail Ⅰ Gen.	Birail Ⅰ Gen.	Monorail Ⅱ Gen.	Birail Ⅱ Gen.	Birail+Gen.
图标	mrail_i	brail_i	mrail_ii	brail_ii	brail+
形状曲线数	1	1	2	2	2+
轨道曲线数	1	2	1	2	2
构面图示					

使用 Rail Surface 工具构建曲面时，先根据实际情况定义形状曲线和轨道曲线的数量，然后选择相应曲线即可完成曲面的构建。同时，还可以在该工具的控制窗口中对曲面连续性等进行设置，双击该工具的图标即可打开控制窗口。Generation Curves 和 Rail Curves 的设置改变时，该控制窗口中的选项会有轻微差别。

3）Square 工具。该工具可通过四条边界曲线或曲线段创建曲面，同时保持与相邻曲面的连续性。该工具控制窗口的内容与其他主曲面构建工具类似，此处不再赘述。

（2）过渡曲面　一般情况下，Alias 中过渡曲面是指能够与关联曲面进行平滑过渡的曲面，能与关系曲面保持一定的连续性。构建此类曲面的工具主要包括 Surface Fillet、Freeform Blend 以及 Tube Flange 和

Fillet Flange 等。

1) Surface Fillet 工具。该工具可在两个曲面或曲面集之间创建过渡曲面，其控制窗口中包含约束曲面连续性、曲面圆角范围设置等选项（见图 4-19）。

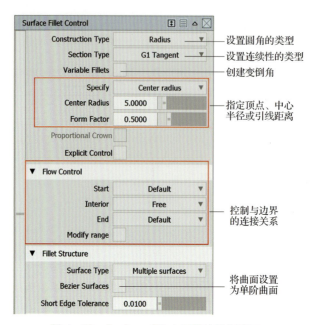

图 4-19　Surface Fillet 工具的控制窗口

其中，Construction Type 用于控制圆角的类型，可选择 Radius 生成球面连接圆角，也可选择 Chord 控制圆角的两条边之间的距离。Section Type 通过对输入曲面的每一边施加不同的连续性级别，控制圆角的横断面形状。Explicit Control 可以控制新圆角曲面中的曲面阶数和最大跨距数。

Flow Control 下的选项用于控制过渡曲面边（在 V 方向）如何与边界曲面的边相交，提供四种方式以供切换选择（见图 4-20）。

Default or Free：过渡曲面的边（在 V 方向）以 90° 角与边界相交。单击模型上的标签可以轮流切换所有可能的值。

Extend：延伸圆角，使其到达最长的边界曲面端（起始端和/或结束端）。

Connect ends：过渡曲面的边与边界的起点和/或终点相交。

Edge align：该工具试图以共线方式在 V 方向上将过渡曲面的边或等参线与边界曲面边对齐。

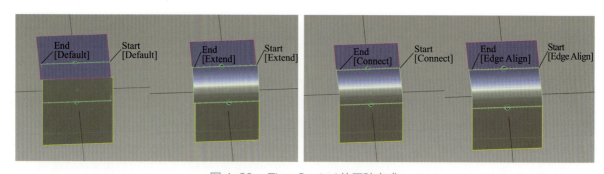

图 4-20　Flow Control 的四种方式

2) Freeform Blend 工具。该工具可以根据两条输入的接触线创建过渡曲面。这些接触线可以是曲面曲线或自由曲线。其选项框中的选项与 Surface Fillet 的基本一致。

3）Tube Flange 和 Fillet Flange 工具。这两种工具皆可用于优化曲面模型的边。通过使用边、面上线、边界边缘或等参线中的一项或多项，这两种工具皆可创建一个接触选定几何体的管状体或者一个曲面圆角。

（3）角点曲面　顾名思义，角点曲面是指在角点处的过渡曲面。构建角点曲面的工具主要包括 Round、Ball Corner 以及 Corner Blend 等。

1）Round 工具。该工具可沿现有曲面相交的边或角点处创建圆角曲面，在倒角处提供不同的几何体选择（单个曲面、三个曲面、三角曲面和"带缩进"的六个曲面）并处理"斜接"倒角（当其中一个边的圆角半径为 0.0 时）。其控制窗口需要根据实际情况进行设置（见图 4-21）。

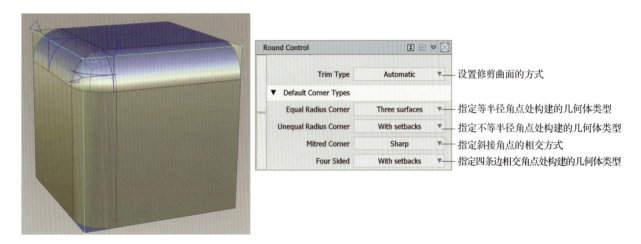

图 4-21　Round 工具的控制窗口

2）Ball Corner 工具。该工具可用于在三个圆角与一个主曲面之间创建球角曲面。使用该工具时，先选择三个圆角，然后选择一张主曲面即可。如果有需要，可在其选项框中对连续性、曲面阶数、跨距数等选项进行设置（见图 4-22）。

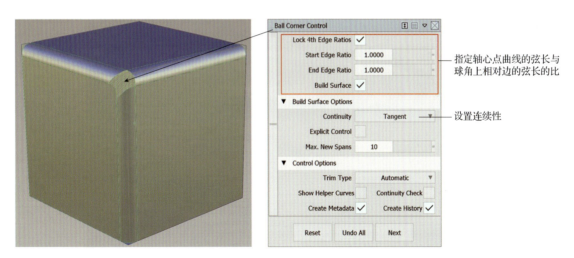

图 4-22　Ball Corner 工具的控制窗口

3）Corner Blend 工具。面对更复杂的三个圆角时，Corner Blend 工具可以有更优化的操作。该工具与 Ball Corner 使用方法类同，即先选择三个圆角，然后选择一张主曲面确认即可完成曲面构建。但该工具的控制窗口提供与 Ball Corner 不同的设置选项（见图 4-23）。

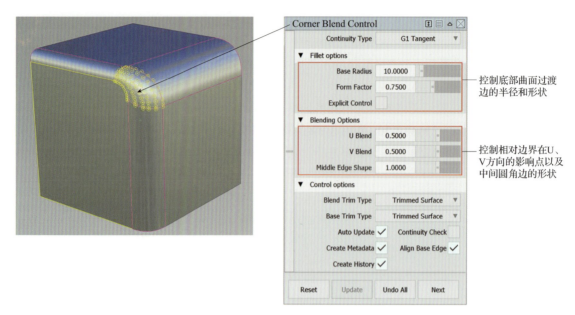

图 4-23　Corner Blend 工具的控制窗口

（4）车身曲面　汽车车身上主流的曲面大概可以分为板正曲面、弹性曲面、肌肉曲面、切削曲面几类（见图 4-24）。

图 4-24　不同的曲面类型

板正曲面会给人一种庄严、沉重的感觉，多用在体量较大的车身上，例如劳斯莱斯、路虎等车型。这种曲面造型看似简单，其实曲面的形体和光影变换是经过大量反复推敲而形成的。

弹性曲面看起来非常"强硬"，在面与面的交界处完全没有过渡，车身上的所有线条都是面与面的拼接。其视觉效果骨感、纤瘦，车型代表有宝马的 Z4 系列、雷克萨斯系列等。

肌肉曲面会在曲线构成的骨架上鼓胀开来，营造出充满力量感的视觉效果，例如美式肌肉车就大量运用了这种曲面特征。

切削曲面可以理解为"钻石切割"，目前多用于凯迪拉克和兰博基尼车型上。它的特点是一块大面用多个细碎的小曲率曲面构成，各个曲面之间构成锋利的棱线。

5 造型

造型是指一个物体的外形或形状，如圆形、方形或三角形。汽车造型设计的目的在于使功能和形式美感相结合。汽车造型本身是复杂的三维立体造型。汽车造型中包含了丰富的特征，例如有基于仿生学的造型特征，有基于几何学和工学的造型特征。造型的特征表达可以通过造型特征线和曲面变化特征来综合实现。造型设计中任何形态都是由点、线、面这些基本要素构成的。点、线、面之间在集合空间上构成包含关系，点存在于线中，线存在于面中，面存在于形中。

曲面与曲面之间在空间中通过一定的位置关系形成了造型的变化，这些位置关系决定了汽车的造型风格，例如锋利的曲面走势给人以速度和运动感，板正力挺的曲面则体现出车型整体的豪华与肃穆。反之，曲面之间关系凌乱、没有规律，则会造成造型的严重毁坏。奥地利知名雕塑家欧文•沃姆（Erwin Wurm）的著名雕塑作品"Fat Red Porsche"就是很好的例子，该作品完全打破曲面造型的概念，故意将流动、无规律的形态附加在汽车表面，从而形成一种荒诞的作品形式（见图 4-25）。

图 4-25 "Fat Red Porsche" 雕塑作品

4.1.3 分面——数据构建的基础

前面讲到，面与面的组合变化构成了丰富多彩的型面组合，也就是我们常说的造型的变化。NURBS 曲面的最大特点就是四边成面，要说明如何用四边面做出丰富的造型，就不得不提到分面这一非常重要的概念。所谓分面就是指通过曲面的修剪拼接组合构成理想的造型形态（见图 4-26）。分面的过程中会涉及理论交线、连续性、修剪等概念。

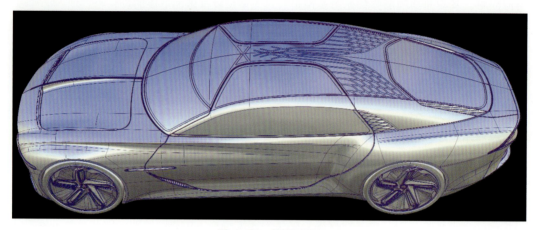

图 4-26　模型分面

1　理论交线

理论交线是曲面倒圆角之前的交线，由于倒圆角之后该交线将不再存在，所以称为"理论交线"。同样的，还存在着理论交点。理论交线是构建曲面模型过程中非常重要的环节，了解理论交线可以帮助我们了解整个模型的结构。

当我们绘制曲线时，一般需要先找到理论交点的位置，再构建过渡曲线（见图 4-27）。同样，当我们绘制曲线或者进行曲面建模时，也会先创建两条相交的线，再进行完善。

在构建油泥模型时，油泥师同样在做出油泥的理论交线之后，对理论交线位置按照设计师的要求进行过渡面处理（见图 4-28）。

了解理论交线的另一个好处就是能够有效进行模型修改。修改模型时我们通常都会将圆角部分删除，将曲面还原，在原始的边缘下进行修改（见图 4-29）。很多时候，我们发现模型过渡曲面和圆角的高光存在问题，如果投入太多时间和精力放在修改圆角上本身是费时费力的，这个时候应该追本溯源，检查主体大面的问题。删除圆角曲面并检查主曲面是否延伸到所需的交点是排除故障的有效方法。

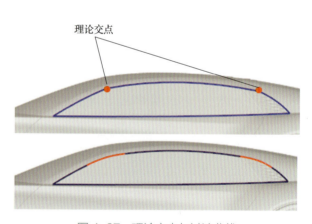

图 4-27　理论交点与过渡曲线

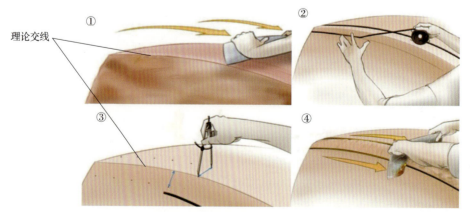

图 4-28　油泥模型中的理论交线

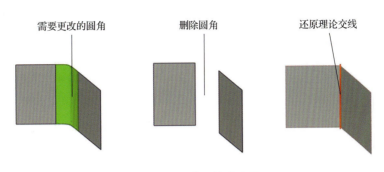

图 4-29 曲面修改步骤

如果两个曲面延长后能够相交形成交线，则曲面的质量是符合规定的；反之，如果出现错误，则需要重新调整曲面（见图 4-30）。

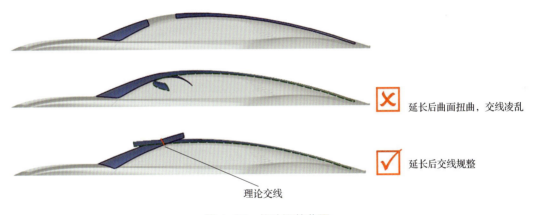

❌ 延长后曲面扭曲，交线凌乱

✅ 延长后交线规整

理论交线

图 4-30 修改调整曲面

2 连续性

连续性是用来描述曲线曲面之间如何连接的，一般分为 G0、G1、G2、G3（见图 4-31）。

位置连续性（G0）：两条曲线的端点必须完全重合。在任意角度重合的两条曲线仍然具有位置连续性。

切线连续性（G1）：在保持位置连续性的同时，在公共端点处的端点切线也要相同。

曲率连续性（G2）：在保持切线连续性的同时，在公共端点处两条曲线的曲率也要相同。

曲率变化率连续性（G3）：在保持曲率连续性（G2）的同时，曲线之间的曲率变化率也要相同。

连续性控制是指控制对齐的曲线或曲面边缘处的 CV，实现连续性。较高的连续性级别需要对齐更多的 CV，详见曲线和曲面以不同连续性级别匹配的案例（见图 4-32）以及汽车后轮包处曲面连续性对 CV 约束对齐的案例（见图 4-33）。

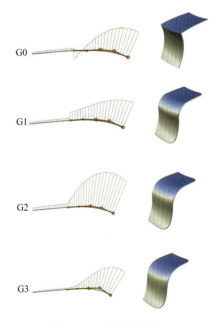

图 4-31 连续性级别

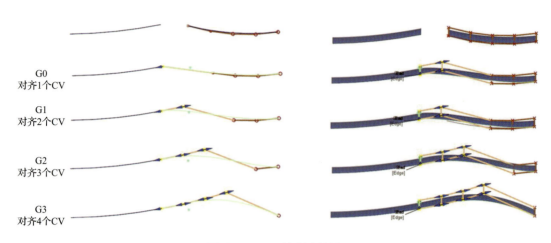

图 4-32　CV 控制连续性

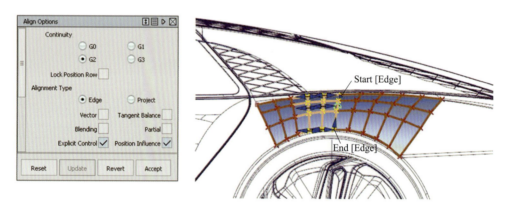

图 4-33　匹配工具在对面使用时对 CV 的影响

使表面平滑匹配最简单的方法是对齐两个自然表面的边缘，不过这些表面应具有相同的度数，并且在关节边缘的方向上跨度大。这些曲面为共线曲面，在使用 Align 工具时，应在其控制窗口中选择 Alignment Type 下的 Edge（见图 4-34）。

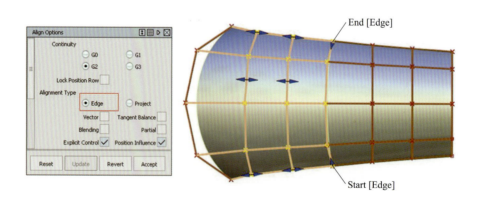

图 4-34　Align 工具对两个曲面进行连续性匹配

随着设计的进行，需要构建更复杂的过渡。当遇到与面内部对齐或对齐修剪的边缘等非共线性情况，使用 Align 工具时，在其控制窗口中应选择 Alignment Type 下的 Project（见图 4-35）。

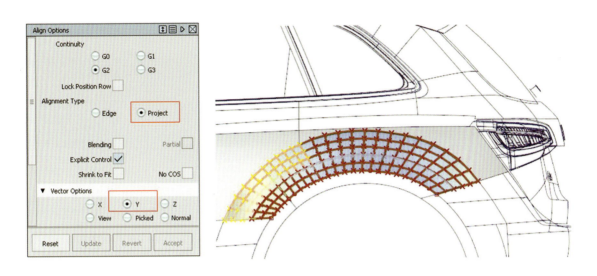

图 4-35 投影匹配选项

Alias 中有一部分工具被称为高级曲面工具,这类工具在构建曲面时可以直接在其控制窗口中实现对连续性的设定(见表 4-2)。对于无法在工具的控制窗口中实现连续性控制的工具,可以使用 Align 工具组辅助其实现连续性设定。Align 工具组包含 Align、Align 2008 以及 Symmetry Plane Align 三个工具。

表 4-2 可实现连续性的工具

图标	工具名称	可实现的连续性级别			
round	Round		G1		
symflt	Symmetric Fillet		G1	G2	G3
srfillet	Surface Fillet	G0	G1	G2	G3
ffblnd prfblnd	Multi-Surface Blend	G0	G1	G2	G3
align	Align	G0	G1	G2	G3
rail	Rail Surface	G0	G1	G2	
square	Square	G0	G1	G2	

1)Align 工具。该工具可以将一条曲线或曲面边与另一曲线或曲面边对齐,同时将边与曲面内侧对齐。选择 Object Edit>Align>Align,打开控制窗口可对匹配对象之间的连续性、实现连续性的约束向量等元素进行设置(见图 4-36)。

Continuity 用于指定对齐元素之间的连续性级别。Lock Position Row 可以锁定对齐的边的 CV 的位置，从而防止它们在更改选项时发生移动。

Alignment Type 中 Edge 是默认选项，表示在没有使用向量约束时，为所有曲面提供对齐，包括曲面与曲面边、等参线或面上线的对齐；选择 Project 时，表示将使用投影向量将边与曲面对齐，此时会自动创建面上线，所以曲面上不必存在要与之对齐的面上线。

Blending 对于 Input 曲线和曲面均适用。它可以移动 CV 的内部行，使 Input 中的修改变得平滑。Partial 用于选择是否启用局部匹配。Explicit Control 用于实现对匹配曲面的阶数和跨距的控制。

2）Align 2008 工具。该工具是 Align 工具的旧版本，可以对齐曲线的端点、曲面的边，或者内部等参曲线的端点。其控制窗口可调节控制属性（见图 4-37）。

3）Symmetry Plane Align 工具。该工具可以跨对称平面将对象与其镜像副本对齐。其选项框如图 4-38 所示。

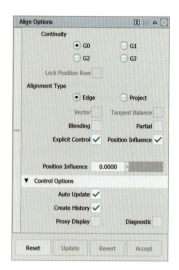

图 4-36　Align 工具的控制窗口

图 4-37　Align 2008 工具的控制窗口

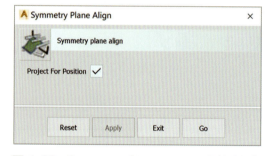

图 4-38　Symmetry Plane Align 工具的选项框

3　修剪

修剪是完成各种造型设计的一种工作方法。NURBS 曲面本质上是四边形曲面，不允许有孔，所以在使用 NURBS 曲面时，需要使用模拟不规则的形状和孔的方式进行修剪。通过修剪——沿着面上曲线直观地剪切或拆分曲面，使其有孔或者缺少某些部分。需要注意的是，被修剪的曲面并没有被真正地剪切，它仍以隐藏的形式存在，但不会影响渲染或建模。可以使用 Untrim 工具恢复曲面的修剪部分。创建面上曲线然后再修剪，这是在工业设计中组合 NURBS 曲面时最常用的方式（见图 4-39）。曲面修剪过程会涉及面上线、面上线工具、修剪工具等相关知识。

（1）自然边界和修剪边界　Alias 中，自然边界是指在软件中构建 NURBS 曲面时自然生成的边界。这类边界只能存在于等参线的方向上，无法使用 Untrim 工具来还原切割。

修剪边界是在软件中经过投影修剪生成的边界。这类边界具有任何形状，具体形态由修剪曲面的面上线决定（见图 4-40），可以使用 Untrim 工具来还原切割。修剪边界相对复杂，在进行某些操作时会增加软件运算量。

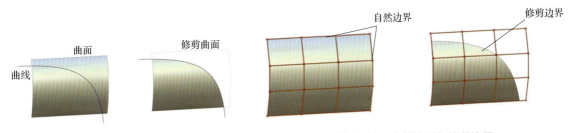

图 4-39　修剪曲面　　　　　　　　图 4-40　自然边界与修剪边界

（2）面上线　在 Alias 中，修剪曲面时需要先在曲面表面上生成曲线（见图 4-41）。在 Alias 界面中，曲面上的曲线通常称为面上线。它与在 X、Y、Z 建模空间中定义的正常 NURBS 或贝塞尔曲线的工作方式不同。面上线是在曲面的 UV 参数空间中定义的，并且无法从该曲面中移开。

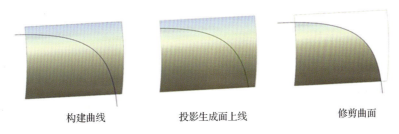

图 4-41　修剪时需要一条面上线

面上线没有 CV，只能通过拾取面上线的编辑点对其进行手动修改。拾取面上线时也只能使用 Pick 工具箱中的单独工具进行拾取（见图 4-42）。

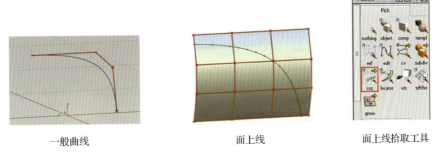

图 4-42　一般曲线与面上线

（3）面上线和修剪精度　单击 Preferences>Construction Options，打开的选项窗口中有一个特定的部分 Curve On Surface Trim（见图 4-43），可设置修剪公差：Trim Curve Fit 选项用于确定面上线与投影曲线的匹配精度，通常将其设置为小于或等于最大间隙距离，例如 0.001mm；Max Gap Between Curves 选项的值默认设置为 1mm，为了精确建模，应将其设置为更紧密的值，例如 0.001mm。

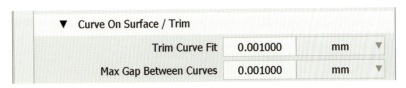

图 4-43　修剪公差的设置

（4）**面上线工具** 在 Surface Edit 工具箱中，有三种用于创建面上线的工具，即 Project、Intersect 和 Geometry Mapping，其中前两种是最常用的。

1）Project 工具。该工具通过将现有曲线投影到曲面上创建面上线，并可在视图窗口中对投影方向进行设置。

2）Intersect 工具。该工具可在现有曲面之间的相交位置创建面上线。

（5）**曲面修剪** 修剪曲面就是移除（实际上是隐藏）以面上线或横断面为界的任意曲面部分。据此，可以在 NURBS 曲面中创建复杂的边和孔，也可以将一个曲面分割、拆分为多个曲面。

在使用 Trim Surface 工具时，工作窗口右下角会有三个选项，即 Keep、Discard 和 Divide（见图 4-44）。Keep 表示保留选择的区域，丢弃其他区域；Discard 表示丢弃选择的区域，保留其他区域；Divide 表示将选定区域与其他区域分离（生成单独的修剪曲面），但保留所有区域。如果需要撤销该操作，可单击 Restart。

图 4-44 修剪选项

4.2 曲面探索之旅

4.2.1 思路梳理

对于像汽车这种造型丰富、型面复杂的建模对象来说，在构建曲面模型时，我们很容易被局部或者个别特征所吸引，比如精致的渐消特征、饱满的精致曲面等。但是，这些细节特征却并不是一开始就要关注的。

1 曲面构建思路

制作石膏像或雕塑时，我们要先构建大体轮廓然后再删减或添加细节特征。使用 Alias 构建汽车模型也是一样，通过基础大面和理论交线构建硬交版模型，然后添加造型特征，再制作过渡圆角，最后进行分件处理、添加细节特征（见图 4-45）。

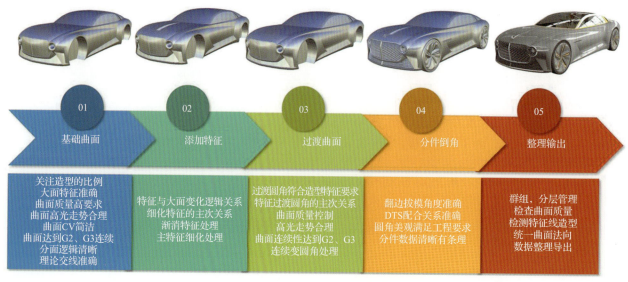

图 4-45 使用 Alias 构建汽车曲面的思路

2　造型特征分析

接下来通过构建宾利概念车了解 Alias 曲面构建的方法和技巧。2019 年 7 月，宾利在英国总部举行了宾利 EXP100 概念车发布会，以庆祝其成立 100 周年。宾利 EXP100 是一辆 5.8m 长、2.4m 宽的 GT（Gran Turismo）车型，是定位于 2035 年的一辆零排放电动汽车。

从曲面构建的角度，我们可以对构建对象进行拆解。根据前文所述理论交线的理论，可以将带有强烈棱线特征的造型进行拆解，如车身腰线特征可以将侧围分为上下两个部分。同时，带有分件且分件无连续性要求的也可以进行拆解，这样可以得到顶盖、发动机舱盖板、后行李舱盖板、汽车侧围、前后翼子板、前后保等一些特征（见图 4-46）。接下来的案例中将依次按照顺序构建曲面。

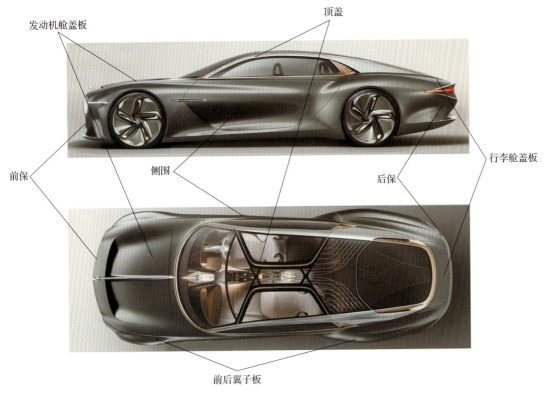

图 4-46　特征分析

4.2.2　准备工作

开始构建曲面模型之前，需要做一些准备工作，比如对软件进行一些设置以方便模型的显示，对快捷键的导入以提高建模工作效率，对公差、度量单位进行设置以保证模型的质量。

1　设置公差和度量单位

有时，当我们打开一个新的文件时会有"Confirm"提示窗口，该提示窗口选项条目有时多有时少，其内容主要是构建选项（见图 4-47）。在构建选项中可以设置公差和度量单位，公差决定了曲面的匹配精度，度量单位决定了使用什么样的度量方式来表达模型的尺寸。接下来讲解公差和度量单位的设置。

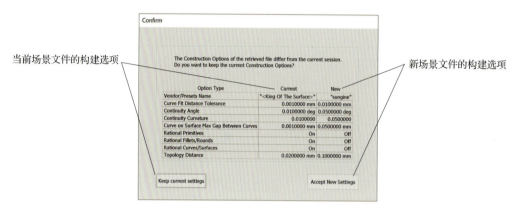

图 4-47　构建选项提示窗口

单击 Preferences>Construction Options 打开选项窗口，该窗口中是设置 NURBS 曲线和曲面的建模选项，包括公差和度量单位设置。在第一栏 Construction Presets 选项中，可以自定义公差和度量单位，也可以使用预设 CAD 配置文件。Alias 提供了 8 种不同的 CAD 软件预设配置，每个选项则有对应的公差和度量单位设置，且这些选项对应的度量单位和公差是不可更改的。

我们可以自定义公差和度量单位：选择某配置选项，单击 Copy 按钮复制一个新的选项，双击该条目输入名称重新命名项。例如本案例中我们可以命名为 King Of The Surface（见图 4-48）。

接下来在 Units（单位）选项中设置单位。Linear 表示线性度量的度量单位，Angular 表示角度测量的度量单位。这里使用默认选项即可（见图 4-49）。

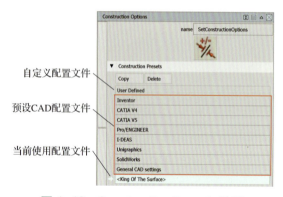

图 4-48　Construction Presets 选项

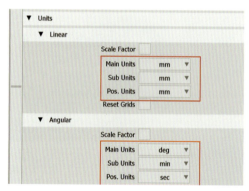

图 4-49　Units 选项

在 Tolerances（公差）选项中可以设置公差，其中包括四个选项，分别为 Fitting、Continuity、Topology 和 Curve On Surface/Trim（见图 4-50）。

图 4-50　Tolerances 选项

1）Fitting。Fitting 下有三个选项（见图 4-51）。

图 4-51　Fitting 选项

Curve Fit Distance：在视为重合（占据相同的空间）的系统的两个点之间所允许的最大距离的值和单位。对于诸如 Rail Surface 和 Square 等曲面创建工具，该值控制曲面边拟合到构建曲线的精确度。对于圆角曲面，该值控制圆角曲面的位置精确度。对于 Shell Stitch 工具（用于将曲面缝合到一个壳中），该值确定在哪一侧检查间隙，但是该间隙实际是针对 Maximum Gap Distance 公差进行检查的。如果该间隙在公差范围之内，则会连接这些侧面，且数值越小，数据越精密，这里我们将其设置为 0.001mm。

Curve Fit Checkpoints：诸如 Continuity Angle 和 Curve Fit Distance 等曲线拟合约束的采样率。这里使用默认值 10。

Max Surf Spans：构建曲面时要创建的最大跨距数。如果曲线或曲面上的重建操作需要添加超过 Max Surf Spans 设定的跨距数，则会取消该操作。如果保持连续性需要添加超过 Max Surf Spans 设定的跨距数，则不会实现该连续性。这里使用默认值 100。

2）Continuity（连续性设置选项）。Continuity 下有三个选项（见图 4-52）。

图 4-52　Continuity 选项

Maximum Gap G0：位置连续的曲线或曲面在公共交点或边界之间所允许的最大距离。对于 Surface Continuity 工具，该值控制公共边是否通过间隙检查。

Normal Angle G1：切线连续的曲线和曲面在公共交点或边界的同向法线之间所允许的最大夹角。其值越小，提供的连续性越好，但通常需要工具向该曲面添加更多跨距。

Continuity Curvature G2：曲率连续的曲线或曲面在公共交点或边界上所允许的最大曲率偏差。其值越小，提供的连续性越好，但需要工具向该曲面添加更多跨距。

3）Topology（拓扑）。Topology 选项如图 4-53 所示。Alias 中的一些工具会用到模型的拓扑检测，例如动态建模工具 Transformer Rig、评估工具 Check Model、连续性分析工具 Surface Continuity 等。

图 4-53　Topology 选项

Topology Distance：规定了相关工具在计算曲面相邻时的最小边距要求。

 应该将该值设置为比 Maximum Gap G0 大的一个值。

4）Curve On Surface/Trim。

Trim Curve Fit：在原始面上线和修剪边之间所允许的最大偏差（见图4-54）。

Max Gap Between Curves：出于定义修剪区域的目的，视为连续的系统的不同面上线的端点之间所允许的最大距离。

最后设置 Rational Flags 和 Fonts 两个选项（见图4-55）。Rational Flags 用于设置是否开启有理几何体选项，默认不启用该选项。大多数情况下，使用有理几何体建模会很慢且很难。勾选"Primitives"表示使用有理几何体创建新的基本体。勾选"Curves"表示创建有理圆和有理关键点曲线。

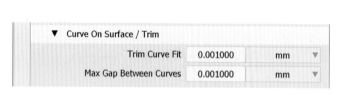

图4-54 最大偏差

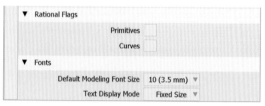

图4-55 有理几何体和标注字体设置

Fonts 用于设定建模窗口中使用的标注和评估工具的文字。从 Default Modeling Font Size 下拉列表中选择不同数值以调整在建模窗口中为批注和此类文本使用的字体大小。Text Display Mode（文本显示模式）有两个选项：选择 Fixed Size 选项会使文字大小恒定，不会随视图的缩放而改变；选择 Scale 选项会使文字跟随视图的放大或缩小而对应变化。

非有理几何体（无理几何体）是多项式的和，有理几何体的数学表示是多项式和之比，从数学角度而言一个是加法一个是除法，故有理几何体要复杂得多。

如果对圆进行半径测量，则非有理圆不是真正的圆（尽管非常接近），在不同测量位置它的半径不同，有理圆则无限接近真正的圆。在图4-56中，左侧的圆是非有理曲线，其 CV 的权重全部相等，所有权重必须都是1.0；右侧的圆是有理曲线，对 CV 应用不同的权重，并且包含噪点。将两个圆的曲率梳打开，左侧非有理圆上的曲率会变化，右侧有理圆上的曲率是恒定的。

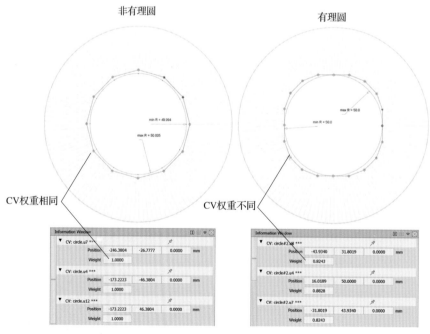

图4-56 非有理圆与有理圆

除非特殊需要，一般不建议勾选有理几何体选项，例如在构建轮毂这样的圆形物体对象时，可以打开有理几何体选项，此时构建的轮辐是标准的圆形。

2 设置显示精度和界面

设置物体显示的方式和精度可以更便捷地进行工作。

（1）设置显示精度 在 Diagnostic Shading 的控制窗口中有两个选项用于显示精度的设置（见图 4-57）。

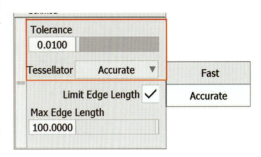

图 4-57 显示精度的设置

Tolerance：设置 0.0001~1 的公差滑块，默认值是 0.1。公差滑块设置为 1 的曲面，如果有些部分中未能对整个线框内的区域进行着色显示，则说明三角剖分的过程十分快速但是不十分精确。这种效果称为"镀镍"。如果公差滑块设为 0.01，则模型的曲面将完全着色显示，因为三角剖分更加准确。但是这个过程所花费的时间比较长。这里我们设置为 0.01。

Tessellator：有 Fast 和 Accurate 两个选项。选择 Fast 可以更快速地进行镶嵌细分，但精确度较低。选择 Accurate 可以更精确地进行镶嵌细分，但速度较慢。选择 Accurate 时，将为 Limit Edge Length 添加一个复选框。如果选中此复选框，则将为 Max Edge Length 添加一个滑块。Max Edge Length 用于指定镶嵌细分创建的三角形边的最大长度（当前线性单位）。

（2）设置绘图精度 在菜单栏中选择 ObjectDisplay>Draw Precision。该选项用于指定所有曲线和曲面的绘图平滑度（见图 4-58）。其滑块值介于 0.0（粗略近似）和 1.0（非常平滑）之间，默认值为 0.5。这里我们设置为 1.0。在 Modeling 控制面板中也可以使用滑块设置 Draw Precision 的数值。

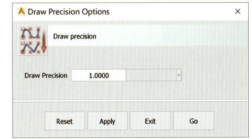

图 4-58 绘图精度选项

（3）更改曲线、曲面的显示方式 在菜单栏中选择 Object Display>Draw Style。该选项可以更改曲面、曲线以及断面数据在视图窗口中的显示方式（见图 4-59）。这里可以根据自己的喜好进行设置，例如将曲线、曲面上的 CV 的图标改为圆形，这样便于查看。

在菜单栏中选择 WindowDisplay>Anti-Alias 打开抗锯齿设置。线框的抗锯齿设置如图 4-60 所示。

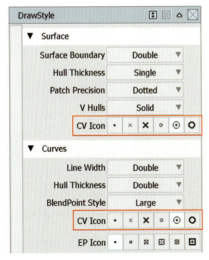

图 4-59 更改显示方式

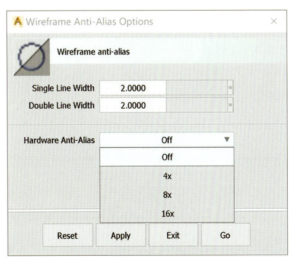

图 4-60 线框的抗锯齿设置

（4）更改界面的颜色主题　Alias 可以设置颜色主题。在菜单栏 Preferences>Color Themes 中可以更改界面色彩，在这里可以根据个人喜好进行设置。

Dark Color 可将 Alias 的默认颜色主题更改为深色主题；Light Color 可将 Alias 的默认颜色主题更改为浅色主题，默认情况下使用此颜色主题；Customize 可打开 Color Theme Editor，可在其中自定义 Alias 用户界面中的颜色主题（见图 4-61）。

图 4-61　界面颜色主题

（5）保存设置　在菜单栏中选择 Preferences>User Preferences>Save Preferences，在名为 Preference Set 的自定义文件中保存所有用户首选项（见图 4-62）。可以使用 Preferences>User Preferences>Import Preference Set 加载这些首选项。

Preference Set 文件保存在 C:\Users\<用户名>\AppData\Roaming\Autodesk\Alias\UserPrefs2021\Preference Sets。这些文件的扩展名是 .aps（Alias Preference Set），且包含下列组件：自定义工具架、标记菜单、用户选项、常规首选项、构建选项、界面颜色、热键、工作流和菜单。

图 4-62　保存设置

3　导入参考文件

在菜单栏中选择 File>Import（见图 4-63）可以导入对应的参考文件。

曲面建模的参考文件可分为三个类型：

1）二维的设计草图或者效果图。这些参考图可以直接在 Alias 的草图工作流中完成，也可以是其他软件设计的方案，如 SketchBook、Photoshop 等。

2）工程提供的截面线数据参考。这些工程输入可以作为我们构建模型时的造型参考或者工程硬点。

图 4-63　Import（导入）选项

3）扫描油泥车型生成的点云数据，或者快速建模软件制作的网格数据"Mesh"。

导入参考图片，并根据车型尺寸调整图片大小，使其对应实车尺寸（见图 4-64）。

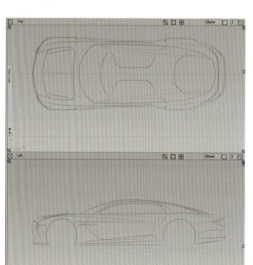

图 4-64　图片导入

 导入图片的视图窗口与工作视图窗口要对应，例如导入侧视图参考图，要在 Left 工作视图窗口中导入图片。同时导入多个参考图时，应在 Import Image Layer Options 选项框中勾选 Always create New Canvas 复选框（见图 4-65），这样后面导入的参考图就不会叠加到之前导入的参考图上。

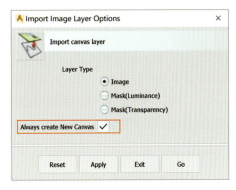

图 4-65　导入参考图选项

4.2.3　构建概念车模型

完成准备工作后，我们正式进入概念车的曲面造型建模工作。根据前文的分析，我们将按照基础曲面、添加特征、过渡曲面、分件倒角、整理输出五个部分详细讲解如何使用 Alias 软件完成模型构建工作。
※ 本章节提供建模输入文件和完成的数据文件，见文件夹 "4.2.3"。

1　基础曲面

根据前文的造型特征分析，我们将基础曲面分为顶盖、侧窗玻璃面、AC 柱、发动机舱盖板、行李舱盖板、前后轮眉、车身侧围、前后保等特征，合计曲面 150 多张。汽车外饰为左右对称造型，所以只需完成一半数据，最后使用镜像工具对称完成另一半数据（见图 4-66）。

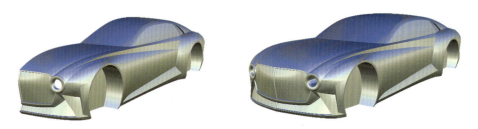

图 4-66　基础曲面

（1）顶盖

STEP 01　构建顶盖 Y0 特征线。选择 New Edit Point Curve 工具，在左视图中根据设计参考图绘制 Y0 特征线（见图 4-67）。画线时需要注意 CV 的排布情况，尽可能使用较少的 CV 控制曲线。高质量的曲线才能生成高质量的曲面。

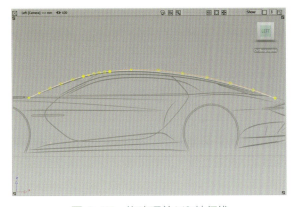

图 4-67　构建顶盖 Y0 特征线

STEP 02 检测曲线质量。曲线调整过程中或调整完后都需要对曲线质量进行检测，可以观察曲线 CV 的排布状况，也可以通过曲率梳工具检测曲线。选择绘制好的三条曲线，单击 Curve Curvature 工具打开曲率梳，双击图标可以打开选项窗口，在其中勾选曲率测量选项。曲线周边显示的绿色梳状检测线，称为曲率梳，在其周边单击并拖动鼠标左键可以更改曲率显示长度，单击并拖动鼠标中键可以更改曲率梳显示密度。

测量三条曲线的曲率梳（见图 4-68），均达到 G3 连续。如果测量时发现有未达到 G3 连续的，尽可能调整曲线 CV 或者使用 Align 工具来使曲线达到连续性要求。在菜单栏中单击 Delete>Delete Locators 可以关闭曲率梳显示。

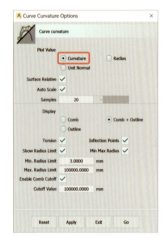 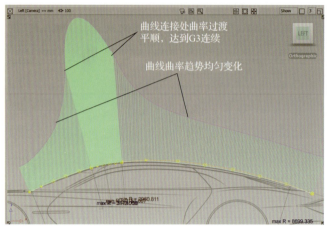

图 4-68　曲线的曲率梳

> **技巧**　使用曲率梳工具检测曲线质量时主要考虑两个参考因素，其一是单个曲线曲率梳的变化情况，其二是曲线连接处曲率梳的连接关系。

STEP 03　绘制顶盖边界线。在俯视图中，将刚完成的 Y0 曲线复制并粘贴。在标记菜单中选择 Move 工具，上下拖动鼠标右键，将曲线移动到草图对应位置（见图 4-69）。

在左视图中按照草图位置调整曲线 CV，使其与设计图匹配。在俯视图和左视图中使曲线与设计图匹配，同时使用曲率梳工具检测曲线质量（见图 4-70）。

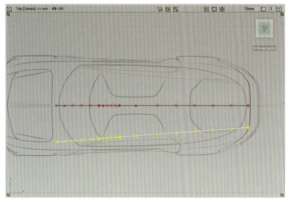 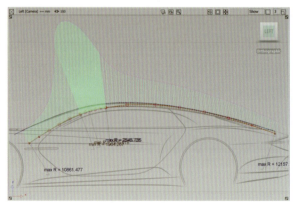

图 4-69　移动曲线　　　　　　　图 4-70　使用曲率梳工具检测曲线质量

选择刚调整完成的三条边界曲线，在菜单栏中选择 Edit>Duplicate>Mirror，将 Mirror Across 设置为 XZ。这样就可以将选择的边界曲线沿 XZ 轴镜像到另外一侧（见图 4-71）。

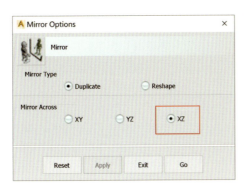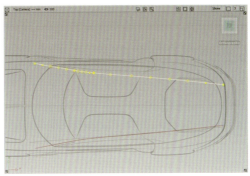

图 4-71　镜像得到另外一侧的顶盖边界线

STEP 04　绘制顶盖截面线。在俯视图中，选择 New Edit Point Curve 工具，按住 <Ctrl> 键，将新绘制曲线的第一个点捕捉到顶盖边界线，继续按住 <Ctrl> 键，将曲线最后一个 CV 捕捉到另一端的曲线。同时调整曲线造型，使曲线中点位置与顶盖 Y0 曲线重合（见图 4-72）。

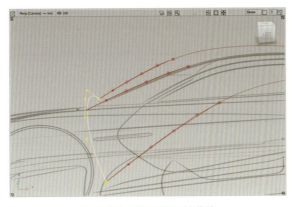

图 4-72　绘制并调整曲线

选择刚刚画好的截面曲线，复制并粘贴后，选择 Transform Curve 工具，并在其选项框中将移动类型选为 Rotate&Scale，将复制出的曲线首尾依次移动到顶盖边界线末端（见图 4-73）。

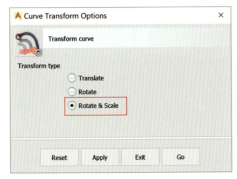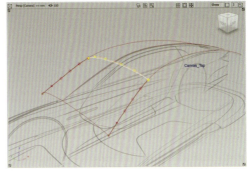

图 4-73　调整后的曲线

使用同样的工具和方法，依次绘制出后面两条截面曲线，最后会形成三个封闭的四边面边界（见图 4-74）。

STEP 05　制作顶盖大面。选择 Square 工具，双击命令图标打开选项窗口，保持默认选项，然后按顺序依次选择四条曲线，生成四边曲面（见图 4-75）。

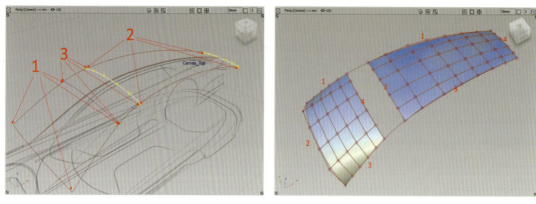

图 4-74 绘制截面曲线　　　　　图 4-75 四边成面

选择 Square 工具,在选项窗口中将曲线 2 和 4 的连续性更改为 G2 连续,其他选项保持不变,然后依次选择四条边界生成四边曲面,并把边界 2 和 4 作为前面生成曲面的边界(见图 4-76)。

STEP 06　检测曲面质量。选择构建好的三块曲面,打开曲面 CV,检测曲面 CV 的排布状况,要求 CV 排布整齐且均匀变化,曲面阶数控制在 7 阶以内,曲面 CV 没有跳点的现象(见图 4-77)。同时还需要检测曲面本身的曲率梳排布情况,可在控制面板的 Display 选项中将 Curvature 的 U 或者 V 选项勾选,查看曲面的曲率梳排布状况(见图 4-78)。

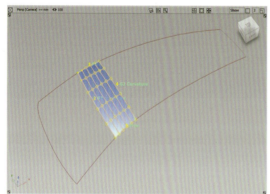
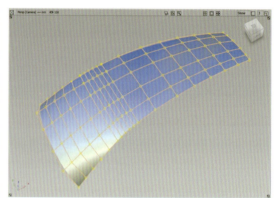

图 4-76 四边成面并与邻边保持 G2 连续　　　　　图 4-77 打开 CV 检测曲面质量

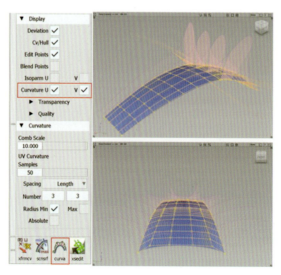

图 4-78 打开曲面曲率梳窗口

技巧 在对曲面进行检测时，可单击 Curvature，在菜单选项中编辑曲率的检测条数、曲率梳的长度等（见图 4-78）。

（2）侧窗玻璃面 在汽车曲面构建中，侧窗玻璃属于运动件，应有上下升降的设计要求，所以侧窗玻璃面为一个双曲面造型，通常形象地称之为"腰鼓面"。Alias 中有专门的侧窗玻璃面制作工具。构建侧窗玻璃面前，需要先构建侧窗水切线，它是连接车头、车身和尾部的一条贯穿曲线，所以在绘制该曲线时，我们会将前后的要素特征都考虑进来。

STEP 01 绘制水切线。在俯视图中选择 New Edit Point Curve 工具，根据导入的参考图，这里我们使用 4 条曲线来描绘造型特征。同时在左视图中也要调整曲线位置（见图 4-79），这样才能形成一组空间上的曲线。还要注意曲线之间的连续性。可以使用 Align 工具调整曲线之间的连续性，达到 G2 连续即可。如果想追求更高的曲线质量可以尝试 G3 连续，但是这样也许会花费更多的时间。

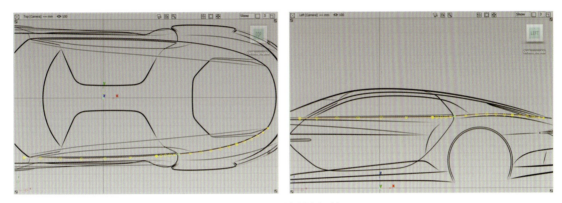

图 4-79 绘制水切线

STEP 02 偏移曲线。使用 Offset 工具，在其控制窗口中设定 Distance 值为 5，单击右下角的 Offset 按钮或按空格键确定偏移，将与玻璃面有位置关系的曲线进行偏移处理，得到一条玻璃面构成曲线（见图 4-80）。

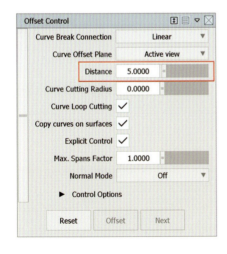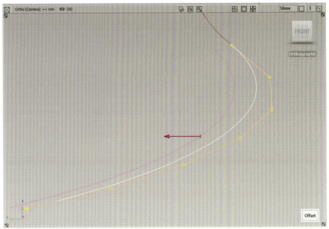

图 4-80 偏移曲线

STEP 03 绘制玻璃截面线。在前视图中绘制玻璃截面线，它应与设计图的倾斜角度保持一致，同时该曲线的一端还要与上一步中偏移的曲线相交（见图 4-81）。

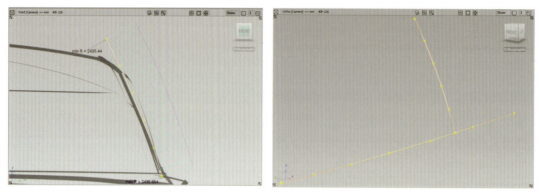

图 4-81 绘制玻璃截面线

STEP 04 生成侧窗玻璃曲面。在工具箱中选择 Revolve 工具，并调整参数。先选择曲线 A，按空格键或者单击右下角的 Accept 按钮确定，再在曲线 B 上依次选择两个点，则可生成侧窗玻璃曲面（见图 4-82）。

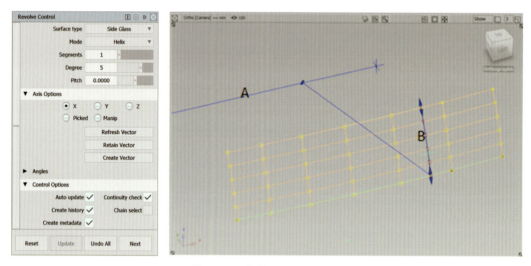

图 4-82 扫掠得到玻璃曲面

STEP 05 投影修剪玻璃面轮廓。使用 Extend 工具，选择生成的玻璃曲面的右端进行延长，此时会弹出提示窗口，提示该曲面带有构建历史，如果继续进行操作，构建历史将会被移除。单击 Yes 按钮确定（见图 4-83）。

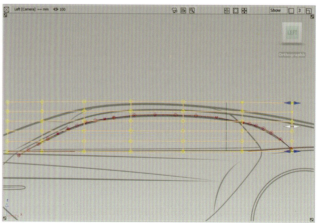

图 4-83 延长曲面

在左视图中，根据草图造型绘制侧窗玻璃轮廓曲线（见图 4-84）。

选择侧窗玻璃曲面，使用 Project 工具将侧窗玻璃轮廓曲线沿 Y 向投影到玻璃曲面上，并将玻璃曲面进行修剪（见图 4-85）。

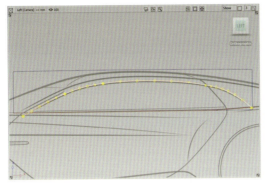 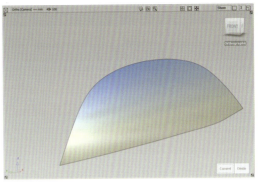

图 4-84　绘制轮廓曲线　　　　　　　　　　图 4-85　修剪完成的玻璃曲面

STEP 06　制作玻璃饰条。使用 Tubular Offset 工具在距离修剪边界下边界 20mm 的位置生成面上线（见图 4-86）。

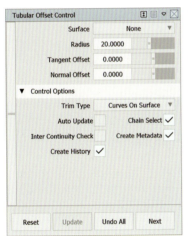 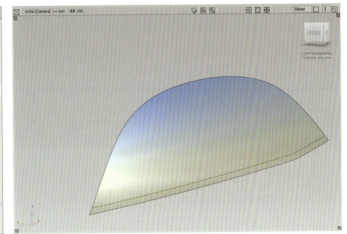

图 4-86　带着面上线的侧窗玻璃曲面

使用 Multi-surface Draft 工具，选择面上线的位置向 Y 向做出 5mm 的翻边面（见图 4-87）。

将玻璃曲面向车外偏移 5mm，提取其下边界曲线，然后在翻边面边界和提取的曲线之间使用 Skin 工具搭接曲面（见图 4-88）。

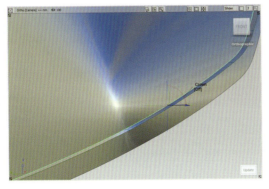 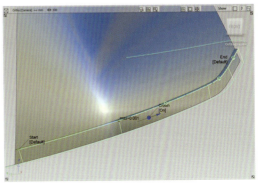

图 4-87　在面上线的位置做出翻边面　　　　图 4-88　搭接曲面

(3) AC 柱

STEP 01 绘制边界曲线。使用 New Edit Point Curve 工具，参考左视下的草图，在左视图上绘制 AC 柱的一组下部边界线及水切上部的边界线，然后旋转视图到俯视图下调整曲线位置（见图 4-89）。选择 Curve Curvature 工具，显示曲线曲率梳，调整曲线质量（见图 4-90）。

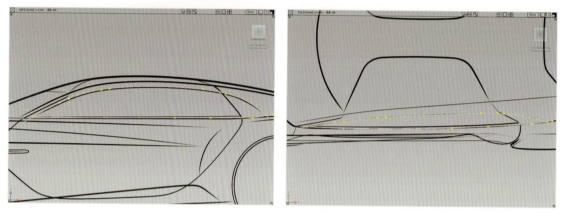

图 4-89 绘制曲线

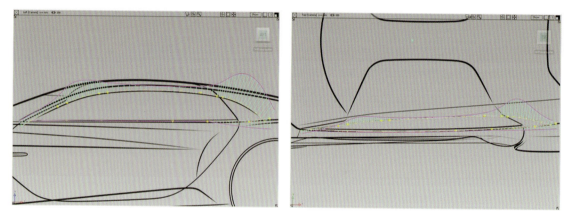

图 4-90 检查曲率梳

STEP 02 使用 Skin 工具搭接曲面。使用 Skin 工具在顶盖边界与已知曲线之间搭接曲面，并调整其饱满度（见图 4-91）。

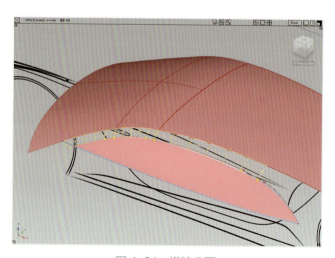

图 4-91 搭接曲面

STEP 03 使用 Square 工具搭接曲面。选择 Square 工具并设置工具参数,然后以两条曲面边界 A 和 B 以及两条曲线 C 和 D 为基础构建曲面(见图 4-92)。

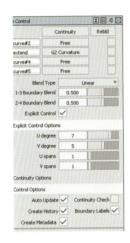
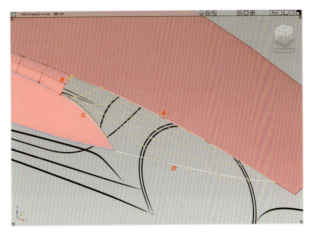

图 4-92 四边成面

STEP 04 调整高光。打开曲面渲染模式工具集(路径为 ObjectDisplay>Diagnostic Shading),选择 Horizontal / Vertical 工具,通过观察"斑马"光顺程度,检查曲面组的曲面质量(见图 4-93)。

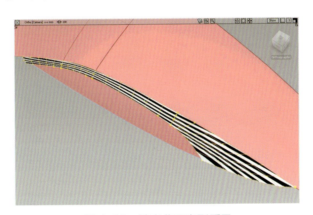

图 4-93 检查曲面光影质量

STEP 05 做出翻边面。选择 Multi-surface Draft 工具,设定工具参数,在正 Y 向对 AC 柱下边界曲线以及水切上部边界线进行翻边处理(见图 4-94)。

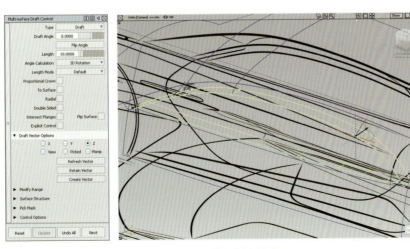

图 4-94 进行翻边处理

STEP 06 修剪曲面。使用 Intersect 工具（即相交工具）将翻边曲面与玻璃曲面进行相交处理，再使用 Trim Surface 工具（见图 4-95）将翻边曲面和玻璃曲面进行修剪处理（见图 4-96）。

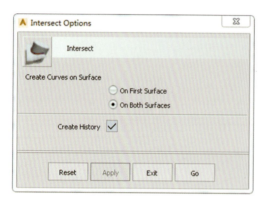
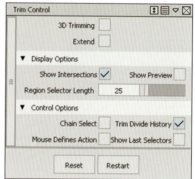

图 4-95　两工具的选项窗口

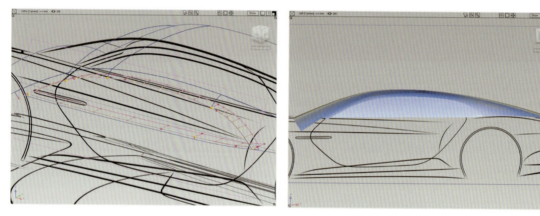

图 4-96　将曲面修剪干净

（4）发动机舱盖板

STEP 01 构建发动机舱盖板的 Y0 特征线。选择 New Edit Point Curve 工具，在左视图中根据设计参考图绘制 Y0 特征线（见图 4-97）。画线时需要注意 CV 的排布情况，高质量的曲线才能生成高质量的曲面。

STEP 02 检测曲线质量。曲线调整的时候需要用曲率梳进行检测（见图 4-98）。调整好的发动机舱盖板曲率梳，从后向前应是曲率逐渐变大的。如果曲率梳上出现波浪形，则需要调整曲线 CV 使曲率梳趋势趋于单一。

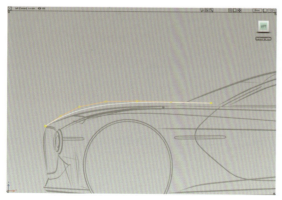
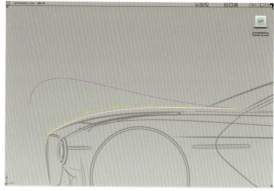

图 4-97　构建发动机舱盖板的 Y0 特征线　　　　图 4-98　调整好的 Y0 线曲率梳

STEP 03　绘制发动机舱盖板大面边界。在俯视图下复制 Y0 曲线，并用鼠标右键移动复制曲线到发动机舱盖板边界大致位置。调整复制曲线的 CV，使其与下方的中红色特征线趋势一致（见图 4-99）。通过复制曲线的方法，我们得到的新曲线的 CV 跟原来曲线的 CV 会相呼应。

在左视图中用鼠标右键移动调整曲线的 CV，使其在左视图下与设计图匹配，然后在俯视图下使用曲率梳工具检测该曲线质量（见图 4-100）。

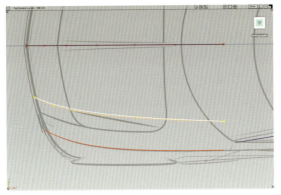

图 4-99　发动机舱盖板边界的调整　　　　图 4-100　发动机舱盖板边界的曲率梳

STEP 04　绘制发动机舱盖板截面线。在前视图中，选择 New Edit Point Curve 工具绘制截面线，然后按住 \<Ctrl\> 键将新绘制曲线的第一个 CV 捕捉到 Y0 线端点，继续按住 \<Ctrl\> 键，将曲线的最后一个 CV 捕捉到边界线端点。同时调整曲线线性，使其与设计图大致相同（见图 4-101），然后在前视图下进行相应调整。

注意　调整曲率时，Y0 处需达到 G3 连续。新建一个图层，用鼠标左键选中曲线并将其放到新图层内，选中图层，在菜单栏选择 Layers>Symmetry>On，将曲线虚拟对称。选中曲线，打开曲率梳，对曲线进行调整，以使其在 Y0 处达到 G3 连续的要求（见图 4-102）。

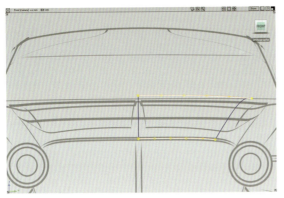
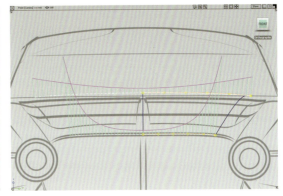

图 4-101　发动机舱盖板的截面线　　　　图 4-102　发动机舱盖板截面线的曲率梳

STEP 05　搭建发动机舱盖板大面。使用 Square 工具，按顺序依次选择四条曲线，生成四边曲面（见图 4-103）。

STEP 06　检测曲面质量。选择做好了的发动机舱盖板大面，打开曲面 CV，检测曲面 CV 的排布状况，要求 CV 排布整齐且均匀变化，曲面阶数控制在 7 阶以内，曲面 CV 没有跳点的现象。同时还需要检测曲面本身的曲率梳排布情况（见图4-104），图中发动机舱盖板大面的曲率从尾端往前应逐渐变大，这样大面的质量才会比较好。

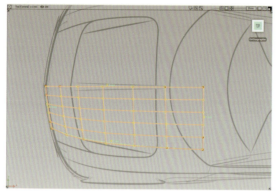

图4-103　生成四边曲面

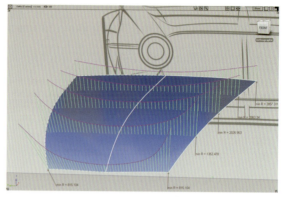

图4-104　生成的发动机舱盖板大面的曲率梳

STEP 07　构建特征棱线。返回到俯视图，复制一条水切边界线和一条发动机舱盖板边界线，并通过Move工具、Extend工具调整CV使两条线连起来并且跟设计图特征线对上（见图4-105）。

使用曲率梳检测曲线质量，观察接线处曲率梳（见图4-106），应都达到G3连续。如果测量时发现有未达到G3连续的，尽可能调整曲线CV或者使用Align工具来达到曲线的连续性要求。

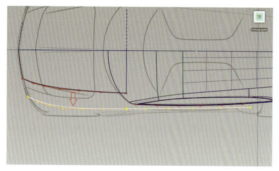

图4-105　构建特征棱线

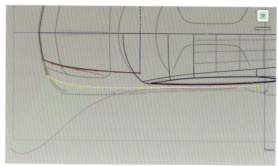

图4-106　俯视图下棱线曲率的检查

在俯视图下将曲线的线性调整好之后，还要在左视图下进行线性调整。转到左视图，选中需要调整的CV，使用鼠标右键进行移动，使曲线对应到设计图上要求的位置，然后利用曲率梳工具检查曲线的曲率，并使其达到G3连续（见图4-107）。

STEP 08　继续构建特征棱线。返回俯视图，复制一条发动机舱盖板边界线并移动到水切边界线位置，使用Extend工具延长水切线，使两线相接，并通过移动CV调整其曲率（见图4-108）。

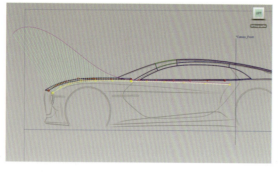

图4-107　左视图下棱线曲率的检查

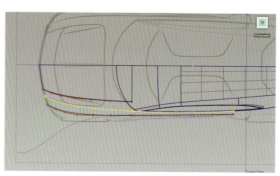

图4-108　继续构建特征棱线

STEP 09 搭建特征曲面。使用 Freeform Blend 工具在发动机舱盖板边界线和新构建的曲线之间搭接 C-P 曲面 [一端为曲率（Curvature）连续、一端为位置（Position）连续的过渡曲面，简称 C-P 曲面]（见图 4-109）。

下面继续搭接曲面。使用 Skin 工具在已搭建好的两组曲线之间搭接平面，并通过增加 CV 给曲面拉起弧度（见图 4-110）。

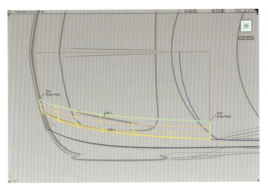
图 4-109　使用 Freeform Blend 工具生成的曲面

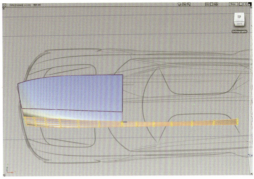
图 4-110　拉鼓过的曲面

STEP 10 修剪。使用 Intersect 工具在搭建好的大面中的绿色部分（见图 4-111）与前风窗玻璃大面相交处创建面上线，再使用 Trim Surface 工具修剪干净即可。

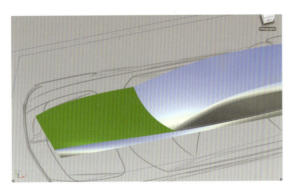
图 4-111　修剪过后的发动机舱盖板部分

STEP 11 发动机舱盖板前端的处理。复制发动机舱盖板前端的两条边界线，并将这两条边界线沿 X 向移动 –4mm、沿 Z 向移动 –13mm。把轴心点吸附到复制曲线 Y0 处的 CV 上，沿 Y 向缩放（见图 4-112）。

使用 Skin 工具在两组曲线之间搭接曲面（见图 4-113）。

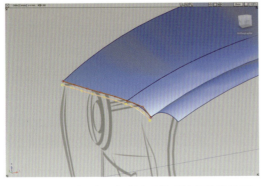
图 4-112　复制、移动过后得到的曲线的位置

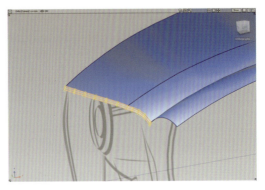
图 4-113　搭接曲面

选择 Multi-Surface Draft 工具，在其控制窗口中将 Draft Angle 值设为 -25，Length 值设为 30，然后在新边界线上直接生成翻边面（见图 4-114）。

图 4-114　新生成的翻边面

（5）行李舱盖板

STEP 01　搭建行李舱盖大面。在俯视图下，绘制一条与设计图大致相同的行李舱盖板曲线，使用 Edit>Duplicate>Mirror 将该曲线进行 XZ 平面对称，并通过移动 CV 调整曲线的曲率梳（见图 4-115）。

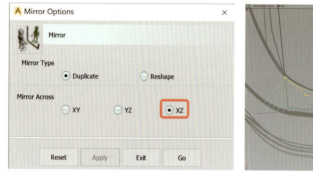 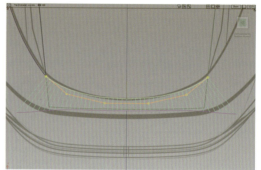

图 4-115　俯视图下绘制的曲线

在俯视图下，将曲线投影在顶盖大面上，并使用 Trim Surface 工具修剪顶盖大面，然后在修剪边界处使用 Duplicate Curve 工具复制曲线，并使用 Symmetry 工具进行对称，得到行李舱盖板前端边界线（见图 4-116）。

返回俯视图，复制行李舱盖板前端边界线，移动到尾端，调整 CV 使曲线跟设计图大致对上，反向延伸曲线使其端点刚好位于圆角过渡区域，并检查曲率梳（见图 4-117）。

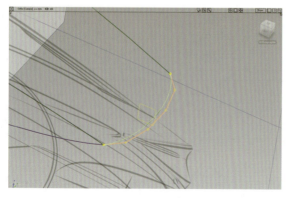 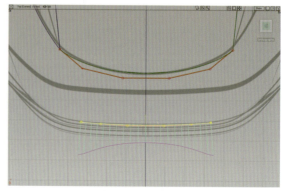

图 4-116　行李舱盖板前端边界线　　　　图 4-117　新曲线曲率梳的调整

在右视图下，沿 Z 向移动曲线使其跟设计图对应，并调整其曲率（见图 4-118）。

使用 Skin 工具在两曲线之间搭接行李舱盖大面，并通过沿 Z 向拽点使大面更有饱满度（见图 4-119）。

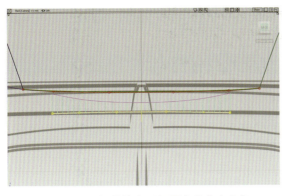 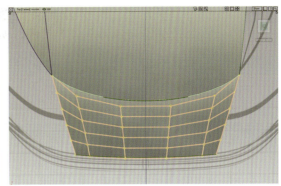

图 4-118　新曲线在后视图中的曲率变化　　　　图 4-119　搭接好的行李舱盖板大面

STEP 02　绘制特征棱线。在俯视图下绘制与设计图相近的曲线并检查曲率，接着在左视图下调整其侧面的曲率。（见图 4-120）

　注　意　　曲线的头端搭接在侧边曲面的边界线上。

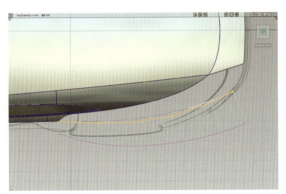 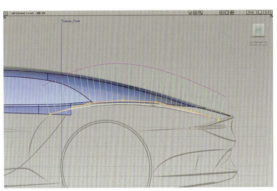

图 4-120　构建特征棱线

在左视图下复制曲线①，可得到曲线②，然后将曲线②顶端 4 个 CV 沿 –Z 向往下移一些（见图 4-121）。

STEP 03　搭接曲面。在 B 柱边界、行李舱盖板边界和曲线②之间使用 Skin 工具搭接曲面，以增加饱满度。注意：行李舱盖板边界处应达到 G2 连续（见图 4-122）。

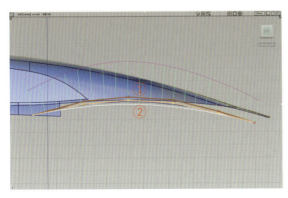 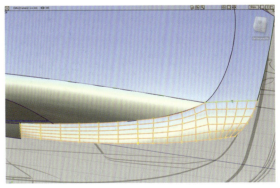

图 4-121　曲线①和曲线②　　　　　　　　　图 4-122　搭接曲面

在俯视图下复制曲线①，并移动调整新曲线的 CV，然后修剪搭接好的曲面（见图 4-123）。
在修剪边界和曲线①之间搭接 C-P 曲面得到反凹特征（见图 4-124）。

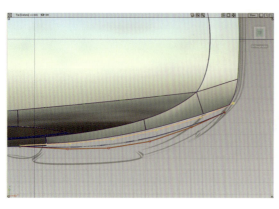
图 4-123　修剪过的曲面

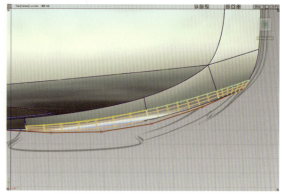
图 4-124　曲面的反凹特征

（6）前后轮眉

STEP 01　绘制轮眉特征线。选择左视图，根据设计图显示的轮眉外边界位置，大致勾绘轮眉外边界曲线，然后查看并调整线形曲率梳（见图 4-125）。

选择俯视图，对轮眉曲线进行调整——沿 Y 向移动曲线 CV，使轮眉外边界的线形跟设计图大致对上（见图 4-126）。

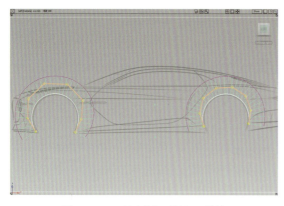
图 4-125　绘制轮眉外边界曲线

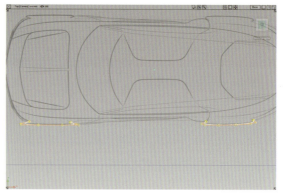
图 4-126　在俯视图下对曲线进行调整

返回左视图，使用 Offset 工具将轮眉外边界往里偏移 30mm，得到轮眉内边界曲线（见图 4-127）。

STEP 02　构建轮眉曲面。选择 Skin 工具，在其选项窗口中将 Crown Value 值设置为 0.01，然后搭接曲面，生成的曲面即为轮眉曲面（见图 4-128）。

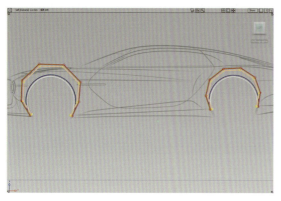
图 4-127　偏移得到轮眉内边界曲线

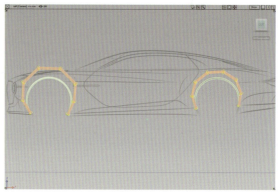
图 4-128　生成的轮眉曲面

(7) 车身侧围

STEP 01 构建车身腰线。在左视图中,根据设计图腰线的位置,在前后两轮眉之间勾绘出相对应的曲线,并检查曲线的曲率梳(见图4-129)。

在俯视图下,沿Y向移动CV,使得该曲线到轮眉之间有一定的距离(见图4-130)。

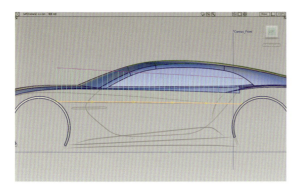
图4-129 勾绘腰线特征曲线

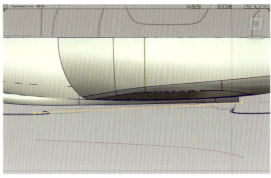
图4-130 俯视图下调整腰线

返回左视图,在曲线的大概五分之一处打断,将前端曲线改为3阶,并将曲线前端的CV吸附到前轮眉外边界上(见图4-131)。

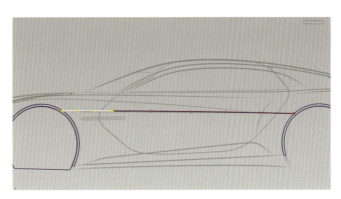
图4-131 调整曲线

STEP 02 搭建侧围大面。从长段曲线沿Z向使用Multi-Surface Draft工具(在其控制窗口中将Draft Angle设为-7,Length设为680)拉伸出曲面,然后在中间加两排CV对曲面进行拉鼓操作,将CV稍微往上方挤一挤,这样曲面的光影效果会更好(见图4-132)。

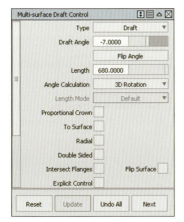
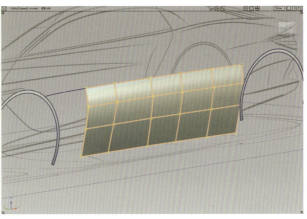
图4-132 加CV拉鼓侧围大面

勾勒一根跟轮眉外边界趋势相近的曲线将大面修剪，用修剪边界跟轮眉外边界搭接 C-P 曲面（见图 4-133）。

STEP 03 搭建腰线以上特征。利用前面发动机舱盖板做好的曲面边界，使用 Multi-Surface Draft 工具沿 -Z 向（拉伸角度为 0°）拉伸出一张翻边面（见图 4-134）。

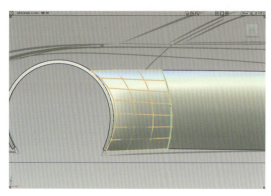 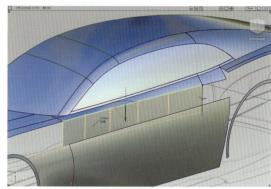

图 4-133 搭接 C-P 曲面　　　　　　　　　　　图 4-134 拉伸生成平面

切换至左视图，将刚拉伸生成平面的下边界延伸至曲面右下方刚刚碰到腰线位置，并通过 1 个点带动 5 个点的方式将下方 CV 吸附到腰线上（见图 4-135）。

用边界 1 和边界 2 进行扫掠，得到前端的曲面（见图 4-136），并在边界 1 处匹配 G2 连续。

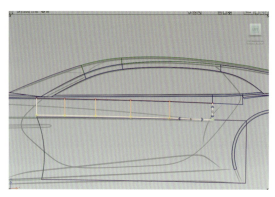 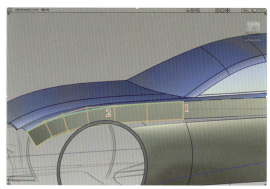

图 4-135 调整拉伸生成的曲面　　　　　　　　图 4-136 扫掠生成曲面

在两个曲面中间增加一排 CV，以调整其饱满度（见图 4-137）。

返回左视图，按照设计图位置勾绘出交线位置的曲线，并用该曲线沿 Y 向投影在曲面上将曲面修剪（见图 4-138）。

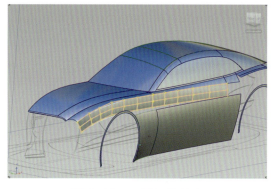 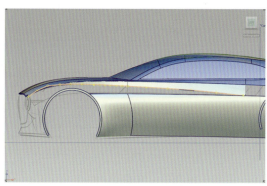

图 4-137 对曲面拉鼓度　　　　　　　　　　　图 4-138 勾勒曲线并将曲面修剪

使用 Skin 工具搭接曲面，并通过增加 CV 来调整曲面饱满度（见图 4-139）。

用边界 3 和边界 4 进行扫掠得到新的曲面，在边界 3 处匹配 G2 连续，并对新曲面进行 CV 的调整，使新曲面和上边曲面交线能跟设计图对应（见图 4-140）。

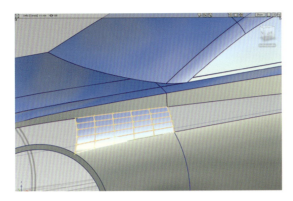
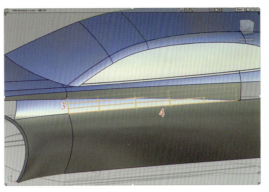

图 4-139　使用 Skin 工具搭接曲面并调整其鼓度　　　图 4-140　扫掠生成曲面并调整交线

STEP 04　搭接前翼子板部分曲面。在前视图下，使用 Circle 工具（圆形曲线工具）绘制一个正圆，再使用 Scale 工具将其缩放到与设计图中前照灯大小一致，然后将圆形曲线的轴心点放置在跟前发动机舱盖相近的地方，将圆形曲线吸附到发动机舱盖上（见图 4-141）。

在俯视图下，通过旋转命令旋转调整圆形曲线，使其跟发动机舱盖前端边界大致相切（见图 4-142）。

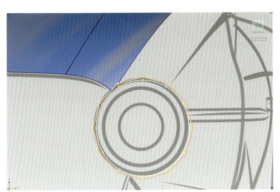

图 4-141　绘制前照灯圆形曲线　　　图 4-142　旋转调整圆形曲线

使用 Align 工具将圆形曲线周边的曲面对齐到圆形曲线上（见图 4-143）。

复制一根边界 5 的曲线，将轴心点放置在尾端的端头，按住 <Ctrl+Alt> 键，将曲线 5 捕捉到边界 6 上并进行移动，位置参考如图 4-144 所示。

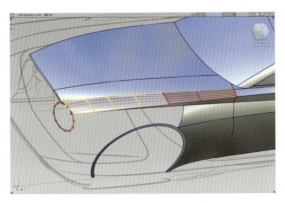
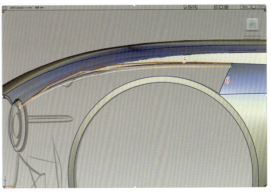

图 4-143　对齐曲线周边曲面　　　图 4-144　复制曲线并将其移动

用曲线前端一个点带动两个点,将曲线前端 CV 吸附到圆形曲线上,并检查曲线的曲率梳(见图 4-145)。

使用 Skin 工具搭接曲面,并将曲面 CV 增加两排以调整其鼓度,然后将新生成曲面的尾端跟相邻大面匹配 G2 连续,头端跟圆形曲线匹配 G0 连续(见图 4-146)。

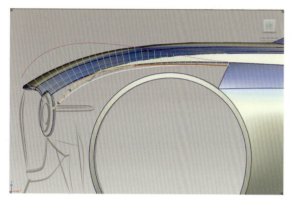 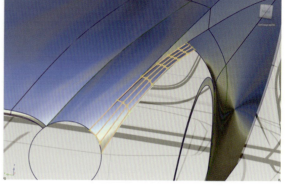

图 4-145 调整曲线　　　　　　　　　　图 4-146 搭接曲面并调整鼓度(一)

在边界 7 和边界 8 之间继续使用 Skin 工具进行搭接,手动拽点调整曲面鼓度,并跟旁边曲面匹配连续性(见图 4-147)。

STEP 05 搭接后轮翼子板部分曲面。在左视图下,根据设计图绘制曲线,然后沿曲线修剪侧边大面(见图 4-148)。

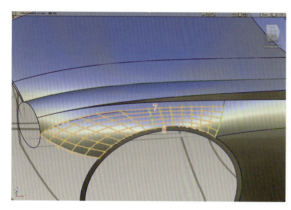 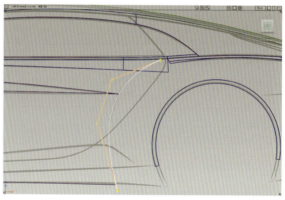

图 4-147 搭接曲面并调整鼓度(二)　　　　图 4-148 绘制曲线

在修剪的侧围曲面边界和轮眉外边界之间使用 Skin 工具搭接曲面,并调整曲面鼓度(见图 4-149)。延长曲面,并将曲面端点吸附到水切棱线上(见图 4-150)。

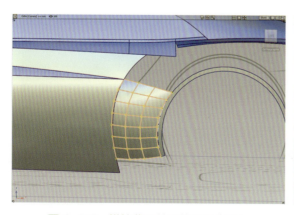 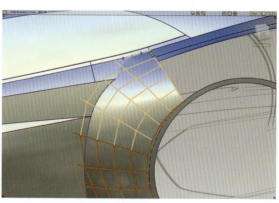

图 4-149 搭接曲面并调整鼓度(三)　　　　图 4-150 延长曲面并调整 CV

在新建大面和行李舱盖板曲面之间匹配连续性（见图4-151）。

在边界9和边界10之间使用Skin工具搭接曲面，调整其鼓度和高光，并在曲面前端边界配合处匹配G2连续（见图4-152）。

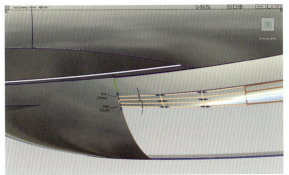
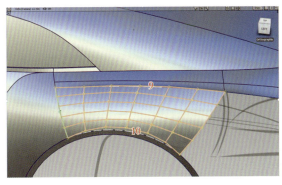

图4-151　匹配连续性　　　　　　　　图4-152　搭接曲面并调整鼓度和高光

在左视图下，根据设计图所示交线位置，在轮眉边界上一点和行李舱盖板边界点分别勾绘一条曲线（见图4-153）。

在俯视图下对两条曲线进行调整（见图4-154）。

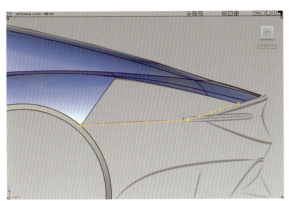
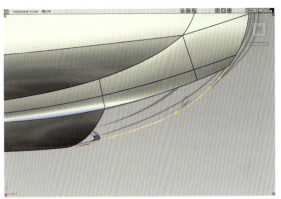

图4-153　搭接曲线　　　　　　　　　图4-154　调整曲线

使用Square工具在4条边界曲线上创建曲面（见图4-155）。

STEP 06 搭建下护板曲面。在左视图下，根据设计图下护板棱线位置绘制出相对应的曲线（见图4-156）。

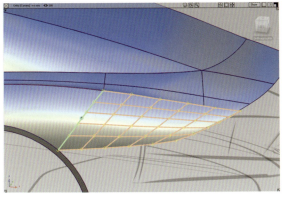
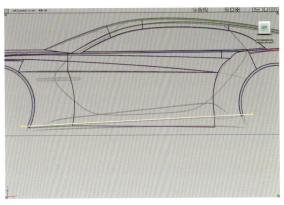

图4-155　四边成面　　　　　　　　　图4-156　绘制曲线

沿 Y 向调整曲线位置,但曲线的最外端不能超出轮眉,且使曲线到侧围大面的距离均匀变化(见图 4-157)。

使用 Multi-Surface Draft 工具从调整好位置的曲线沿 Y 向拉伸出一张曲面,添加 CV,再通过调整 CV 来增加曲面鼓度,并调整跟侧围大面的交线,使交线平直、趋势一致(见图 4-158)。

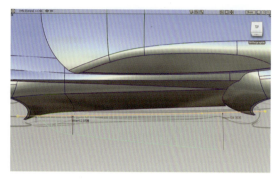

图 4-157 沿 Y 向调整曲线跟大面的距离

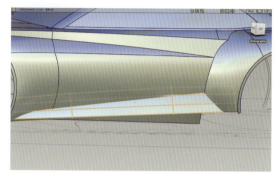

图 4-158 调整交线

在左视图下,将前后轮眉从下护板棱线处打断,然后延长至设计图所示大概位置,将延长得到的曲面的纵向 CV 改为 3 排,沿 Y 向往车内稍微移动最后一排 CV(见图 4-159)。

复制下护板棱线曲线,向下移动并调整 CV,使其跟设计图所示位置对上,然后将与设计图对上的曲线沿 Y 向向车内移动 35mm(见图 4-160)。

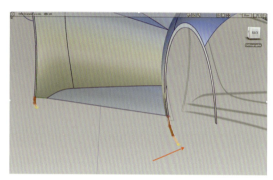

图 4-159 调整轮眉曲面

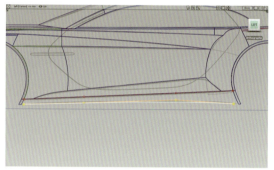

图 4-160 调整底部曲线

在两条曲线之间使用 Skin 工具搭接曲面,然后调整其鼓度(见图 4-161)。

在边界 11 和边界 12 之间、边界 13 和边界 14 之间使用 Skin 工具搭接曲面,然后与周围曲面匹配连续性(见图 4-162)。

图 4-161 搭接曲面并调整鼓度

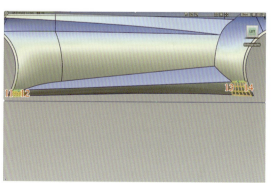

图 4-162 搭接曲面并匹配连续性

STEP 07 封闭底面。将所有下边界曲面中的红色曲面（见图4-163）使用Mirror工具进行镜像，然后在底部边界之间使用Skin工具搭接平面。

沿着中轴线将底面修剪（见图4-164）。

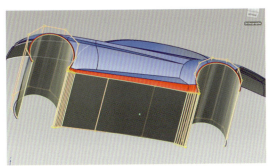

图4-163 在底部搭接平面　　　　　　图4-164 修剪底面

（8）前保

STEP 01 构建格栅大面。在左视图下，根据设计图显示格栅的位置图线，大致绘制出相对应的前格栅Y0曲线（见图4-165）。

提取发动机舱盖翻边面下边界，将所有曲线上的CV吸附到同一高度，并移动曲线使曲线头端跟格栅Y0曲线头端衔接（见图4-166）。

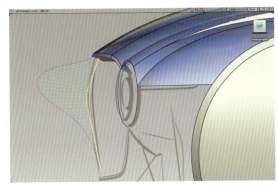 

图4-165 绘制格栅Y0曲线　　　　　　图4-166 提取曲线并移动调整

对曲线进行缩放操作。注意缩放时将轴心点放置在曲线最前端的CV上，并根据前发动机舱盖边界选择沿Y向和X向缩放新曲线，以保证其跟前发动机舱盖边界之间的间隙均匀变化（见图4-167）。

将曲线1复制一条并将之移动到Y0曲线尾端得到曲线2，然后在曲线1和曲线2的尾端之间做一条没有弧度的直线（见图4-168）。

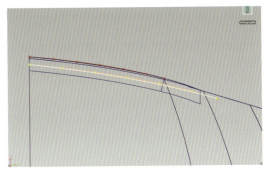 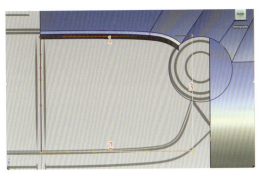

图4-167 调整曲线　　　　　　图4-168 搭建四边面边界

使用 Square 工具在曲线 1、曲线 2、曲线 3 和 Y0 曲线之间搭接四边曲面，得到格栅大面（见图 4-169）。将前照灯的圆形轮廓线放大然后投影在格栅大面上将格栅大面修剪（见图 4-170）。

图 4-169　四边成面生成格栅大面

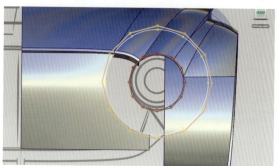
图 4-170　修剪格栅大面

在格栅修剪边界和前照灯轮廓线之间搭接 C-P 曲面（见图 4-171）。

STEP 02　搭建格栅边界特征。在前视图中，根据设计图上格栅边界的位置绘制格栅边界线，注意调整曲线的曲率梳，应使 Y0 处 G3 连续（见图 4-172）。

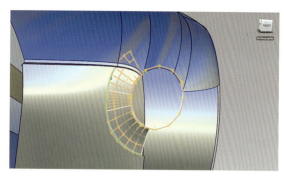
图 4-171　搭接 C-P 曲面

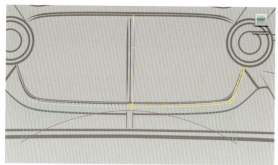
图 4-172　绘制格栅边界线

将格栅大面向外偏移 23mm，然后将绘制的格栅边界线投影到偏移的格栅大面上，并提取其投影的面上线（见图 4-173）。

将曲线的头端 CV 吸附到前照灯轮廓线上，注意吸附时带动 4 个 CV（见图 4-174），这样可以使得格栅轮廓边界跟前照灯轮廓边界对上。

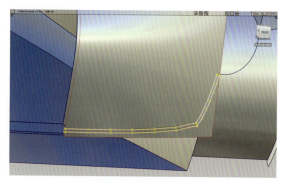
图 4-173　提取格栅边界线

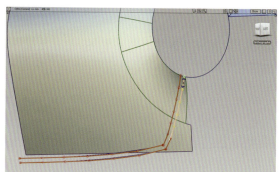
图 4-174　调整曲线

使用 Skin 工具在两条曲线之间搭接曲面，并在内边界使用 Multi-Surface Draft 工具向 X 向（拉伸角度为 -5°）做翻边面，得到格栅外轮廓（见图 4-175）。

用同样的方法做出格栅 Y0 出的轮廓特征（见图 4-176 中红色部分）。

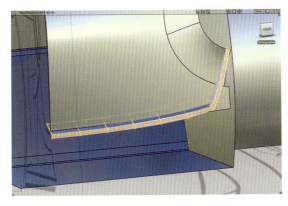
图 4-175 搭接发动机舱盖边界特征

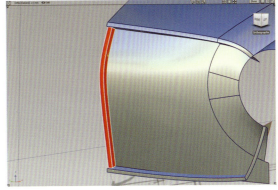
图 4-176 格栅 Y0 处的特征

STEP 03 构建前下格栅部分曲面。在前视图下提取边界线 4，复制并移动到设计图所示下护板位置，然后将曲线上所有 CV 沿 Z 向移动至最前端 CV 高度位置（将 CV 移动到同一高度可以防止曲线缩放变形时 Z 向 CV 变化剧烈），得到曲线 5（见图 4-177）。

把曲线轴心点放置在头端，对曲线进行 Y 向缩放，通过调整 CV 调整曲线弧度，使其跟设计图匹配，最后调整曲率梳（见图 4-178）。

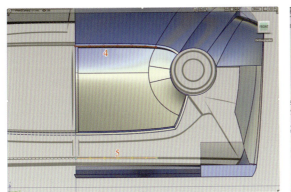

图 4-177 复制并调整曲线　　　　　　图 4-178 调整曲线（一）

继续在俯视图下调整曲线，使其与设计图趋势一致，并且注意调整曲线使其跟前发动机舱盖前端边界之间距离保持大致均匀（见图 4-179）。

使用 Detach 工具将曲线在大致开始转角的地方打断，然后将最尾端沿 X 向移动到轮眉外边界，调整曲线 CV 使曲率梳变化均匀（见图 4-180）。

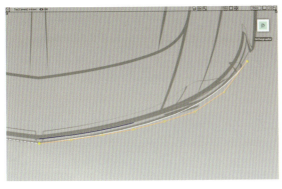
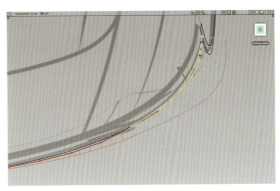
图 4-179 调整曲线（二）　　　　　　图 4-180 调整曲线（三）

复制一组调整好的曲线,将其沿 Z 向移动 3mm、沿 X 向移动 1mm,得到新曲线,然后使用 Skin 工具在两组曲线之间搭接曲面(图 4-181 中红色曲面),并在新生成曲面的上边界使用 Multi-Surface Draft 工具向 X 向(拉伸角度为 5°)做一个翻边面(图 4-181 中绿色曲面)。

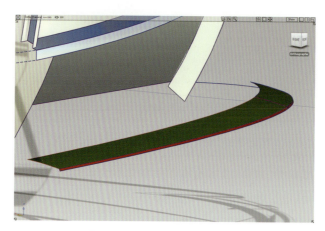

图 4-181　利用曲线生成曲面

根据设计图中雾灯棱线的位置和刚刚确定的下护板边界,勾绘出雾灯的棱线曲线(见图 4-182)。

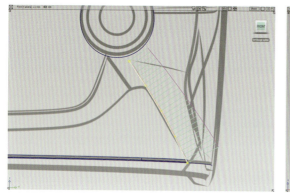 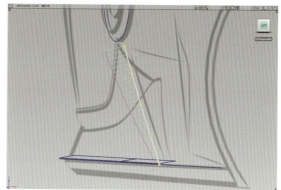

图 4-182　绘制雾灯的棱线曲线

将雾灯位置曲线、前照灯轮廓线、前格栅轮廓外边界线分别使用 Multi-Surface Draft 工具做向 X 向翻边面(见图 4-183)。

使用 Tubular Offset 工具(在其选项窗口中将 Radius 的值设置为 30)在下格栅上边界位置生成面上线,再使用 Duplicate Curve 工具提取面上线,然后使用 Multi-Surface Draft 工具沿 Z 向生成翻边面。

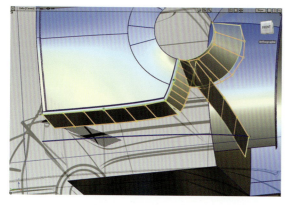 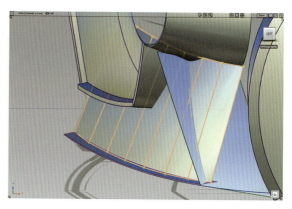

图 4-183　做翻边面　　　　　　　　　　　图 4-184　绘制下格栅底面

通过调整翻边面的角度和鼓度来调整其跟下格栅底面的交线位置，使得交线位置在前视图下与设计图能大致对上（见图 4-185）。注意在边界 6 处匹配 G0 连续。

STEP 04 搭建雾灯区域特征。用边界 7 和边界 8 进行扫掠得到曲面，然后对曲面进行拽点调整生成的曲面跟前照灯轮廓线翻边面的交线 9（见图 4-186），使得交线在前视图下与设计图所示位置大致相近。

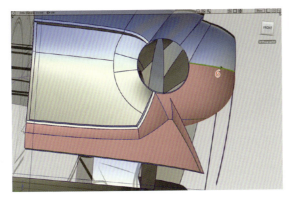
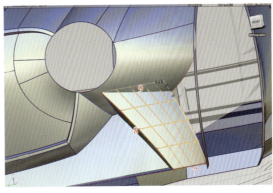

图 4-185　调整曲面（一）　　　　　　　图 4-186　调整曲面（二）

在前视图下，根据设计图勾画雾灯边界曲线，并将曲线上下两个端点吸附到相应的两个大面上去，然后在左视图下调整线性，使其与设计图所示线性相似（见图 4-187）。

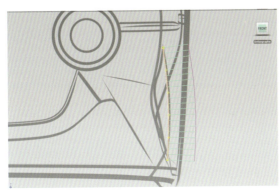
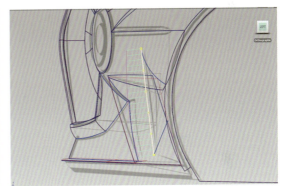

图 4-187　调整雾灯边界曲线

使用 Skin 工具在边界 10 和边界 11 之间搭接曲面，通过加点拽点调整其鼓度，并且在边界 12 和边界 13 处跟大面匹配 G1 连续（见图 4-188）。

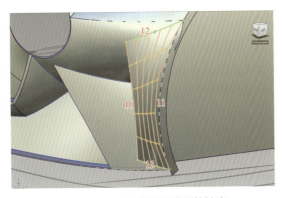

图 4-188　生成曲面并调整鼓度

继续使用 Multi-Surface Draft 工具从边界 10 向 X 向（拉伸角度为 60°）做一个翻边面（见图 4-189），然后通过相邻几组面相交将多余的面修剪掉。

搭建下格栅 Y0 处的边界特征（见图 4-190），其搭建方法与格栅 Y0 处特征的搭建方法一致。

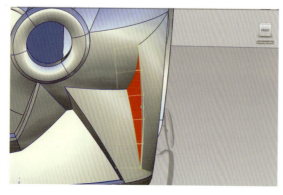

图 4-189　做翻边面

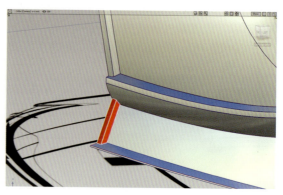

图 4-190　搭建下格栅 Y0 处特征

STEP 05　搭建下护板部分曲面。使用 Multi-Surface Draft 工具从底面的边界向 –X 向做一个翻边面，并调整翻边面的拉伸角度，使得下护板上边界到翻边面的距离均匀变化（见图 4-191）。

在俯视图下，复制一组下护板上边界曲线并向 X 向移动 40mm，再将曲线的轴心点放置在曲线头端，然后对曲线进行 Y 向缩放，使得在俯视图下观察时两曲线之间间隙均匀变化（见图 4-192）。

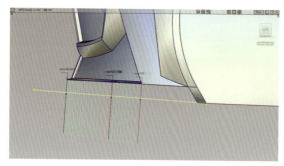

图 4-191　做翻边面

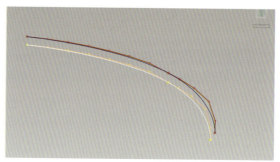

图 4-192　调整曲线

将曲线投影在翻边面上并将翻边面修剪，使用 Skin 工具在修剪边界跟上边界之间搭接曲面，加 CV 调整曲面饱满度，得到下护板曲面（见图 4-193）。

STEP 06　搭建头灯曲面。将头灯轮廓线缩放并向 –X 向移动 20mm，然后使用 Skin 工具在轮廓线外边界和缩放边界之间搭接曲面（见图 4-194）。

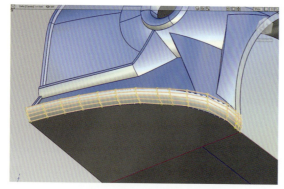

图 4-193　搭接曲面并调整饱满度

图 4-194　缩放移动曲线并搭接曲面

将边界继续缩放，然后沿 X 向往回移动 10mm，再使用 Skin 工具在两个边界之间搭接曲面并调整其鼓度，最后在最小的圆形边界上沿 X 向（拉伸角度为 0°）做翻边面（见图 4-195）。

（9）后保

STEP 01 搭建后保上段部分特征。提取行李舱盖边界曲线，使用 Symmetry Plane Align 工具将该曲线沿 XZ 平面对称并移动到设计图所示边界位置，得到曲线 3。提取翼子板边界曲线，将轴心点放置在端头，沿着 Z 轴进行旋转，得到曲线 2。在曲线 1 和曲线 2 之间搭接过渡曲线，注意调整曲线 1 和曲线 2 的 CV 使曲线接线处达到 G3 连续（见图 4-196）。

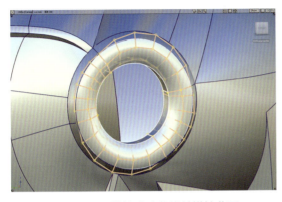
图 4-195　缩放移动曲线并搭接曲面

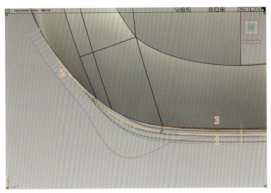
图 4-196　搭建曲线

在后视图下，将曲线 1 沿 Z 向移动 10mm，再沿 X 轴继续旋转曲线 1，使曲线之间的曲率梳顺畅（见图 4-197）。使用 Skin 工具将创建好的两条曲线进行搭接，并调整其鼓度（见图 4-198）。

图 4-197　调整曲线（一）

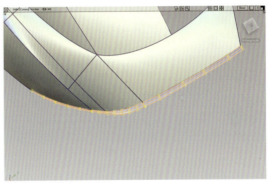
图 4-198　搭接曲面并调整其鼓度

复制前面调整好了的曲线，将曲线整组向 X 向移动 16mm，然后继续向 -Z 向移动 7mm（见图 4-199）。

提取翼子板边界曲线并将其延长，然后将复制移动过的曲线末端 CV 吸附到翼子板延长的边界上去，注意吸附时带动两个 CV（见图 4-200）。

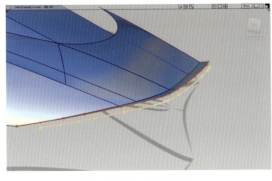
图 4-199　移动曲线

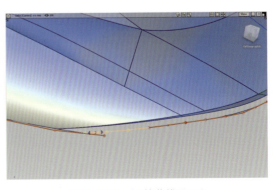
图 4-200　调整曲线（二）

在两组曲线之间继续搭接曲面（见图4-201）。

同样，继续复制曲线3并将其移动到设计图位置，然后复制旋转曲线4，通过中间搭接过渡曲线的方法得到两组新的曲线（见图4-202）。

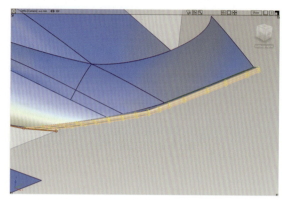

图4-201 搭接曲面

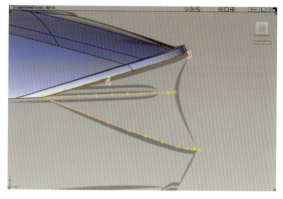

图4-202 移动调整曲线

在曲线之间搭接曲面并调整其鼓度和连续性（见图4-203）。

STEP 02 搭建后保中段部分特征。在左视图下，根据设计图绘制一条曲线，然后将曲线沿Y向拉伸得到一张平面（见图4-204）。

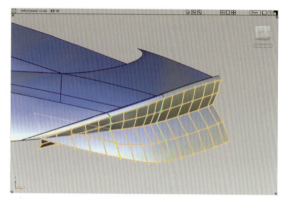

图4-203 搭接曲面并调整（一）

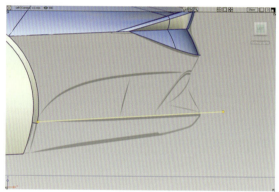

图4-204 拉伸得到平面

提取边界5和边界6，并将提取出来的曲线的CV移动到同一高度上（见图4-205）。

在俯视图下，将边界5和边界6投影到拉伸平面上并对其进行修剪（见图4-206），修剪边界即为下轮廓特征边界。

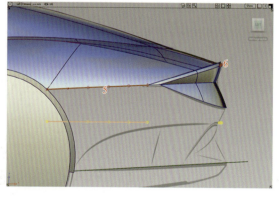

图4-205 调整曲线

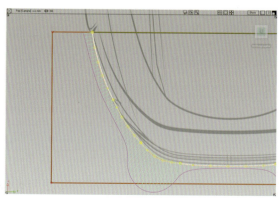

图4-206 绘线并将基础面修剪（一）

根据设计图位置,继续绘一条直线并拉伸出一个平面(见图 4-207)。
在俯视图下根据设计图继续调整线性,并将新拉伸的平面修剪(见图 4-208)。

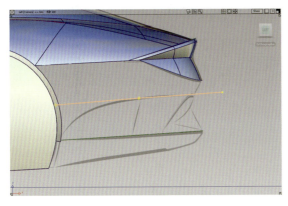
图 4-207 继续做基础面

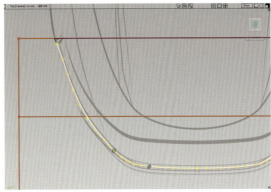
图 4-208 绘线并将基础面修剪(二)

在修剪边界和上边一圈边界之间搭接曲面,通过增加 CV 调整其鼓度和高光(见图 4-209)。

利用边界 7 拉伸得到曲面②,延长曲面①使两个曲面完全相交,然后通过调整曲面②的鼓度使两曲面之间的交线平顺(见图 4-210)。

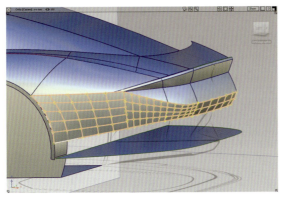
图 4-209 搭接曲面并调整(二)

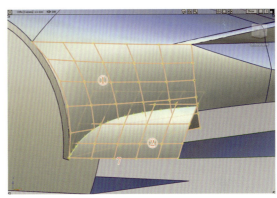
图 4-210 拉伸生成曲面并调整交线

利用修剪边界沿 Z 向(拉伸角度为 10°)拉伸出一圈长度为 2.5mm 的小翻边面(见图 4-211)。
提取小翻边面上边界,根据设计图位置进行移动和缩放(见图 4-212)。

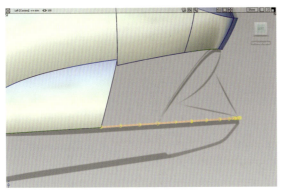
图 4-211 搭建小翻边面

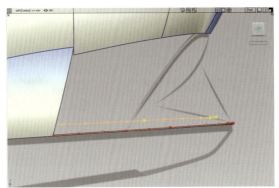
图 4-212 移动曲线

在两组边界之间搭接曲面(见图 4-213)。
用和上面一样的搭面方法继续往里搭接曲面(见图 4-214)。

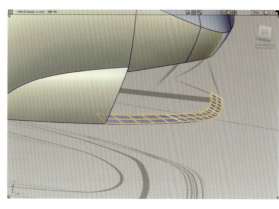
图4-213 搭接曲面（一）

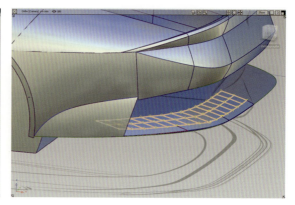
图4-214 搭接曲面（二）

在两边界之间搭接曲面并调整其鼓度（见图4-215）。

使用Tube Flange工具，在红色大面（见图4-216）距离边界5mm的地方，跟上边界之间搭接一个反凹曲面。

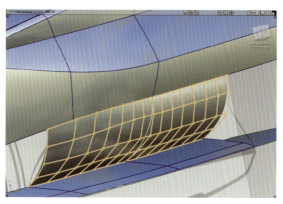
图4-215 搭接曲面并调整（三）

图4-216 搭接反凹曲面

从边界8沿Y向拉伸出一张平面将漏洞封住（见图4-217）。

根据设计图在左视图下勾绘一条曲线，然后使用Trim Surface工具对两个反凹面进行修剪（见图4-218）。

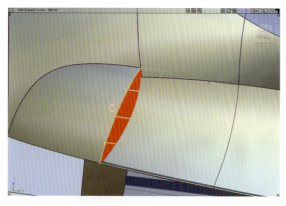
图4-217 拉伸出一张平面

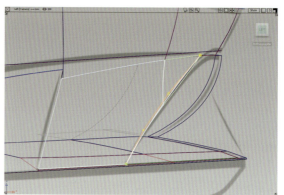
图4-218 修剪反凹面

提取修剪边界并将其移动调整（见图4-219）。

搭接曲面，并在曲面边界做拉伸曲面将漏洞封闭（见图4-220）。

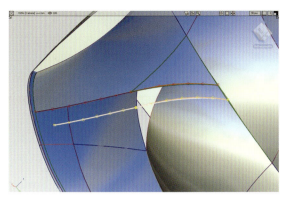
图 4-219　复制移动曲线

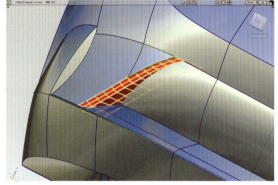
图 4-220　搭接曲面（三）

STEP 03　搭建后保下段部分特征。搭建后保下段部分特征的方法跟前保部分一样，即根据设计图从底面边界拉伸出一张平面（见图 4-221）。

复制上边界曲线，在俯视图下根据设计图进行移动和缩放，然后对拉伸出的平面进行修剪（见图 4-222）。

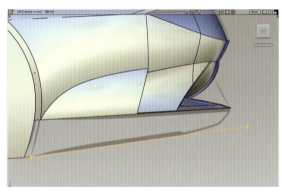
图 4-221　搭建平面

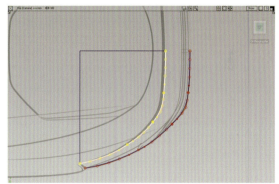
图 4-222　修剪平面

在修剪边界和上边界之间搭接曲面并调整其饱满度（见图 4-223）。

2　添加特征

概念车基础曲面整体造型搭建完成之后，再在造型基础面上搭建车子细节的造型特征，这样做出来的造型特征可以与我们的基础面相匹配。下面进行造型特征的添加。

STEP 01　添加前保部分特征（图 4-224 中红色区域部分为前保部分特征）。

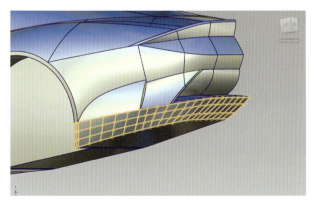
图 4-223　搭接曲面并调整其饱满度

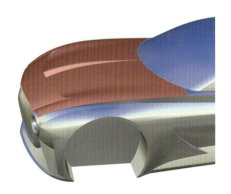
图 4-224　前保部分特征

提取发动机舱盖前边界曲线,并将边界曲线向 –Z 向移动(见图 4-225)。

复制一张发动机舱盖板的大面,并使用 Align 工具将大面前边界对齐到曲线上,对齐时带动 4 排 CV,得到曲面 1(见图 4-226)。

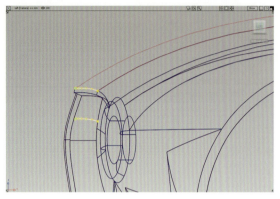

图 4-225 复制移动曲线　　　　　　　　　图 4-226 对齐边界

将发动机舱盖上曲面②的边界对齐到曲面①的边界上,对齐时带动 3 排 CV(见图 4-227)。

在曲面①和曲面②之间进行倒角,倒角大小为弦长 120mm(见图 4-228)。

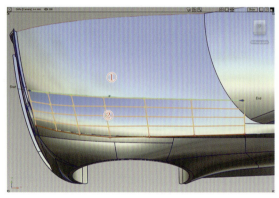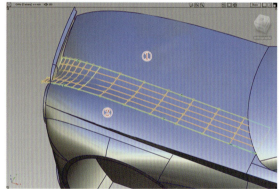

图 4-227 对齐曲面　　　　　　　　　　　图 4-228 曲面倒角

在曲面②上修剪得到曲面③,将曲面③的前端边界对齐到前照灯轮廓线上,对齐时带动 3 排 CV(见图 4-229)。

在发动机舱盖大面边界和曲面③边界之间搭接 C-P 曲面(见图 4-230)。

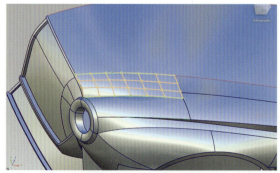

图 4-229 提取曲面　　　　　　　　　　　图 4-230 搭接 C-P 曲面

在俯视图下,根据设计图位置勾绘前发动机舱盖特征的轮廓曲线,并将轮廓曲线投影到发动机舱盖大面上,将发动机舱盖修剪(见图 4-231)。

利用修剪边界沿 –Z 向做翻边面,将翻边面跟新做的曲面相交,最后将多余部分修剪干净(见图 4-232)。

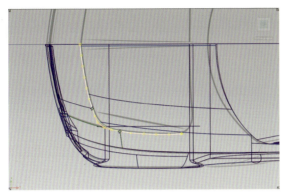
图 4-231 绘制曲线

图 4-232 拉伸曲面并修剪

STEP 02 构建前风窗玻璃面跟前发动机舱盖之间的台阶特征。前风窗玻璃面跟前发动机舱盖之间会有一个台阶,台阶的作用是用来布置刮水器和流水槽,台阶的大小是结合工程经验确定的,这里先把这个台阶做 5mm 高。

将前风窗玻璃面往车内偏移 5mm 距离,然后在前风窗玻璃周围一圈沿 –Z 向做翻边面,修剪干净即可得到台阶特征(见图 4-233)。

STEP 03 构建侧围部分特征(图 4-234 中红色区域部分为侧围部分特征)。

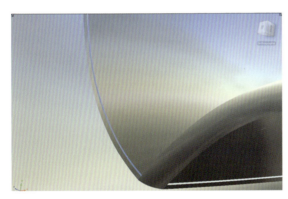
图 4-233 台阶特征

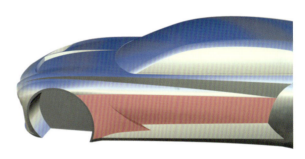
图 4-234 侧围部分特征

使用 Extend 工具将侧围大面(曲面④)边界收缩或延伸到曲面④、曲面⑤和曲面⑥三张曲面两两相交的地方(见图 4-235)。

提取曲面④的边界线,将提取的曲线轴心点放置在三面交点处,沿着 Z 轴旋转曲线(见图 4-236)。

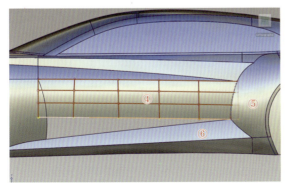
图 4-235 收缩曲面

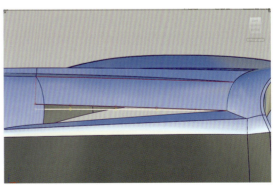
图 4-236 提取并旋转曲线

将曲面④的边界对齐到旋转的曲线上（见图 4-237）。

延伸曲面④，使其与侧护板大面相交，通过对曲面④拽点调整两曲面的交线，应保证交线顺滑（见图 4-238）。

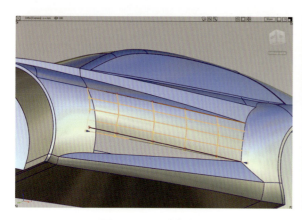
图 4-237 对齐边界

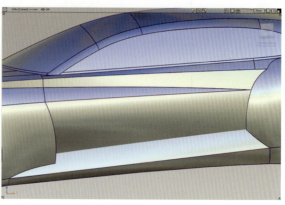
图 4-238 延伸曲面并调整交线

用曲面边界 1 和曲面边界 2 进行扫掠（见图 4-239）。

根据设计图绘制出特征线，将特征线投影到原来的侧围大面上将其修剪（见图 4-240）。

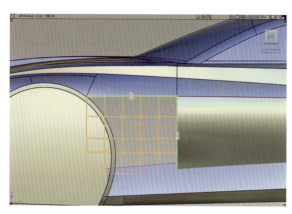
图 4-239 扫掠生成曲面

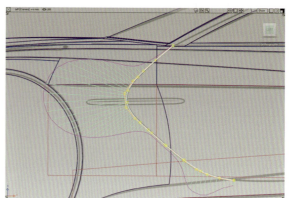
图 4-240 绘制特征线

从修剪边界沿 Y 向做翻边面，并跟周围大面相交，将多余部分剪干净（见图 4-241）。

STEP 04 构建 C 柱部分特征（图 4-242 中红色区域部分为 C 柱部分特征）。

图 4-241 做翻边面并修剪

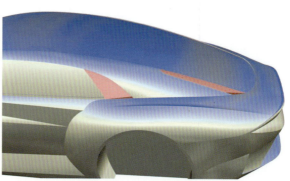
图 4-242 C 柱部分特征

先将侧窗玻璃面向车外方向外偏移 5mm 距离（见图 4-243）。在左视图下根据设计图勾绘出侧窗玻璃边界线，将侧窗玻璃边界线投影到偏移曲面上并将其修剪，提取修剪边界。

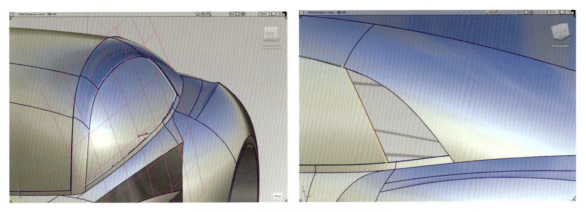

图 4-243　修剪曲面并提取修剪边界

再在 C 柱大面上提取一条距离边界 5mm 的曲线，然后在两条提取的曲线之间搭接曲面并调整其鼓度（见图 4-244）。

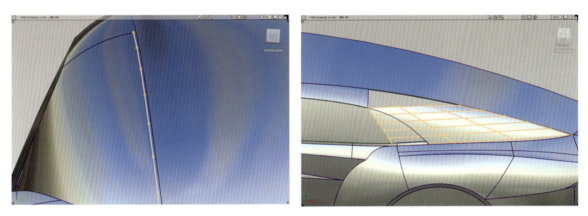

图 4-244　搭接曲面并调整其鼓度

在侧窗玻璃尾部的特征边界上做 Y 向翻边面，将翻边面与周围大面相交，将所有曲面修剪干净（见图 4-245）。在俯视图下根据设计图勾绘特征曲线，特征曲线投影在 C 柱大面上并将曲面修剪（见图 4-246）。

 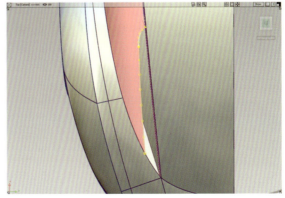

图 4-245　做翻边面　　　　　　　　　　　　图 4-246　绘制曲线并修剪曲面

在修剪边界上做翻边面，将翻边面跟周围大面相交，将所有曲面修剪干净（见图 4-247）。

STEP 05　构建尾部反射器特征（图 4-248 中红色区域部分为尾部反射器特征）。

 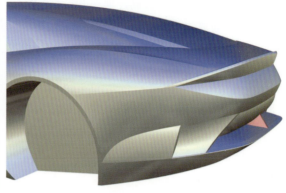

图 4-247 做翻边面　　　　图 4-248 尾部反射器特征

根据设计图所示尾部反射器位置勾绘两条 XZ 平面对称的曲线，在两条曲线间搭接曲面并调整其鼓度，之后再在其边界做一张翻边面即可（见图 4-249）。

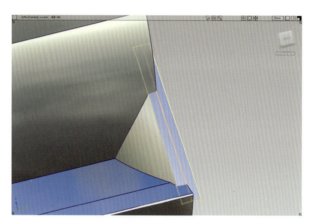

图 4-249　搭接曲面并在边界做翻边面

3　过渡曲面

把数据的大面特征都确定之后，就要开始对数据进行过渡曲面的制作了。所有的硬交大面之间都需要过渡曲面来衔接，一般的倒角思路是从大到小，即较大的特征角先做，比较小的圆角最后做。

（1）梳理过渡曲面　首先梳理一下数据，按照需要倒角的大小分析出倒角的顺序，稍微大一点的倒角或者特征变化大一点的过渡曲面都可以优先完成（见红色线标注区域）。大的过渡曲面完成之后，再把稍微小一些的过渡曲面完成（见绿色线标注区域），如图 4-250 所示。

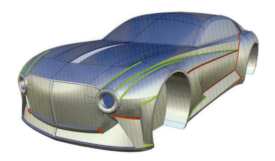 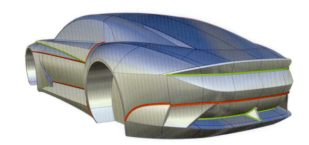

图 4-250　过渡曲面区域

（2）构建过渡曲面　梳理出来优先做的过渡曲面之后，再对优先做的过渡曲面进行顺序梳理（见图 4-251）。

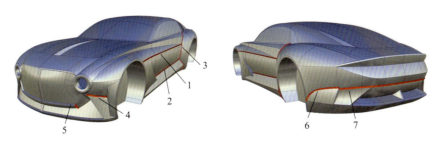

图 4-251 梳理优先做的过渡曲面

根据安排好的优先级顺序,开始完成过渡曲面。

STEP 01 对 1 号过渡曲面进行倒角。在工具箱选择 Surface Fillet 工具,在其控制窗口中设置 Chordal Length 的值为 150,其他选项设置如图 4-252 所示。根据参考参数完成倒角。

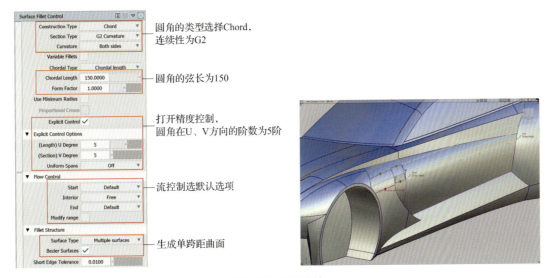

图 4-252 进行倒角

两个曲面之间有间隙的话,倒角工具直接倒出来的角边界会不连续,需要我们自己重新修剪。可以使用 New CV Curve 工具先画一条比较顺的线,然后使用 Project 工具和 Trim Convert 工具对边界不好的过渡曲面进行修整。过渡曲面修整完成的效果如图 4-253 所示。

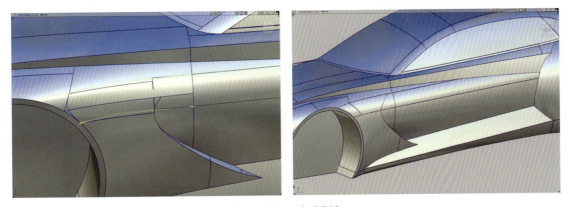

图 4-253 完成倒角

STEP 02 对 2 号过渡曲面进行倒角。选择 Surface Fillet 工具,在其控制窗口中设置 Chordal Length 的值为 170,其他设置同上,将过渡曲面边界修剪整齐即可(见图 4-254)。

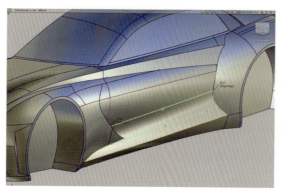
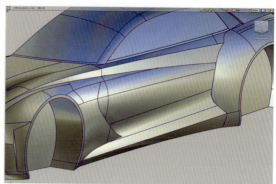

图 4-254　修剪倒角

STEP 03　对 3 号过渡曲面进行倒角。3 号过渡曲面较为复杂，其圆角两边基础大面比较多，我们可以从最下面开始往上面分段完成过渡曲面。最下面的过渡曲面可以直接用 Surfaces Fillet 工具进行倒角（圆角的弦长设置为 300）（见图 4-255）。

再往上面的三个过渡曲面，一般可以直接用 Surface Fillet 工具一起进行倒角（特殊情况下倒角比较大），一起倒角出来的边界形状不好的话可以先用 Surface Fillet 工具做成三个过渡曲面相交的状态，粉色过渡曲面的弦长设置为 180，绿色过渡曲面的弦长设置为 250（见图 4-256）。

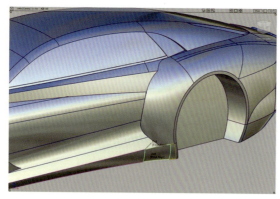
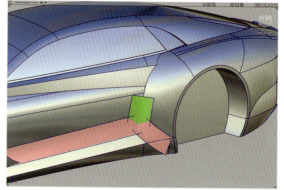

图 4-255　进行倒角（一）　　　　　　　　　图 4-256　进行倒角（二）

下面需要将已经做出来的四个过渡曲面的边界修剪对齐。可以使用 Duplicate Curve 工具将现有过渡曲面的边界复制出来并调整到合适位置后，再使用 Project 工具和 Trim Convert 工具来将四个倒角面修剪整齐（见图 4-257）。

三个过渡曲面相交的地方可以使用 Ball Corner 工具来完成倒角，相关参数的设置如图 4-258 所示。

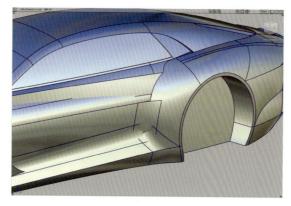
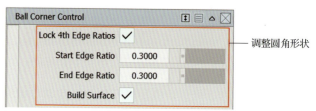

图 4-257　修剪倒角　　　　　　　　　　　图 4-258　Ball Corner 工具的参数设置

此工具可以为三个相交的过渡曲面再新建过渡曲面，但需要先单击三个过渡曲面和一个与其相连的基础大面。选择该工具并设置好参数后，先单击粉色曲面，再单击绿色曲面、黄色曲面，然后单击窗口右下角Go图标或按空格键确认，再单击白色基础大面，最后单击窗口右下角Go图标后就会生成蓝色曲面。过渡曲面生成之后，先检查曲面的质量和周围连续性，然后再修剪干净（见图4-259）。

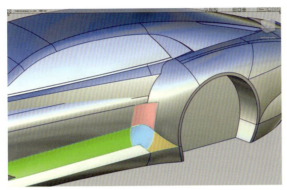 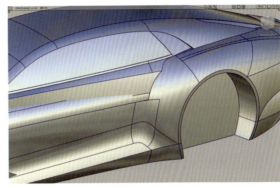

图4-259　修剪曲面

再往上的两个过渡曲面可以参考之前使用的工具。先用倒角工具做出过渡曲面，若过渡曲面边界不好可用复制边界线或者新建边界线的方法来修剪过渡曲面边界，再用投影、修剪等工具修剪过渡曲面。这段过渡曲面中间未连接部分可以先空出来，留待后面修剪。该部分过渡曲面完成的效果如图4-260所示。

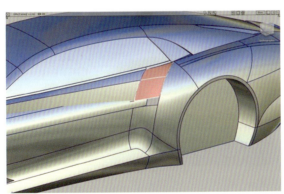 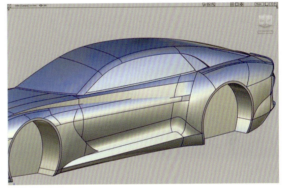

图4-260　完成曲面修剪

STEP 04　对4号过渡曲面进行倒角。选择Surface Fillet工具，在其控制窗口中勾选"Variable Fillets"选项，制作变圆角，将变圆角的最小端数值调成37，最大端数值调成115（见图4-261）。

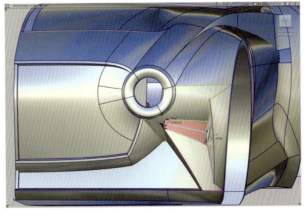

图4-261　制作变圆角

使用倒角工具直接生成的过渡曲面边界与周边不匹配时则需要修整。可以通过 Extend 工具延长倒角边，再通过 Duplicate Curve 工具复制旁边的边界线，然后将过渡曲面修剪整齐。变圆角最后的完成效果如图 4-262 所示。

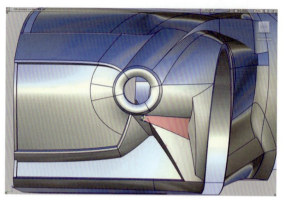 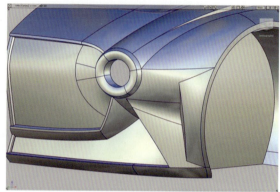

图 4-262　变圆角最后的完成效果

STEP 05　对 5 号过渡曲面进行倒角。5 号过渡曲面比较复杂，包含了一个特征形状需要修改，需要将红色曲面修改成绿色曲面（见图 4-263）。

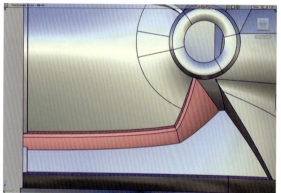 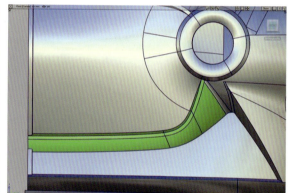

图 4-263　倒角完成曲面

可以先通过 Surface Fillet 工具，将两边大面做成等弦长（弦长为 130）的过渡曲面，再通过 Duplicate Curve 工具复制所在边界线。

先在前视图下通过上、下、左、右移动 CV 将复制出来的两圈边界线的曲率梳调整顺畅，两圈边界线之间的距离需要保持等宽，再使用 Freeform Blend 工具通过两圈调整好的边界线新生成一圈小面（见图 4-264）。

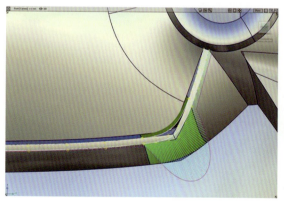 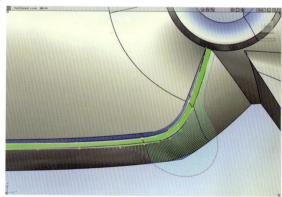

图 4-264　调整曲率梳

新生成一圈小面后,跟它相连的上下两圈大面也需要重新匹配过来,将大面边界修剪整齐后即完成(见图 4-265)。

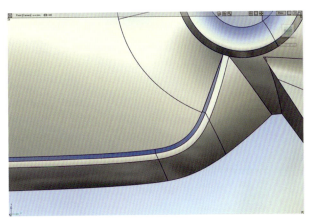

图 4-265　完成倒角

STEP 06　对 6 号过渡曲面进行倒角。选择 Surface Fillet 工具先做出过渡曲面,边界多出来的部分通过修剪留出一个四边区域,再使用 Square 工具生成新的过渡曲面,最后检查调整连续性即可(见图 4-266)。

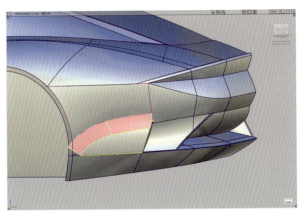 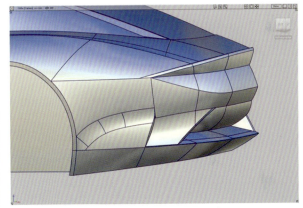

图 4-266　修剪调整

STEP 07　对 7 号过渡曲面进行倒角。该处需要做的过渡曲面弦长比较大,所以需要先将两边的修剪大面还原出来,再使用 Surface Fillet 工具做过渡曲面,过渡曲面设置为弦长从 140 向 100 变化的渐变圆角(见图 4-267)。

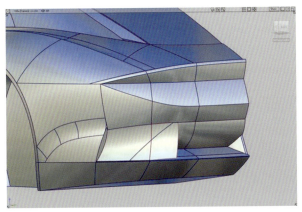 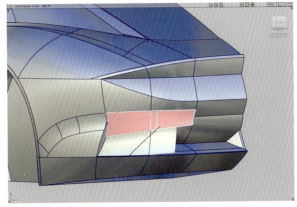

图 4-267　进行倒角

过渡曲面生成后需要调整与周边的连续性，然后使用修剪相关命令将多余部分修剪干净即可（见图4-268）。

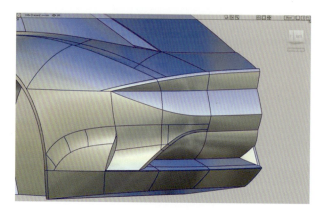

图4-268　完成倒角

（3）特征上的过渡曲面　将一些大的过渡曲面做完之后，稍微小一点的特征也需要整理和梳理，即图4-269中用绿色示意的部分。

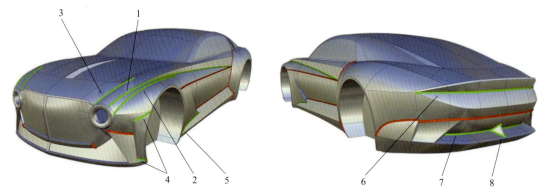

图4-269　小倒角曲面

STEP 01　对1号过渡曲面进行倒角。1号过渡曲面是比较复杂的，应分段进行。中间段比较正常，可以直接使用Surface Fillet工具完成（圆角的弦长设置为90，连续性选择G2）。前半段由于特征变小，所以过渡曲面也会变小，我们可以先用倒角工具做出弦长为27的过渡曲面，再修改其边界使其与中间段过渡曲面衔接顺畅（见图4-270）。

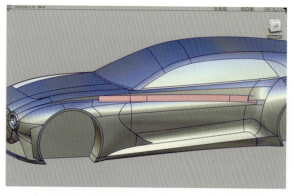
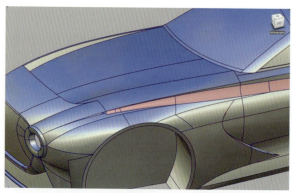

图4-270　进行倒角

再往前需要通过画线、投影找出过渡曲面边界，再使用Square工具，新建过渡曲面并修剪边界使其连续性顺畅（见图4-271）。

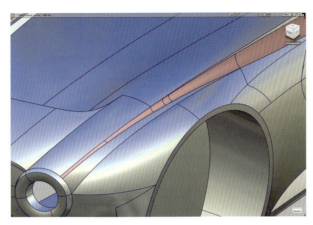

图 4-271 完成倒角

后半段的过渡曲面由于跨过多个基础大面,所以需要通过画线修剪边界,再根据新的边界重新构建过渡曲面(见图 4-272)。

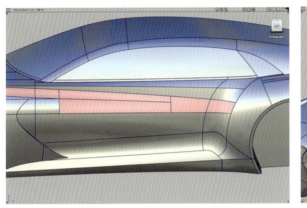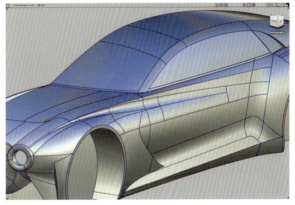

图 4-272 完成修剪

STEP 02 对 2 号过渡曲面进行倒角。这个可以用倒角工具直接做出来(弦长设置为 48,连续性选择 G2),但最前端需要重新修剪,再使用 Square 工具补一个过渡曲面,后端也需要修剪干净,最后再检查修改连续性(见图 4-273)。

STEP 03 对 3 号过渡曲面进行倒角。该处造型为变圆角(前端最小弦长设为 27,后端最大弦长设为 80,连续性选择 G2),过渡曲面构建完成后其后端需要修剪整齐(见图 4-274)。

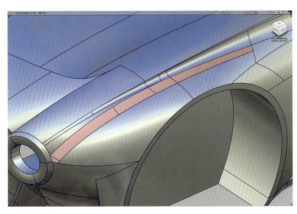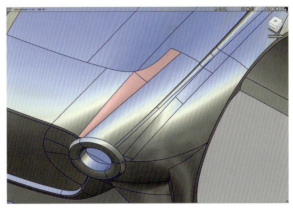

图 4-273 进行倒角并修剪　　　　　　　　　　图 4-274 进行倒角并修剪

STEP 04 对 4 号过渡曲面进行倒角。可以直接用倒角工具完成倒角，但是尾端需要重新修剪，再使用 Square 工具补一个过渡曲面。倒角参数设置如下：上面过渡曲面的圆角弦长设置为 85，连续性选择 G2；下面过渡曲面的圆角弦长设置为 40，连续性选择 G2（见图 4-275）。

STEP 05 对 5 号过渡曲面进行倒角。该处的圆角弦长设置为 100，连续性选择 G2，新建过渡曲面，但其两端需要重新修剪，并将边界匹配顺畅（见图 4-276）。

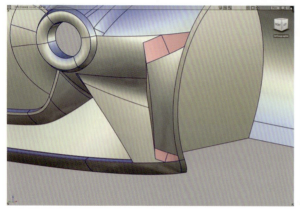 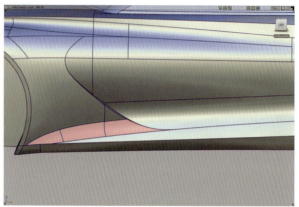

图 4-275　进行倒角并修剪　　　　　　　　　图 4-276　进行倒角并修剪

STEP 06 对 6 号过渡曲面进行倒角。该处的圆角弦长设置为 5，连续性选择 G2，新建过渡曲面，但其两端需要修剪整齐并补一个小面（见图 4-277）。

STEP 07 对 7 号过渡曲面进行倒角。该处的圆角弦长设置为 35，连续性选择 G2，新建过渡曲面，两端修剪整齐即可（见图 4-278）。

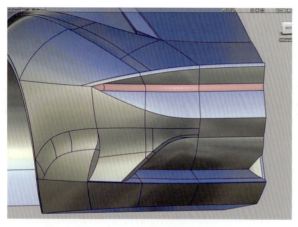 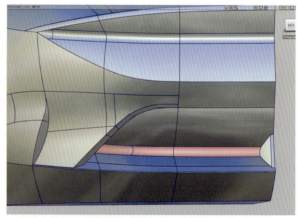

图 4-277　进行倒角并修剪　　　　　　　　　图 4-278　进行倒角并修剪

STEP 08 对 8 号过渡曲面进行倒角。先将比较大的四个过渡曲面直接用倒角工具完成（圆角的弦长设置为 50，连续性选择 G2），再使用 Freeform Blend 工具在三个过渡曲面相交处新建过渡曲面，并修剪边界使其整洁干净，最后再检查连续性（见图 4-279）。

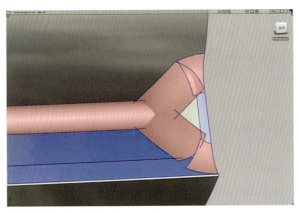 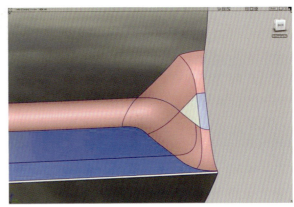

图 4-279　修剪倒角

最终整理数据，过渡曲面完成（见图 4-280）。

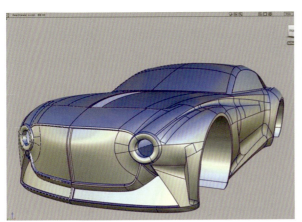 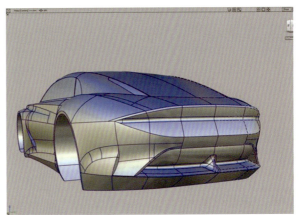

图 4-280　倒角的完成效果

4　分件倒角

（1）DTS　汽车内外饰由成千上万的零部件构成，零部件配合度和完整度是体现产品装配质量及设计质量的关键，精致的匹配关系除了需要制造装配工艺控制之外，还需要设计环节控制。设计阶段需要考虑使零部件之间的搭接精密、合理、均匀变化，以保证成品零部件的视觉间隙和面差合理。零部件搭接关系主要通过 DTS（尺寸技术规范）来控制（见图 4-281）。

DTS 是 Dimensional Technical Specifications 的缩写，是指车身各零部件之间间隙、面差的设计标准，包括由间隙、面差衍生的外观尺寸匹配控制要素，如平行度、对称度、对齐度、圆角控制及感知质量指数等。

DTS 要素为间隙 G、断差 F、平行度 P、对称度 S、对齐度 A、圆角 R、敏感度 Sev。

间隙 G：通过视觉能够看到的两个具有装配关

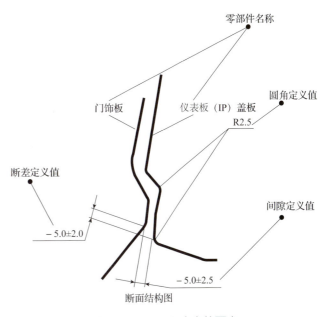

图 4-281　DTS 定义的要素

系的零部件之间形成的缝隙，此缝隙影响外观质量和性能要求。

断差 F：通过视觉能够看到的两个具有装配关系的零部件之间形成的高度偏差，此高差影响外观质量和性能要求。

平行度 P：相互匹配的零部件形成缝隙或者断差，其最大值与最小值的差值称为平行度。

对称度 S：相互匹配的零部件形成缝隙或者断差，左右之间间隙、断差值的差异程度称为对称度。

对齐度 A：具有装配关系的零部件的两端或造型棱线（腰线）的一致性。

圆角 R：为保证整车外观棱角分明以及相应外观视觉间隙而制定的整车外观 R 角技术标准。R 角的大小在一定程度上会影响视觉间隙效果。

敏感度 Sev：视觉敏感度的研究是为了保证敏感度高的区域能够获得更好的视觉表现，或者降低不利于工程、制造控制的区域的敏感度，从而降低工艺难度、节约成本。

除了零部件搭接的间隙、面差控制，还需要注意零部件之间的遮挡关系。通过零部件之间的上下遮挡和前后遮挡，可以避免内部结构和缺陷外露；还可以通过设计和遮挡关系，避免空洞、老鼠洞、分模线外露等感知质量问题。这些都需要在曲面设计阶段优化和考量，否则会导致产品品质下降。

（2）分件　当数据基础大面、特征、倒角都完成之后，就可以开始分件了。分件一般根据特征、材质或者功能进行，将部件分为活动件和固定件。活动件是指相互之间有固定间隙，可以单独移动的部件。固定件是指相互之间没有间隙，功能上不需要移动的部件。

分件也同样需要梳理顺序。我们可以根据部件的大小，先把比较大的特征分件做出来，比如车身和门板之间的分件，前发动机舱盖和车身之间的分件，行李舱盖和车身的分件，前、后保险杠和车身的分件，顶盖的分件等。大的分件完成之后，再参考材质和特征将其他小的分件完成。

分件步骤如下：

一般分件会有设计师和工程师根据功能定出分件线的位置。我们需要在固定视角用 New CV Curve 工具先画好分件线，再使用 Project 工具将分件线投影到数据上，并用 Trim Convert 工具将数据分成两个单独的件。如果是有间隙的两个件，我们还需要使用 Tubular Offset 工具在面上切出两个件之间需要留出的间隙。

车身和门板分件需要先在左视图下画出分件线并投影到车身上（见图 4-282），再使用圆管工具在车身切出 2mm 的间隙，并将车身修剪成车身和门板两部分（见图 4-283）。

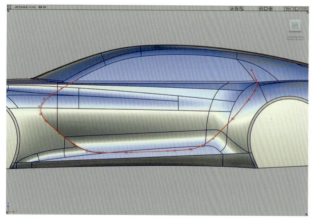
图 4-282　绘制曲线并投影到曲面上

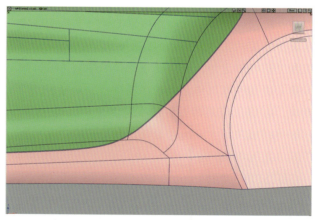
图 4-283　分件完成

（3）倒角　分件线完成之后就要开始为分件倒角了。因为每个件需要完整存在，所以他的分件边界也需要完整存在。分件倒角有三种方法。

1）第一种方法是使用 Multi-Surface Draft 工具。先将修剪完成的边界做出一段翻边（翻边长度设置为 5mm）（见图 4-284），再使用倒角工具完成倒角（圆角的弦长设置为 3.5，连续性选择 G1）（见图 4-285）。

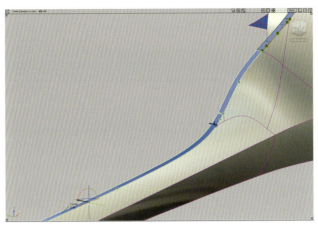 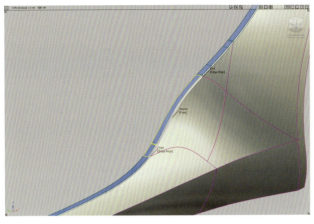

图 4-284　修剪边界做出翻边　　　　　　　　图 4-285　进行倒角

2）第二种方法是使用 Tube Flange 工具。此工具不需要提前翻边，只需要找到分件边界就可以将翻边和倒角一起完成（见图 4-286）。

3）第三种方法是使用 Panel Gap 工具。此工具不需要提前切出两个件之间的间隙和翻边，只需要做出两个件之间的分件线，便可以根据分件线将两边的分件倒角一起完成（具体参数根据需要进行设置）（见图 4-287）。

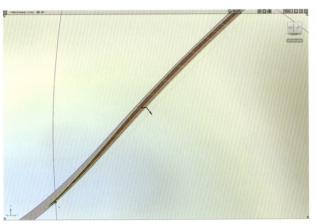 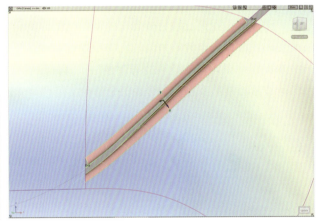

图 4-286　做出翻边和圆角　　　　　　图 4-287　使用 Panel Gap 工具进行分件倒角

分件倒角制作完成后，再制作轮毂、格栅、车灯等附件，完成整体数据（见图 4-288）。

图 4-288　分件完成效果

4.3 数据整理与输出

在三维曲面数据构建的过程中，应对数据进行有效的管理，Alias 中提供了多种管理数据的方式。管理数据不但能提高工作的效率，还能为后期的工作提供便利。另外，数据的检查工作也是非常重要的环节。数据完成并不意味着项目结束，造型设计只是汽车开发流程中的一个环节，接下来还要与工程配合继续完善数据。所以，数据的输出也要符合项目的需求。

4.3.1 管理数据

1 群组

由于汽车内外饰曲面数据模型非常庞大，为了便于管理数据，在模型构建开始就应该有良好的数据管理习惯，其中群组是最基本的操作方式之一。所谓群组，就是将拾取的多个对象组合为单个对象，使其同时能够拾取和变换所有组件。

（1）Group 命令 在菜单栏选择 Edit>Group 中可以打开 Group 命令。Group 命令的选项相对简单，一般使用默认设置即可。

上一节中，我们已经将概念车外饰模型创建完成，并对其进行了分件处理，使不同的分件具有不同的材质类型。下面以汽车轮毂为例，说明 Group 命令的应用。

本案例中概念车的轮毂为五辐造型设计，由各个不同的部件构成，而且每个部件都有不同的材质类型。我们可以根据材质类型将它分为五个部分（见图 4-289）。

图 4-289　轮毂的组成部分

组合群组的过程相对简单，但需要仔细和有耐心，并尽量避免出错。使用 Object 工具选择需要组成群组的曲面对象，再使用 Group 命令即可完成群组组合。为便于查看，组合群组完成后可以对其进行命名（注意，此处不支持中文输入），完成后可在 Object Lister（对象列表）中查看物体对象的层级关系（见图 4-290）。

 对于构建平面和画布平面不能进行群组组合。组成群组的物体必须使用 Object 工具进行选择。组成群组的对象所在的图层必须把虚拟对称状态关闭。当群组组合成功后，所选部件的 Point 变为一个。

（2）Ungroup 命令 如果需要将群组对象进行解组，可以使用

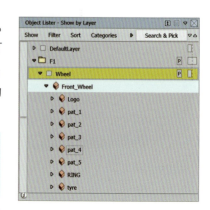

图 4-290　群组层级列表

Ungroup 命令将群组中的各个组件分成可单独拾取的对象（一般使用默认选项即可）。

对部件进行解组操作时，所选部件图层不能为虚拟对称状态，使用 Object 工具选择需要解组的对象进行解组。解组成功后则所选曲面全部变为未选中状态，可再次使用 Group 命令对所有曲面进行群组组合。

2 分层

分层管理数据可以将不同的零部件分配到不同的层级，在菜单栏有专设的层级菜单（见图 4-291）。

图 4-291 layers 菜单

（1）层级工具 在 Layer bar 层级上，使用鼠标右键单击所选图层，会出现图层的快捷菜单（见图 4-292）。单击图层后面方框选项，可以打开色彩控制面板，修改层级颜色，同时对应层级里的物体也会改变为同样色彩。用鼠标双击图层框进入输入状态，可以对图层名称进行更改（注意，此处不支持中文输入）。

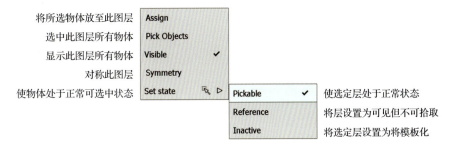

图 4-292 快捷菜单

（2）层级工具使用详解

1）显示层条。如果在工作视图窗口上方没有显示层条，则在菜单栏中选择 Layers>Toggle Layer Bar 打开层条显示。

2）创建图层。在菜单栏中选择 Layers>New 创建新图层，新图层会在层条上显示。双击图层进入输入模式，可以对图层进行命名，此处输入 Grilles。

3）选择格栅数据。格栅分为上格栅和下格栅，应同时对上下格栅按照分件的材质类型进行群组组合。

4）镜像数据。格栅为对称图形，所以构建时只需制作一半，然后使用鼠标右键单击图层打开下拉菜单，勾选 Symmetry 选项打开虚拟镜像，其另一半数据就会以虚线线框形式显示。

 选择 Layers>Symmetry>Set Plane 可以更改镜像对称的平面（见图 4-293）。

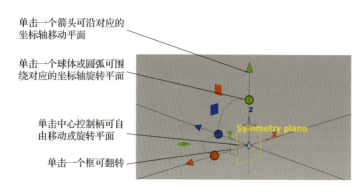

图 4-293 平面操纵器的使用

5）更改镜像数据。如果数据造型冻结（即不需要再进行修改），选择 Layers>Symmetry>Create Geometry 可以将虚拟镜像的数据转换为真实对象。

6）Object Lister 查看。在菜单栏中选择 Windows>Object Lister，可以打开 Object Lister 进行查看。

3　Object Lister

在前面的操作中，我们使用了 Object Lister 查看数据，Object Lister 提供了场景中各组件的结构化视图。在菜单栏中选择 Windows>Object Lister 右侧的方块图标即可打开 Object Lister 的窗口选项（见图 4-294），再单击 Go 按钮即可进入 Object Lister 窗口（见图 4-295）。

图 4-294　Object Lister 的窗口选项　　　图 4-295　Object Lister 窗口

在使用 Object Lister 时，按住 <Shift> 键分别单击第一个和最后一个图层文件夹，可以同时选中多个图层文件夹，并可同时对选中的文件夹进行操作处理。

若勾选了图 4-294 中的 Embedded 选项，则单击 Object Lister 窗口右侧附近位置即可进行收放。在 Object Lister 中，我们可以清楚地看到所有的部件图层，以及是否有部件缺失。使用鼠标右键单击 Object Lister 中的图层位置，也可以进行操作。

4.3.2　数据检查

数据检查是数据输出前特别重要的环节，包括模型完整性检查、模型曲面质量检查、连续性检查、群组检查以及曲面法向检查等内容。检查时可以使用诸如 Check Model、诊断着色等工具进行快速评估。

1 Check Modle 工具

Check Model 工具是模型数据完成后常用的数据检查工具，是一个自动化检测工具（见图 4-296）。该工具可以对曲面连续性、重面等内容进行自动化检测。

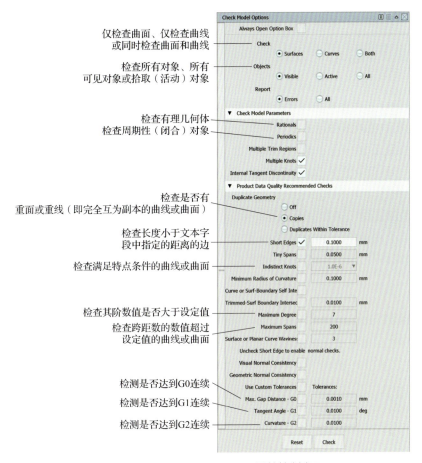

图 4-296　Check Modle 工具的控制窗口

下面以宾利门板数据为例。选择门板数据，然后使用 Check Modle 工具来检查门板数据的连续性、有无重面等。在使用检查命令后，会出现一个检查结果窗口（见图 4-297），可根据检测出的问题列表进行修改。

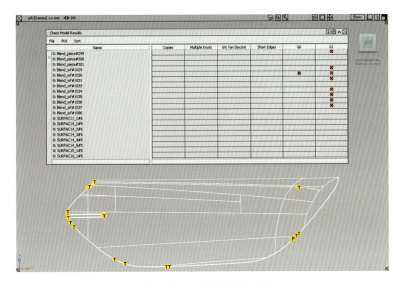

图 4-297　检查结果窗口

2 CV 排布

在对曲面进行检查时，要特别注意曲面 CV 的排布，CV 排布是否合理直接决定了曲面的质量。尽可能使用较少的 CV 完成曲线、曲面的造型，且 CV 应排布均匀、变换有规律，尽量使用单跨距的曲面。

3 曲率检查

曲率是显示曲线或曲面的曲率梳或半径梳的标注，可以更加直观地反映曲线或曲面的变化规律。

（1）**曲线曲率检测工具** 曲率是对曲线弯曲程度的度量，可以在工具箱中选择 Curve Curvature 工具来检测曲线的曲率。

（2）**曲面曲率检测工具** 在控制面板窗口中，Curvature 可以检测曲面的曲率，UV 代表了曲面的两个方向。曲面检测同样可以对检测工具进行输入，单击控制面板窗口中的 Curva 选项，可以打开工具选项窗口（见图 4-298）。

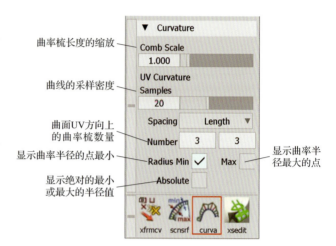

图 4-298 工具选项窗口

4 Iso Angle 与 Horizontal/Vertical（Zebra）诊断材质球

Iso Angle 高光是等角度高光，转动视图时曲面上的参考线没有变化，所以通俗地称为"固定斑马"，可以帮助查找曲面瑕疵。通过光源操纵器，可以将光束扫掠过曲面来查找瑕疵。Iso Angle 的选项如图 4-299 所示。

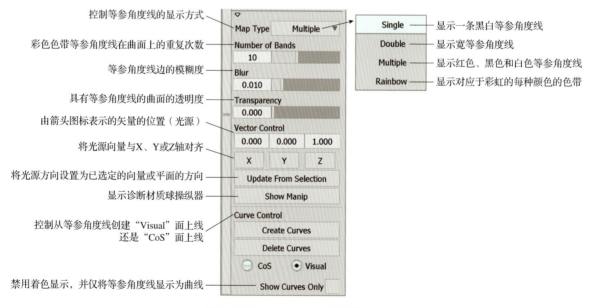

图 4-299 Iso Angle 的选项

先选择要检测的部件或整车数据，再选择 Iso Angle 就可以对曲面质量进行检测：可以查看反射光不能平稳前进的位置，反射中的跳跃表示曲面中或其与另一曲面的边界处存在瑕疵（见图 4-300）。

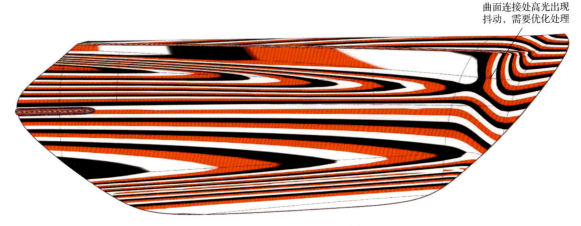

图 4-300　Iso Angle 诊断

Horizontal/Vertical 高光可以查找曲面瑕疵，因其为黑白间隔显示，所以也称为"斑马"。此高光常用于标识具有不匹配切线的相邻曲面（即不能平滑衔接的曲面），可通过使用颜色纹理模拟自然高光反射出一个球形环境，在其上映射有黑白（或彩虹）条纹。这种方式可根据光线接触曲面的角度（介于 ±90°之间），将色彩图案映射到曲面上，转动视图时反射会在模型上移动，并且可以定位在要分析曲面的位置。Horizontal / Vertical 的选项图 4-301 所示。

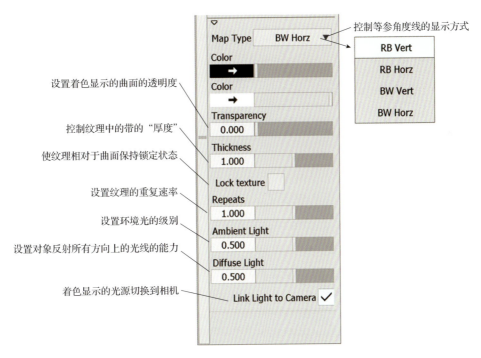

图 4-301　Horizontal/Vertical 的选项

先选择要检测的部件或整车数据，再选择 Horizontal/Vertical 就可以对曲面质量进行检测：将多个黑白高光扫掠过曲面，可以查看高光不能平稳前进的位置，高光走向中的跳跃表示曲面中或其与另一曲面的边界处存在瑕疵（见图 4-302）。

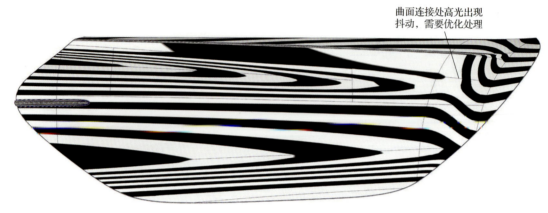

图 4-302　Horizontal/Vertical 诊断

5　Curvature Evaluation 诊断材质球

Curvature Evaluation 诊断材质球可对选定曲面的曲率进行颜色编码。此模式包括九种查看曲率的方法,可以查看曲率发生突变或细微变化的位置,也可以查看潜在瑕疵。Curvature Evaluation 的图 4-303 所示。

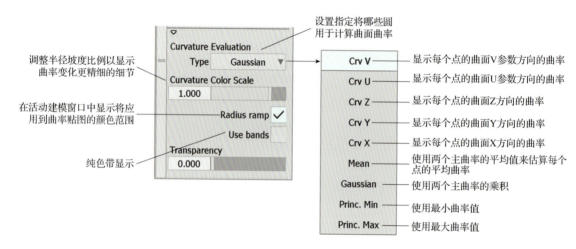

图 4-303　Curvature Evaluation 的选项

计算点的曲率时 Mean 和 Gaussian 方式较为常用。选择 Curvature Evaluation 就可以对曲面质量进行检测:它使用各种颜色代表曲面不同位置的 R 值的大小,我们通过观察颜色的变化从而去检测曲面的质量。图 4-304 所示为使用 Mean 方式检测曲面质量。

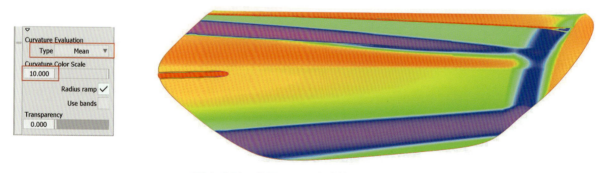

图 4-304　使用 Mean 方式检测曲面质量

4.3.3 数据存储与输出

在数据制作过程中需要随时保存，以防出现数据丢失的情况。数据检查完成后，没有什么问题就可以存储或输出为下游软件支持的格式继续完成项目。一般来说，曲面数据可以输出到专业渲染软件（如VRED）进行渲染展示工作，或者也可以存储为工程软件支持的格式进行工程阶段设计（见图4-305）。数据不仅可以导出为常用的工程文件，如Inventor、Creo、CATIA、NX等使用的文件，还可以导出为Illustrator、Jpeg等格式文件。

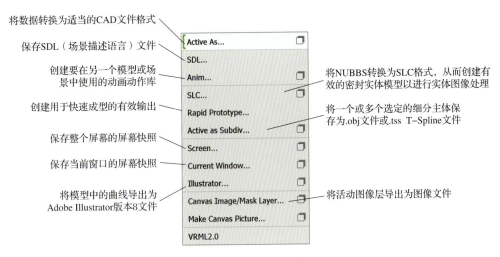

图4-305　Export选项

1　导出窗口图片

调整到合适的窗口视角，在菜单栏中选择 File>Export>Current Window 导出当前窗口图片。可以选择图片导出的格式，其中 Tiff With Alpha 表示导出为带 Alpha 通道（即无背景）的图片。勾选 Enable Anti-Alias 选项，即打开输出图像抗锯齿功能，图像将具有更平滑的线条（见图4-306）。

图4-306　导出当前窗口图片选项

2 导出数据

在项目协作配合过程中,经常需要传输单个部件文件,例如在需要修改宾利顶盖数据时,只需要选择该文件进行单独导出,具体的操作是:选中所需导出的部件,在菜单栏中选择 File>Export>Active As,在 Save Active Options 对话框中选择相关设置选项(见图 4-307)。

图 4-307 导出数据对话框

 提示　在数据存储和输出时,文件名需要以英文或数字存储,不支持中文输入。

第 5 章

锦上添花——
参数化设计

本章重点

- 参数化设计简介
- 汽车造型设计中的参数化设计
- Dynamo 介绍
- 可视化编程
- 参数化格栅设计案例

导　读 ///////

参数化设计最先应用于建筑设计，随后逐步引入到汽车造型设计中。Alias 在 2019 版本中导入了 Dynamo 模块，让软件使用扩展到新的高度。在本章中，首先介绍什么是参数化设计，然后介绍 Dynamo 的界面和基础操作，最后通过典型的案例来加深读者对参数化设计的理解和熟悉 Dynamo 模块的应用。

5.1 参数化设计简介

2016 年 3 月，宝马发布 BMW VISION NEXT 100 概念车，它代表了宝马未来的设计方向。这款车在车身上应用了大量的参数化设计：仪表盘上可翻动的小三角，是车辆与驾驶者沟通的媒介，可以根据路况、环境，以波动、频闪等信号传递情绪，使驾驶者反应更迅速；覆盖于轮拱上的如同鱼鳞片的设计，是宝马对未来汽车的展望，当车辆转向时，犹如鱼鳞片的弹性钣件会随车轮伸缩摆动，始终将车轮包覆在内，使车身更具流线性，风阻更低（见图 5-1）。

图 5-1 参数化设计的应用——宝马概念车

5.1.1 什么是参数化设计

参数化一词来源于数学中的参数方程，是指使用某些可以编辑的参数更改系统最终结果。简单来说，参数化设计就是由参数驱动的设计。参数化设计可以从常规设计（如图形或模型）开始，然后将设计尺寸转换为参数，使它们可变，再通过更改参数来实现设计。

参数化模型设计的核心是"参数驱动，逻辑建模"，就是利用物体自身的逻辑性建立这个物体。比如点沿某一方向运动形成线，这句话本身有一个逻辑在里面，即一个空间位置确定的坐标点（参数），沿一个方向运动（关系），形成一条线（模型）。

逻辑建模就是把建模过程中的参数、关系、模型 3 个因素分解开来，使参数与关系都可以随时改变，从而形成新的模型，例如当坐标点发生位移时，线的长度、位置也随之改变（见图 5-2）。

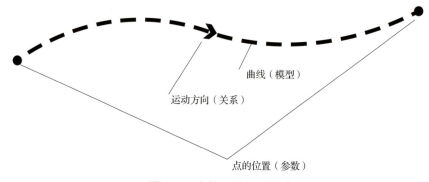

图 5-2 参数、关系和模型

参数化设计最初应用于建筑行业。2005 年，英国设计师扎哈在设计德国费诺科学中心时，采用了复杂的型面结构，为了使工程师快速得到计算结果，首次将参数化设计软件引入建筑行业。此后，扎哈成为那时期最知名和最流行的建筑师之一，而参数化设计也成为建筑行业中最流行、最前卫的设计手法之一

（见图5-3）。之后，参数化设计的例子几乎无处不在，遍及建筑、汽车、家具、电气设备、轮船等领域，例如鸟巢、广州大剧院等都体现了参数化设计的思想。

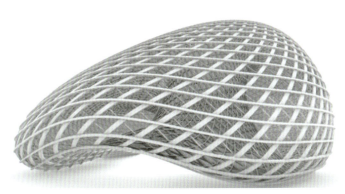 

图5-3　参数化设计应用于建筑行业

在工业设计领域，参数化设计也有极其广泛的应用（见图5-4）。例如使用参数化设计的"Generico Chair"，既保持了强度，又配备了灵活的靠背，但由于采用了Voronoi式设计，因此体积大大减小，使用的材料更少，而且还保持了一定的人类工效学设计，坐起来更舒适。

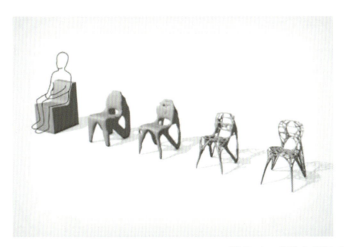 

图5-4　参数化设计应用于工业设计

但是，参数化设计的实现需要对编程有一定的了解，然而对设计师而言，面对编程语言或者代码是件非常头痛的事情，一串串字符或者代码总是让人眼花缭乱，因此可视化编程应运而生。可视化编程可以让设计师通过操纵图形元素来创建程序，而无须输入文本命令。

可视化编程以"所见即所得"的编程思想为原则，实现编程工作的可视化，即随时可以看到结果，程序与结果的调整同步（见图5-5）。可视化编程是与传统的编程方式相比而言的，这里的"可视"，指的是无须编程，仅通过直观的操作方式即可完成界面的设计工作。目前，汽车设计中主流的参数化设计软件Dynamo、Grasshopper都在使用可视化编程来实现参数化设计。

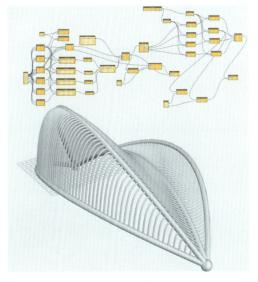

图5-5　可视化编程

5.1.2 汽车造型设计中的参数化设计

参数化设计的结果往往天马行空，充满韵律和想象力，在量产汽车设计中应用时对制造工艺和材料都有很高的要求，因此目前的汽车设计中出现的参数化设计大多都是简单可实现的图案和工艺（见图5-6）。

图 5-6　简单可实现的图案和工艺

汽车造型设计如何与科技联系在一起成为设计趋势之一，而参数化设计可巧妙地将两者联系在一起，构建了无限的创造力，同时提高了设计效率。在汽车研发过程中，参数化设计也逐渐被熟知并应用起来，且日渐成为汽车造型设计中的一个重要手段。

近年来，参数化设计在汽车造型设计中大量应用，尤其是在新能源汽车和概念汽车的设计中，参数化设计所体现的未来感和科技感十足。这些应用包括图形主题、格栅、车轮和其他外部或内部细节的图案，以及内部的三维纹理（见图5-7）。

图 5-7　参数化设计在汽车造型设计中的应用

5.1.3 常用的参数化设计软件

目前汽车行业比较常用的参数化设计软件是 Grasshopper 和 Dynamo 这两款采用可视化编程的设计软件。

1　Grasshopper

Grasshopper 中文名为蚱蜢，简称 GH，是集成在 Rhino 软件里的一款插件（见图 5-8），功能极其齐全且高效。其最大特色是 Tree 数据结构，包含 Graft、Flatten、Simple 等操作，可以完成绝大多数数据结构的转换，在几何对应关系的处理上独到、快速。Grasshopper 的最强大处在于曲面处理能力，其在建筑设计、工业设计、汽车设计领域得到了非常广泛的使用。

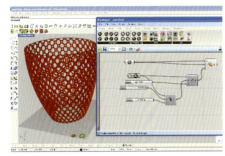

图 5-8　Grasshopper 的工作界面

2　Dynamo

Alias 在 2019 版本以后引入了 Dynamo，可以配合 Alias 进行建模和修改。Dynamo 是一款开源的三维可视化编程软件，能够让用户直观地编写脚本，操控程序的各种行为。Dynamo 可以实现快速建模、参数化设计，并且还能批量处理模型信息。其代码的最小单位为"节点"（Node），用户在节点的左边连线"输入"（Input）数据，再从节点的右边"输出"（Output）结构，层层节点依次逻辑相连，最终构成一个完整的脚本（见图 5-9）。

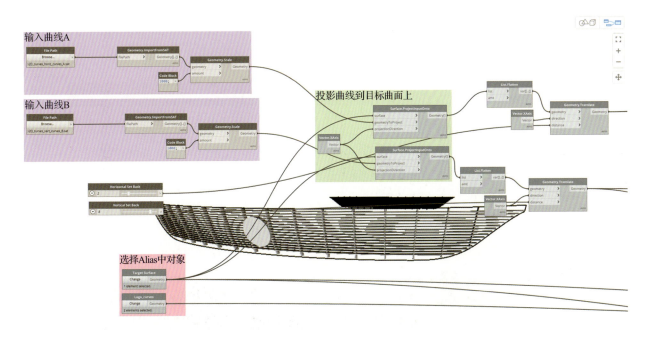

图 5-9　Dynamo 的工作界面

Dynamo 可以在图形类主软件（AutoCAD、Maya、Alias 等）上运行，实现各个软件平台间的信息以及数据交互。

5.2 Dynamo

5.2.1 Dynamo 模块

1 启动 Dynamo

在工具箱中选择 Dynamo 工具，在选项框中选择 Show Dynamo 进入 Dynamo 的启动界面（见图 5-10）。

图 5-10 Dynamo 的启动界面

2 Dynamo 的用户界面

Dynamo 的用户界面主要分为 5 个区域，其中最大的区域为编写可视化程序的工作空间（见图 5-11）。

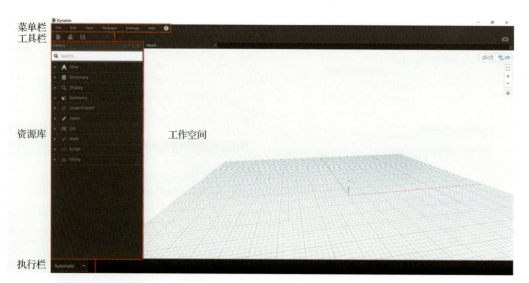

图 5-11 Dynamo 的用户界面

（1）**菜单栏**　菜单栏里包含了 Dynamo 的一些基本功能，与 Alias 一样，其中包含文件、编辑、视图、帮助等常用菜单（见图 5-12）。

图 5-12　菜单栏

（2）**工具栏**　Dynamo 的工具栏（见图 5-13）是基础的软件操作区域，包含新建、打开、保存/另存为、撤消、重做和导出为图片命令。

图 5-13　工具栏

1）新建：创建新的 .dyn 文件。
2）打开：打开现有的 .dyn（工作空间）或 .dyf（自定义节点）文件。
3）保存/另存为：保存活动的 .dyn 或 .dyf 文件。
4）撤消：撤消上一个操作。
5）重做：重做下一个操作。
6）导出为图片：将可见工作空间保存为 PNG 文件。

（3）**资源库**　Dynamo 的资源库是功能资源库的集合，其中每个功能资源库都包含依类型进行分组的节点。资源库包含所有已加载的节点，其中包括安装自带的默认节点，以及任何额外加载的其他所有自定义节点或软件包。在资源库中，根据节点是"创建"数据、执行"操作"还是"查询"数据，会将节点按层级归入相应的资源库类别内（见图 5-14）。

图 5-14　资源库

（4）工作空间 Dynamo 的工作空间不但是用户开发可视化程序的区域，还可预览生成的任何几何图形（见图 5-15）。Dynamo 一次只能开启一个主工作空间，但是可以在其他标签中开启多个自定义节点工作空间。

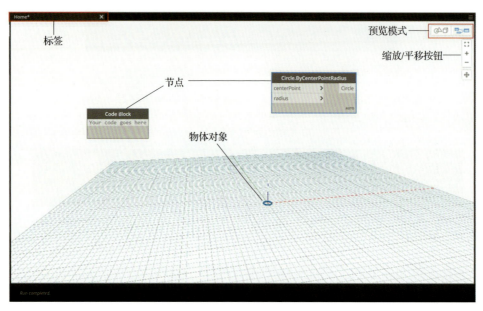

图 5-15 工作空间

（5）执行栏 执行栏是在输入节点框架后，执行得到所需输出造型的列表，其中包含两种主要的执行选项（见图 5-16）。

图 5-16 执行选项

5.2.2 节点与导线

1 节点

在 Dynamo 中，节点是连接到可视化程序的对象，每个节点都执行一项操作。Dynamo 中的大多数节点都由 3 个部分组成（见图 5-17）。

1）名称。双击可输入/更改节点的名称。

2）端口。节点的输入和输出称为端口，并充当导线的接收器。数据通过左侧的端口进入节点，并在节点执行右侧的操作后流出节点。端口只接收特定类型的数据。

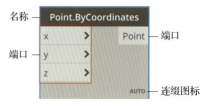

图 5-17 节点

 提示　将光标悬停在端口上可查看包含预期数据类型的工具提示。

3）连缀图标。表示为匹配列表输入指定的"连缀"选项。

2 节点状态

Dynamo 基于每个节点的状态使用不同的颜色方案渲染节点，来提供执行可视化程序的状态指示（见图 5-18）。此外，将光标悬停在名称或端口上，或在其上单击鼠标右键，可显示其他信息和选项。

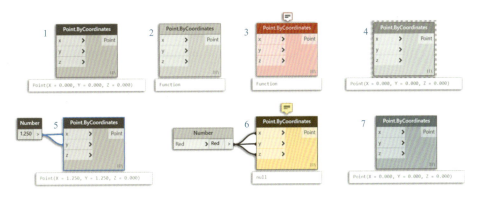

图 5-18 节点状态

1)活动。背景为深灰色的节点处于活动状态,表示连接良好,且已成功连接其所有输入。

2)非活动。灰色节点处于非活动状态,且需要使用导线连接才能成为活动工作空间中的程序流的一部分。

3)错误。红色表示节点处于错误状态。

4)冻结。透明节点表示已打开冻结,挂起节点的执行。

5)已选定。当前选定节点在其边界上以浅绿色亮显。

6)警告。黄色节点表示处于警告状态,这意味着它们可能具有错误的数据类型。黄色节点在名称上方也有工具提示,将光标悬停在工具提示上可将其展开。

7)背景预览。深灰色节点表示几何体预览已关闭。

3 导线

导线连接节点以创建关系并建立可视化程序的流,用于将数据流从一个对象传送到下一个对象。

导线将一个节点的输出端口连接到另一个节点的输入端口,此方向性将在可视化程序中建立数据流。尽管我们可以在工作空间中排列节点,但是由于输出端口位于节点右侧且输入端口位于左侧,因此通常可以说程序流从左到右移动(见图 5-19)。

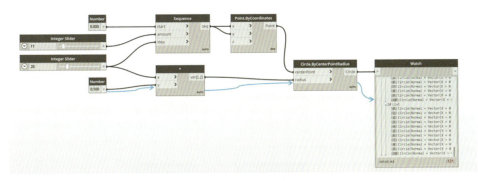

图 5-19 程序流

(1)创建导线 先在一个节点的端口上单击,然后单击另一个节点的端口来创建连接。在建立连接的过程中,导线将显示为虚线,并在成功连接后进行捕捉以成为实线,数据将始终通过此导线从输出流到输入。我们也可以按照单击连接端口的顺序沿任意方向创建导线。

 在通过第二次单击完成连接之前,请先将"导线"捕捉到端口,并将光标悬停在此处以查看"端口"工具提示。

以图 5-20 为例,创建导线的操作步骤如下:

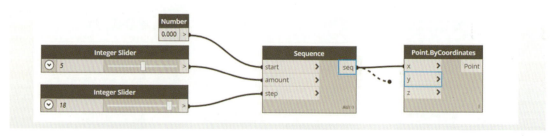

图 5-20　创建导线

1）单击"Sequence"节点的"seq"输出端口。

2）将鼠标移向另一端口时，导线为虚线。

3）单击"Point.ByCoordinates"节点的"y"输入端口完成连接。

（2）编辑导线　我们可以通过编辑导线表示的连接来调整可视化程序中的程序流。要编辑导线，请在已连接节点的输入端口上单击（见图 5-21），现在有两种选择：

图 5-21　编辑导线

1）若要更改到输入端口的连接，请在另一个输入端口上单击。

2）若要删除导线，请将导线移开并在工作空间上单击。

可以通过 View>Connector>Connector Type 命令自定义导线在工作空间中的外观。在这里，我们可以在曲线或多段线导线之间切换（见图 5-22），或者选择 Show Connector 命令将它们一起关闭。

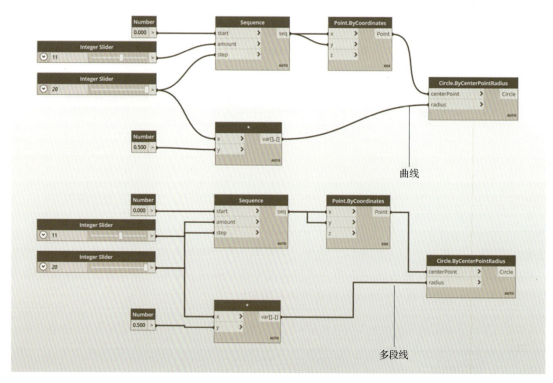

图 5-22　导线类型

5.2.3 基础操作

了解 Dynamo 的基本概念后，我们通过一个案例来介绍 Dynamo 的使用过程。本节我们将展示三角形围绕一个参考点并随其位置变化而发生大小和形状的变化。※ 本节提供完成的数据文件，见文件夹 "5.2.3"。

STEP 01 找到一个执行该操作的节点。通过使用 search 搜索 point 字段，生成 Point.ByCoordinates 节点（见图 5-23）。

图 5-23　选择节点

STEP 02 生成点。在工作空间双击生成 Code Block 节点，在节点上输入 "0..100..#10"，为节点输入数值。将 Code Block 节点分别连接到 Point.ByCoordinates 节点的 x 和 y 端口。在 Point.ByCoordinates 节点上单击鼠标右键，在弹出菜单中选择 Lacing>Cross Product，生成一排 10×10 的点（见图 5-24）。

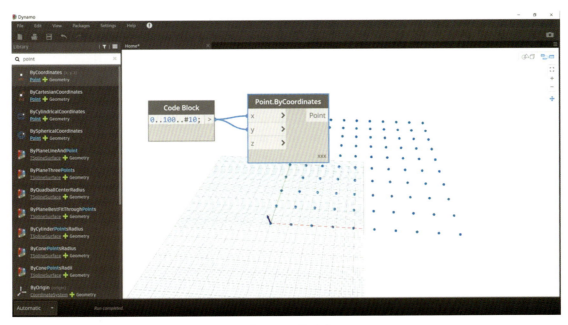

图 5-24　生成点

STEP 03 生成图形排列。选择 Circle.ByCenterPointRadius 节点，分别与 Number Slider 节点和 Point.ByCoordinates 节点连接（见图 5-25），生成圆形排列。Number Slider 节点可以控制圆形半径的大小。

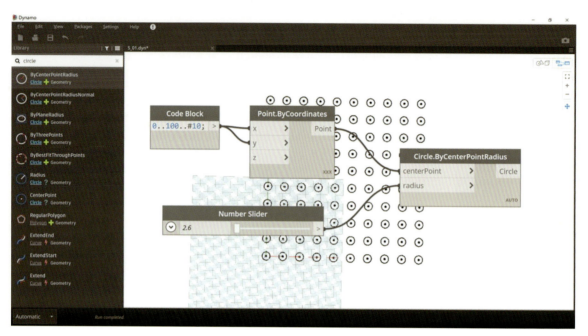

图 5-25　生成图形排列

STEP 04 制作可变图形。使用 Polygon.RegularPolygon 节点，与之相连的 Number Slider 节点可以控制多边形的形状，例如 "3" 为三角形、"4" 为四边形等（见图 5-26）。

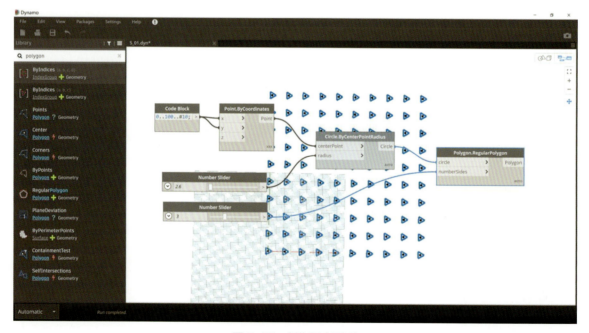

图 5-26　制作可变图形

STEP 05 制作干扰点。选中 Point.ByCoordinates 节点，同时按住 <Ctrl> 键，可以复制出新的节点。该节点为干扰点，x、y 输入值可以控制该点的位置（见图 5-27）。

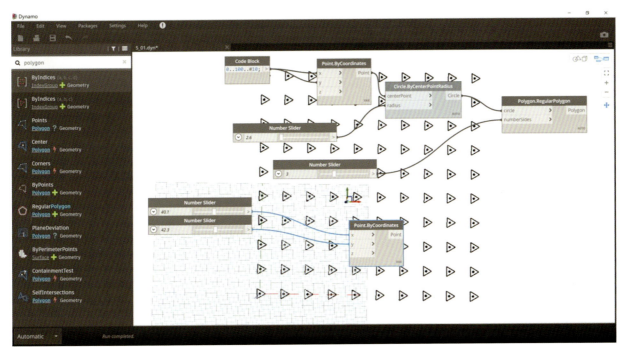

图 5-27 制作干扰点

STEP 06 测量干扰点到图形的距离。选择 Geometry.DistanceTo 节点，该节点可以测量干扰点到图形的距离，并将数值输入到圆形半径。可以看到圆形的半径有了大小不同的变化（见图 5-28）。

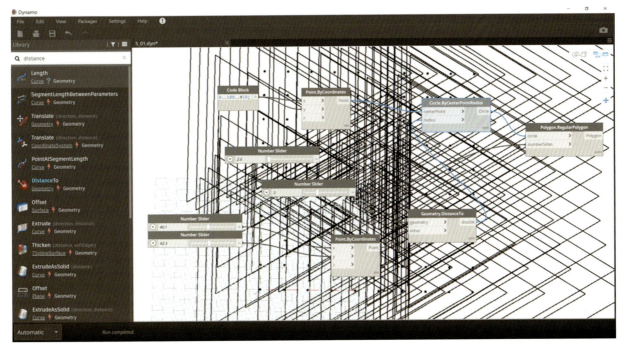

图 5-28 测量干扰点到图形的距离

STEP 07 调整圆形半径的大小。选择"/"除法节点，将距离值输入为 x，设置比例系数值为 y（该值可以调整），并连接到圆形半径（见图 5-29）。

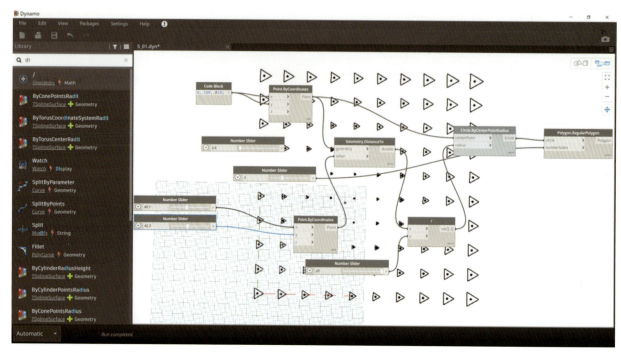

图 5-29　调整圆形半径的大小

到此，案例完成，三角形的大小可以跟随干扰点位置的移动而变化，并同时可以调整三角形的形状（见图 5-30）。

图 5-30　案例展示

5.3　参数化案例讲解

在 Alias 中，要创建或选择要处理的几何体，一般要用到 Dynamo。

1）在 Dynamo 用户界面的 File 菜单下，选择 New 命令以创建新脚本或选择 Open 命令以打开现有脚本。Alias 类别会显示在资源库中，它包含 Alias-Dynamo 工作流所需的节点。

2）展开 Alias 类别，然后在资源库中单击 Select from Alias 以创建 Select from Alias 节点。

3）在节点上单击 Select，界面将从 Dynamo 切回到 Alias。

4）在 Alias 中选择要处理的几何体。

5）在 Dynamo 选项框中单击 Send，以将所选内容发送到 Dynamo。在 Dynamo 中，Select from Alias 节点会显示已选定元素。

6）要列出已选定的几何体，请单击 Geometry。

7）要更改所选内容，请单击 Change，再在 Alias 中选择相应几何体，然后单击 Send to Dynamo 对应的选项。

8）根据设计需求，从库创建节点以构建算法，并将节点连接在一起，调节以完成所需数据，然后保存工作空间。

9）在资源库中单击 Bake to Alias 以创建 Bake to Alias 节点，将 Dynamo 中的节点连接到 Bake to Alias 节点。

10）保存 Dynamo 文件并切换至 Alias 以查看结果。

5.3.1 渐变纹理

本案例讲解概念车 C 柱处参数化渐变纹理的制作（见图 5-31）。※ 本节提供完成的数据文件，见文件夹 "5.3.1"。

图 5-31 渐变纹理案例

1 调整基础曲面

两处纹理可以共用一张曲面，UV 逻辑面和造型面可以合二为一。使用 Untrim 工具将该处曲面取消修剪还原曲面。单纯看这个曲面，并没有什么问题，但在制作纹理参考线时，发现曲面 UV 方向和参考线走势不一致（见图 5-32）。使用 Extend 工具调整基础曲面，单侧延伸可以方便地做出斜切的效果，使纹理 UV 拟合画线的方向（见图 5-33）。

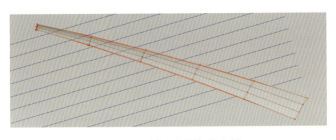

图 5-32 基础曲面与参考线

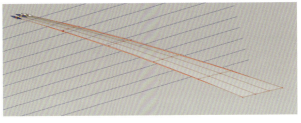

图 5-33 调整曲面 UV 方向

可以将曲面适当加宽，因为曲面太狭窄不方便做纹理，而加宽曲面的多余部分做好纹理之后可以按需修剪（见图 5-34）。基础曲面完成后进入 Dynamo 制作纹理。

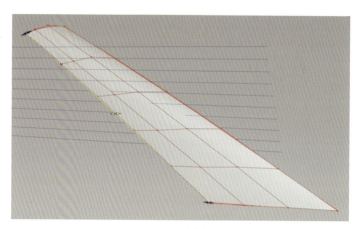

图 5-34　完成基础曲面

2　构建四边形阵列

在 Dynamo 中用 Select from Alias 节点拾取需要的造型曲面（见图 5-35）。

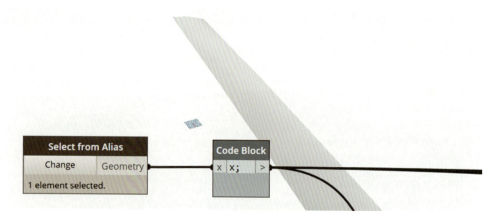

图 5-35　拾取基础曲面

调整合适的 UV 细分数目，并在曲面上取点（见图 5-36）。

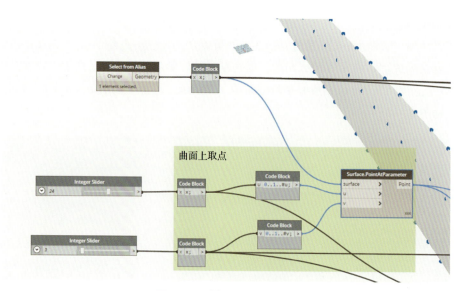

图 5-36　拾取曲面造型点

通过逻辑组合编织，构造成每组四个点的点阵，四个点可以连成四边形（见图5-37）。

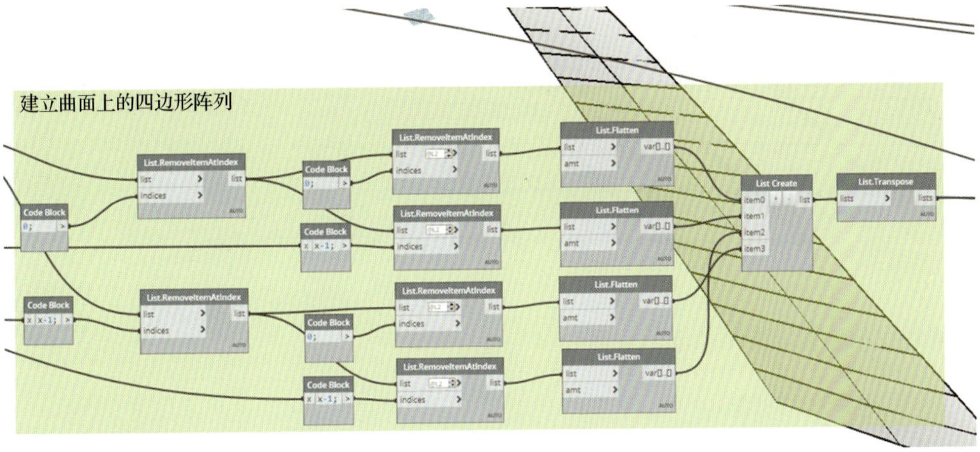

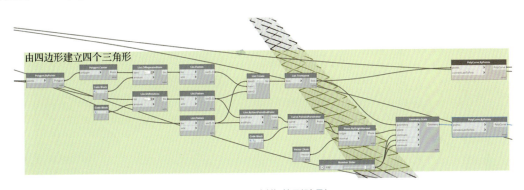

图5-37 制作四边形阵列

3 构建菱形阵列

将每个四边形的端点与中心连线，可以构造出菱形阵列。菱形的制作方法也有很多，可以不拘泥于这一个做法（见图5-38）。

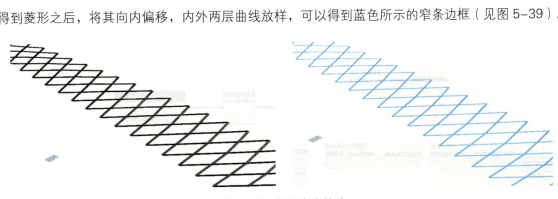

图5-38 制作菱形阵列

得到菱形之后，将其向内偏移，内外两层曲线放样，可以得到蓝色所示的窄条边框（见图5-39）。

图5-39 菱形向内偏移

> **技巧** 自定义节点显示：由于Dynamo默认的显示颜色为灰白色，很多情况下辨识度很低，所以可以用图5-40所示的两个节点自定义显示颜色以方便查看。

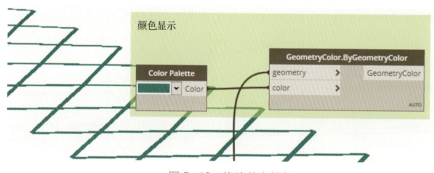

图 5-40 修改节点颜色

用另外的线放样得到内部菱形曲面（见图 5-41）。

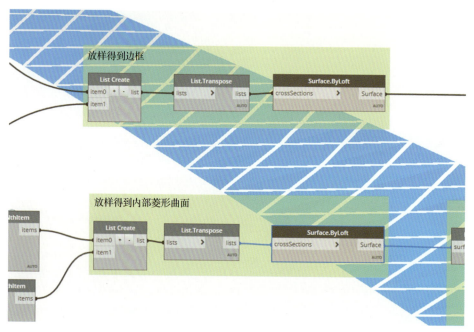

图 5-41 制作内部菱形曲面

4 制作凹陷造型

下面对菱形曲面进行干扰操作，制作曲面的凹陷造型。首先我们注意到，曲面分为三角形（边缘位置）和菱形，两种图形对应两种处理逻辑，所以通过规则筛选分成两种图形（见图 5-42）。

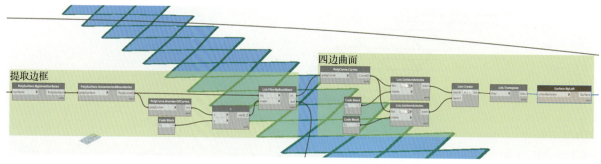

图 5-42 筛选三角形和菱形

筛选重构的四边曲面如图 5-43 所示。

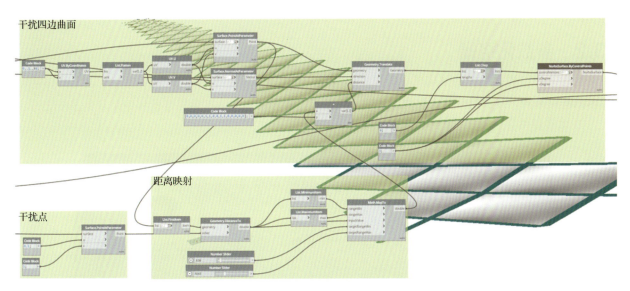

图 5-43　重构四边曲面

四边曲面的 UV 分别做成 1 阶 4 点，这样会有 16 个 CV。在 Alias 中，取出中间 4 个 CV 进行法向移动，然后重构曲面，就做成了简单的凹陷纹理（见图 5-44）。

 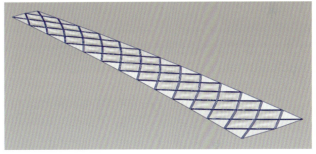

图 5-44　重构曲面

完成曲面纹理制作后保存节点图，并与周边数据配合调整，最终完成数据（见图 5-45）。

图 5-45　完成的曲面纹理

5.3.2 参数化格栅

某概念车的格栅由很多菱形构成，同时菱形的大小有渐变（见图 5-46），渐变就说明这个特征并不能用简单的阵列来做，应使用参数化纹理。参数化纹理可以暂且理解为由大量包含变化的类似单元构成的纹理造型。※ 本节提供完成的数据文件，见文件夹 "5.3.2"。

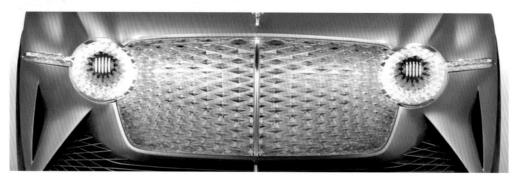

图 5-46　格栅案例

参数化纹理的构成很多是根据曲面 UV 来布置的，然而这个前脸造型并不简单，很难用一个曲面来表达出所有变化。即便有的造型可以用一个曲面做出来，这个曲面的 UV 走向及分布也可能很复杂，不适合来制作和操控参数化纹理。

简单来说，想要纹理变化平滑美观，基础曲面的 UV 就要合理均匀。如图 5-47 所示，左边的 UV 均匀，右边的 UV 扭曲。

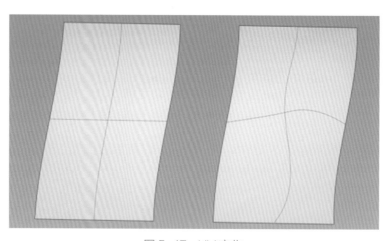

图 5-47　UV 变化

要做这个前脸纹理，我们需要准备两个曲面（见图 5-48），一个是逻辑曲面（玫红色），用来提供 UV 参考，另一个是造型曲面，后面的多重拼接曲面用来控制造型曲面的空间位置。造型曲面左右对称，故做一半即可。

在玫红色逻辑曲面上做出纹理，然后投影到造型曲面上。这里说的"投影"可能是一系列比较复杂的操作，以让纹理附着上去。

打开 Dynamo，用 Select from Alias 节点拾取 Alias 中的曲面（见图 5-49）。

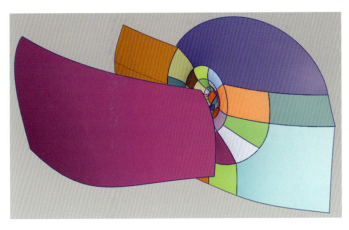

图 5-48 逻辑曲面和造型曲面

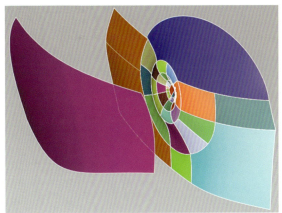

图 5-49 选择曲面

可以把造型曲面组成群组，这样选取两个物体就可以了（见图 5-50）。

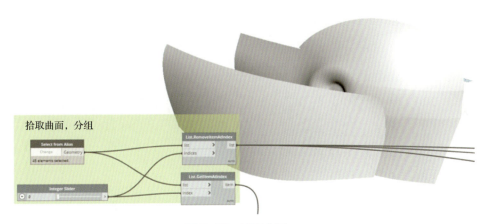

图 5-50 拾取曲面

根据拾取的先后顺序，选出逻辑曲面，然后在曲面上取点。虽然各种造型纹理逻辑不尽相同，但万变不离其宗，大概思路都是取点、构造线、构造面（见图 5-51）。

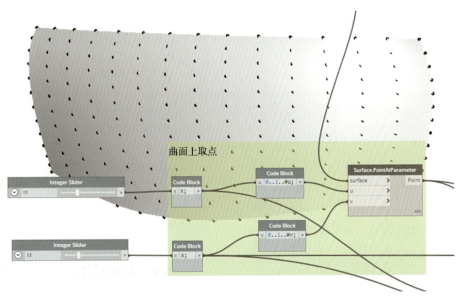

图 5-51 曲面上取点

由点构造菱形（见图 5-52）。

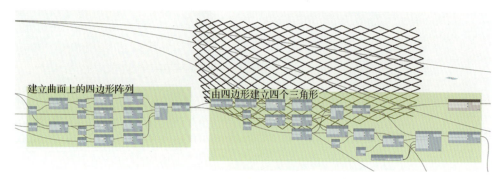

图 5-52　生成菱形

将构造的菱形偏移和收缩（见图 5-53）。

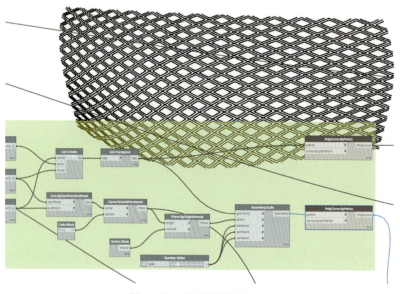

图 5-53　菱形偏移和收缩

这些菱形是渐变的，简单来说就是大小不一致，中间大边缘小。要控制纹理的大小变化就是要控制逻辑曲面的 UV 趋势（见图 5-54）。

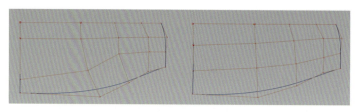

图 5-54　UV 趋势

如果曲面的跨距数太少，并不能清晰地展示 UV 趋势，可以直接打开 CV，CV 的走势就是 UV 走势。

对比一下这两个曲面，左边曲面的 CV 疏密对比很明显，CV 稀疏的地方菱形纹理就大，反之亦然。右边曲面的 CV 比较均匀，所以纹理也比较均匀，没有明显的疏密对比。

把纹理"投影"到造型曲面上（见图 5-55）。

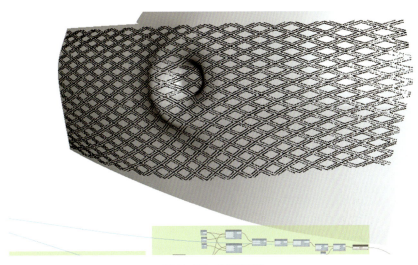

图 5-55　投影纹理

仔细观察就会发现，这个纹理并非平面线条，是有起伏造型的，所以还需进一步建模制作（见图 5-56）。

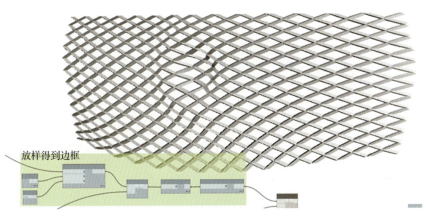

图 5-56　纹理的立体效果

做好菱形框架，接着做内部菱形曲面（见图 5-57）。

图 5-57　制作内部菱形曲面

参数化建模的最大优势是参数可调，假如用手工建模做好一个造型纹理，就无法再修改了。使用参数化建模搭建好节点逻辑后，想要使造型变化，比如菱形格子横向纵向的数目调整、细节的尺寸调整、UV 疏密变化调整等，都可以通过更改参数马上得到结果。

最后，用 Bake to Alias 节点回到 Alias 里面进行修剪，得到需要的区域即可（见图 5-58）。

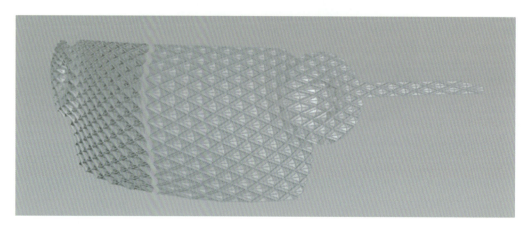

图 5-58　Alias 模型

5.3.3　节点管理

通过以上案例可以看到，制作参数化模型需要连接大量的节点，如果不对节点进行有效的管理，整个界面会十分凌乱。接下来介绍如何对节点进行管理。

1　对齐

在向工作空间添加了多个节点后，为了能清晰显示，可能需要重新组织节点的布局。

1）选择多个节点。

2）在工作空间上单击鼠标右键，在弹出的菜单中选择 Align Selection 选项。

3）选择对齐方式和分布选项（见图 5-59）。

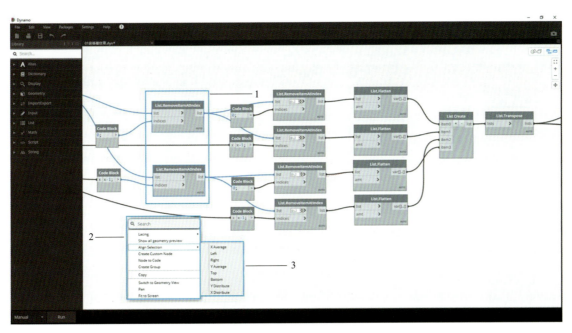

图 5-59　对齐节点

2　注释

Dynamo 可以设置注释来说明节点功能，该节点具有可编辑的文本字段来执行此操作。

1）在菜单栏中选择 Edit>Create Note，或使用快捷键 <Ctrl+W>。

2）将注释添加到工作空间后，将弹出一个文本字段，允许我们编辑注释中的文本。创建注释后，我们可以通过双击或在注释节点上单击鼠标右键来编辑注释（见图 5-60）。

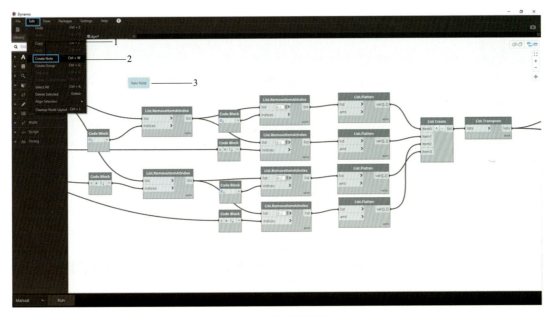

图 5-60　创建注释节点

3　群组

当可视化程序变得非常大时，确定要执行的较大步骤会对阅读程序很有帮助。我们可以使用群组亮显更大的节点集合,以在背景和标题中使用彩色矩形标记它们(见图5-61)。先使具有多个节点的群组处于选定状态。

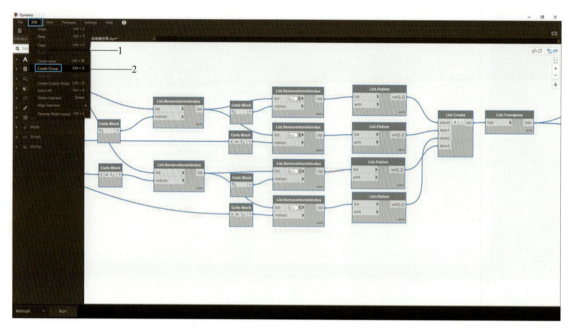

图5-61　群组

1)在菜单栏中选择Edit>Create Group,或使用快捷键<Ctrl+G>。

2)在工作空间上单击鼠标右键,然后选择创建群组后,可以编辑其标题和颜色等设置(见图5-62)。

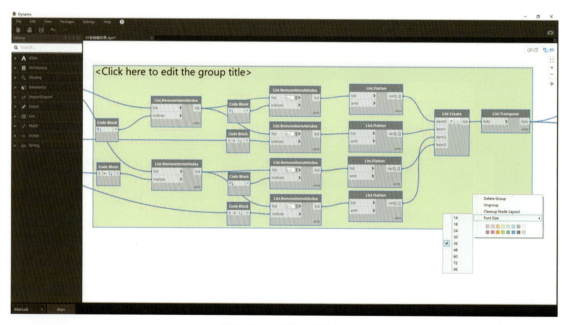

图5-62　编辑标题颜色

第 6 章

渲染动画与VR

本章重点

- 渲染与动画展示介绍
- 环境、灯光、材质球
- 使用 Create VR 制作数字模型
- Alias 与 VR 的结合应用

导 读

渲染和动画展示是数字设计的最后一项重要步骤,通过它得到模型最终的显示效果,可谓数字设计的"临门一脚"。那么如何踢好这最后一脚呢?本章首先介绍 Alias 中的渲染模块,通过硬件渲染可以实时展示设计效果;然后介绍动画模块,通过关键帧动画、分解图动画、转盘动画可以提高展示品质;最后介绍 VR 技术与 Alias 的结合带来的沉浸式体验设计效果。

6.1 渲染简介

三维模型构建完成后，可以直接进入 Visualize 工作流进行渲染展示，模型的展示和修改可以同步进行、实时互动（见图 6-1）。与专业的渲染软件（如 VRED）相比，虽然 Alias 自身的渲染器技术相对"陈旧"，但是其出色的实时硬件渲染展示功能依然非常实用和方便，而且在 Alias 后期版本更新中，会直接和 VRED 进行互通，因此掌握 Alias 的渲染工作流（Process Render）依然非常重要。

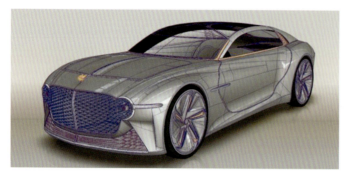

图 6-1 Alias 的实时渲染效果

Alias 的渲染工作流主要包括数据预处理、使用环境和材质纹理定义场景周围的外观、设置相机来渲染场景中的某个特定视图、对场景进行预览渲染以可视化场景的最终渲染结果、定义单个对象和整个场景如何使用渲染参数进行渲染、渲染场景等（见图 6-2）。

图 6-2 Alias 的渲染工作流

6.1.1 环境、AO

1 数据整理

在第 4 章中我们已经介绍过数据整理，在渲染之前，最好能够将数据整理干净，主要内容包括：

1）按材质分件，组成群组后放置在不同图层中。

2）统一曲面法向。

3）删除多余重面、面上线，删除曲面的构建历史。可用 Check Model 工具对模型的重面等内容进行检测。

2 设置环境

所有场景都必须有一个环境。默认情况下,环境是黑色的。可以编辑默认的环境并保存该环境以在其他场景中使用,也可以加载先前保存的环境。Alias 的材质库中预设有 12 种环境,双击环境材质球可将预设环境应用至模型场景,环境从左至右依次应用到同一模型场景的效果如图 6-3 所示。

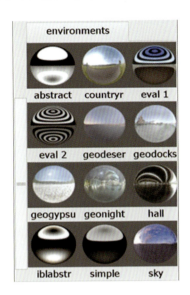

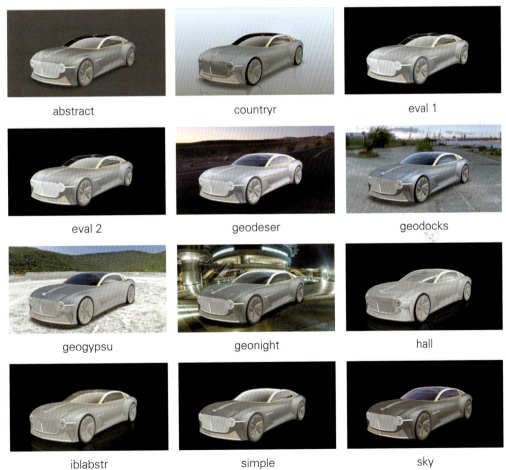

图 6-3　各环境的场景效果展示

（1）环境属性　Alias 软件中每种环境亦可被称为环境材质球。单击 Control Panel>Resident Shaders>Environment 或 Render>Multi-lister>Multi-list Edit，打开环境属性对话框，并对其各类属性进行调节（见图 6-4）。

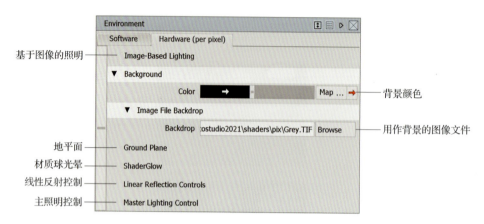

图 6-4　环境属性对话框

（2）设置环境背景　可使用环境属性对话框中的 Background 选项设置环境背景，也可通过贴图构建特殊环境背景效果。此处以构建渐变色背景为例，流程如下：

1）单击 Render>Multi-lister>Multi-list Edit 打开环境属性对话框。

2）展开 Background 选项，单击 Map 按钮打开 Texture Procedures 窗口（见图 6-5）。

3）在 Texture Procedures>Surface 中选择 Ramp 选项，双击打开其属性对话框（见图 6-6）。

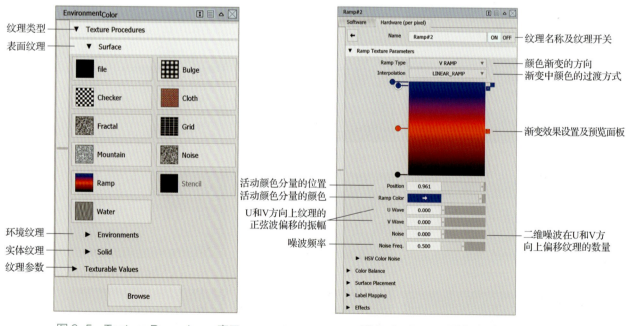

图 6-5　Texture Procedures 窗口　　　图 6-6　Ramp 属性对话框

在颜色渐变区域单击可增加颜色控制柄，选择一个颜色控制柄，在下方"Ramp Color"处设置颜色，同理对其他颜色控制柄进行颜色设置。通过调节颜色及操纵颜色控制柄位置，即可得到不同的渐变色背景效果，案例效果如图 6-7 所示。

图 6-7　Ramp 背景效果

3　AO

AO（Ambient Occlusion，环境光阻挡）的特点是不需要任何灯光照明，它以独特的计算方式吸收"环境光"，同时吸收未被阻挡的"光线"和被阻挡光线所产生的"阴影"，从而模拟全局照明的效果。尤其是场景中物体很多从而到处阻挡光线导致间接照明不足时，AO 的作用会更加明显。它主要能改善阴影，给场景更多的深度，有助于更好地表现出模型的所有细节（见图 6-8）。

图 6-8　AO 显示模式

AO 要求统一所有曲面法线，故第一次计算环境光阻挡时，应使用 Unify Surface Orientation 工具将相邻曲面强制设置为具有相同的方向。选择 Render>Ambient Occlusion>Compute 选项，双击打开 Compute Occlusion 选项框（见图 6-9）。

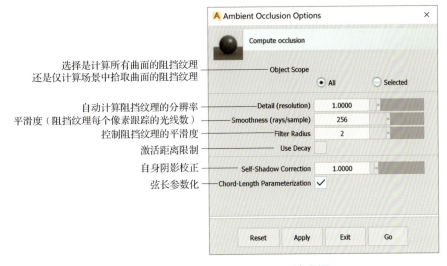

图 6-9　Compute Occlusion 选项框

6.1.2　材质球、灯光

1　材质球

Alias 内置非常丰富的材质球库，包括布、玻璃、金属、塑料、皮革等材质球以及环境材质球，部分材质球还针对不同行业群体进行了相应的分类，能够满足用户基本的使用需求。在控制面板中将工作界面切换为 Visualize 即可查看和使用 Alias 内置的材质球库（见图 6-10）。

图 6-10 Alias 内置的材质球库

（1）材质类型　Alias 中的材质可以分为 Lambert、Phong、Blinn 和 Lightsource 四种类型。对于同一材质球，更改其材质类型，其显示效果也会发生相应变化（见表 6-1）。

表 6-1 材质类型

材质类型	适用于	效果展示
Lambert	无光材质（粉笔、无光漆、未抛光表面）	
Phong	玻璃类材质或有光泽的材质（塑料、玻璃、铬合金）	
Blinn	暗淡的金属类材质（黄铜、铝）	
Lightsource	没有着色显示的特殊照明模型（例如可用于表示通电白炽灯的曲面）	

材质球的材质类型需要双击材质球打开其属性对话框（有时也称为材质球编辑器）进行查看，该对话框中预设有多种材质球调节属性，用户可根据需求调节出多种多样的材质球效果（见图6-11）。

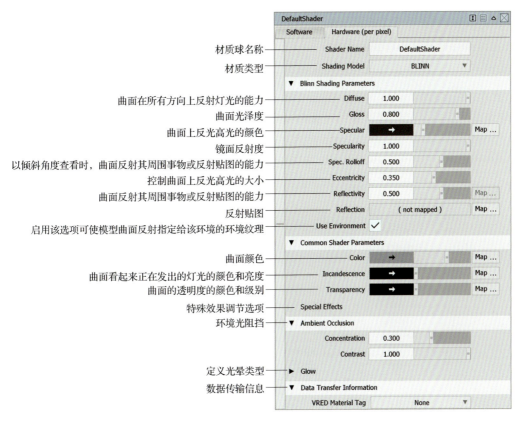

图6-11　材质球属性对话框

（2）指定材质球　为模型指定材质球有以下两种实现方式：

1）Assign。在控制面板下的 Shader Library 中双击需要的材质球，将其添加至 Resident Shaders 中，使用 Pick 工具选择部件后，选择 assign 图标即可将材质球赋予模型（见图6-12）。

2）Apply Shaders。在控制面板中单击 Render>Apply Shaders 打开材质球指定工具，该工具提供两个分别在单击鼠标中键和鼠标右键时显示的菜单，可以简化指定材质球的工作流，快速方便地将材质球指定给模型（见图6-13）。

（3）调节材质球　四种类型的材质分别对应不同的调节属性，双击材质球即可打开其编辑器，调节各类属性值，即可得到相应效果。此处以车身主体材质为例，介绍如何调整其显示效果。

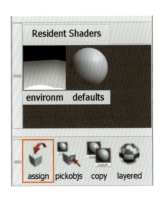

图6-12　材质球赋予模型

图6-13　Apply Shaders 菜单编辑器

车身材质调节步骤如下：

1）单击 Control Panel>Visualize>Resident Shaders，选择 Default Shaders 材质球，复制该材质球并双击，将其命名为 Body Shader（可自由命名）。

2）使用 Pick>Object 工具选择车身侧围、车门和发动机罩等部件，选中 Body Shader 材质球，单击 Assign 图标将材质球指定给选定部件。

3）双击 Body Shader 材质球打开其编辑器，因车身钣金件车漆材质光泽度一般较强，故材质类型设置为 Phong。

4）根据预览效果调节材质球的颜色、反射度等属性值。Diffuse 及 Gloss 的数值设置为 0.3，Specular 设置为白色，Specularity 设置为 1，Shinyness 设置为 2，Reflectivity 设置为 0.5，Color 设置为灰色（见图 6-14）。

5）单击 Window Display>Hardware shade，将 Light Source 设置为 All lights，同时勾选 Use Environment、Show Background、Ground Plane 等选项（见图 6-15）。

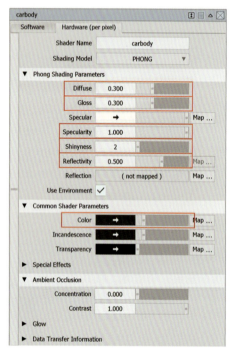
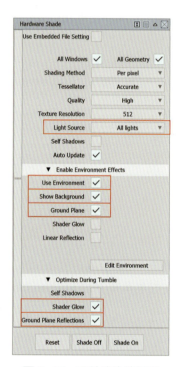

图 6-14 Body Shader 材质球编辑器　　图 6-15 硬件渲染编辑器

6）微调材质球编辑器中各数值，使车漆效果更加真实（见图 6-16）。其他材质球的调节方式与以上材质球相似，此处不再做单独说明。

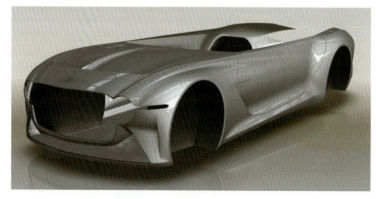

图 6-16 车身主体材质效果

（4）删除材质球 一般情况下，模型的材质球添加并调节完成后，大部分使用者的 Resident Shaders 中会记录大量"无用"材质球，这些未应用到模型上的材质球如果未进行适当的命名，会对后续修改造成较大困扰，故需要将这些材质球删除。

删除此类材质球有两种方式：

1）在 Multi-lister 中，单击要删除的材质球、纹理或灯光的样例，再选择 Delete>Active 即可删除选中样例。若选择 Delete>all 为删除所有材质球、纹理和灯光，此时系统仅保留默认环境和灯光。

2）在控制面板中选择 Delete Unused Shaders 可直接删除所有未应用到模型上的材质球，此方法更加方便快捷。

2 灯光

灯光用于为对象照明。如果场景中不包含任何灯光，则它将渲染为全黑（除非有例外情况，例如使用的是白炽状态的材质球）。也可以使用灯光来创建特殊的光学效果（例如光环、镜头光斑或雾）。

（1）灯光类型 Alias 中有七种不同类型的灯光，还有一个用于为场景创建默认照明的工具（见图 6-17）。

图 6-17　Alias 的灯光类型及其图标

点光源：与白炽灯相似，它们向所有方向投射灯光。

聚光灯：仅向一个方向投射灯光，从圆锥体中的一个点发出光。

平行光：是具有颜色、强度和方向但在场景中没有任何明显的光源的平行源灯光。

环境光：与点光源相似，除了仅一部分照明从该点发出之外，照明的剩余部分来自所有方向并均匀地照亮一切。

区域光源：属于二维矩形光源。

体积光：定义一个闭合的体积，其中的对象将被照亮，且该体积外没有任何对象由此光直接照亮。

线性光：是与荧光灯管类似的一维线状光。

默认照明：Create Defaults 工具可为场景设置默认照明。选择 Render>Create Lights>Create Defaults 时，会自动创建环境光和平行光。它们的方向和位置是预定义的，且它们的值也都基于每个灯光的默认选项。

（2）创建灯光 选择 Render>Create Lights 层叠式菜单中的一种灯光类型，通过在建模窗口中单击或在提示行中输入一组坐标来放置灯光。默认情况下，创建灯光时，会按顺序将其命名为 Light、Light#2、Light#3，依此类推。为了避免混淆，可在创建时命名所有灯光，此时将在 Multi-lister 中显示新的灯光样例，并且建模窗口中将出现新的灯光图标。每种类型的灯光都有一个唯一的建模窗口图标和 Multi-lister 样例。此外，建模窗口中将显示灯光操纵器（见图 6-18）。

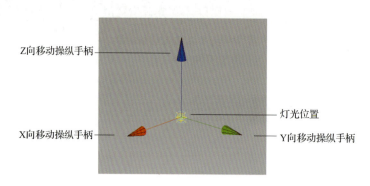

图 6-18 灯光操纵器

大多数灯光都有一个控制灯光位置的操纵器。聚光灯有两个操纵器，一个操纵器控制灯光的位置，另一个操纵器控制其方向（观察点）。每个操纵器都由一位于其中心的方形图标和三个在X、Y、Z向上从中心辐射出去的彩色箭头图标组成。

通过拖动一个方形图标，可以跨视图平面（在正交窗口中）或与地平面平行（在透视窗口中）移动灯光或灯光的观察点。

通过拖动箭头图标，可以在X、Y或Z向上移动灯光或灯光的观察点。

在Multi-lister（Render>Multi-lister>Lights）中选择Edit>New Light，将出现一个新的点光源样例，并且建模窗口中（0,0,0）处会出现一个新的点光源图标。双击该图标会打开控制窗口，在其中能够更改灯光类型和其他参数（见图6-19）。

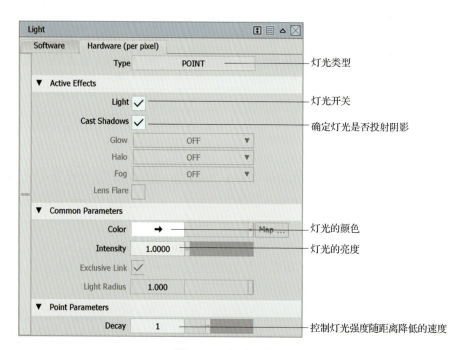

图 6-19 灯光属性对话框

（3）布置灯光案例 为车身布置一盏红色灯光。

1）从Render菜单中选择Create lights，灯光类型选择Point。

2）使用操纵器将灯光放置到一定位置（见图6-20）。

图 6-20 灯光放置位置

3)打开灯光属性对话框,更改其颜色,此处设为红色。

4)更改 Intensity 的值,使灯光的亮度为 20。

5)打开灯光微调属性值,预览效果(见图 6-21)。

图 6-21 灯光预览效果

同理,在车身光照不足处可使用此方式构建灯光或灯光组,以达到照亮模型、清晰表达效果的目的,其操作流程这里不再赘述。

6.1.3　渲染、输出

1　相机

相机用来查看场景的对象,建模窗口可表现来自某个相机的视图。相机的视图用于在渲染过程中创建用户场景的图像。相机用于表现用户场景的某个特定视图,通过更改相机的位置和方向,以及相机的镜头和胶片的特性,可以控制相机的视图。※ 本节提供完成的渲染数据文件,见文件夹"6.1.3"。

相机有正交和透视两种类型。来自正交相机的视图不包含透视的效果,即无论对象离相机有多远,显示的大小都相同。来自透视相机的视图包含透视的效果,即当对象离相机近时看起来较大,而离相机远时看起来较小。

(1)创建相机　在工具箱中选择 View>New Camera 工具即可创建新相机。使用 Camera Editor 可以对创建的相机进行编辑。Camera Editor 是用于编辑相机和图像平面的主要界面,其中包含用于控制相机和图像平面的特性的参数，参数的使用与控制窗口参数的使用相似。通过选择 Windows>Editors>Cameras 可打开 Camera Editor 窗口（见图 6-22）。

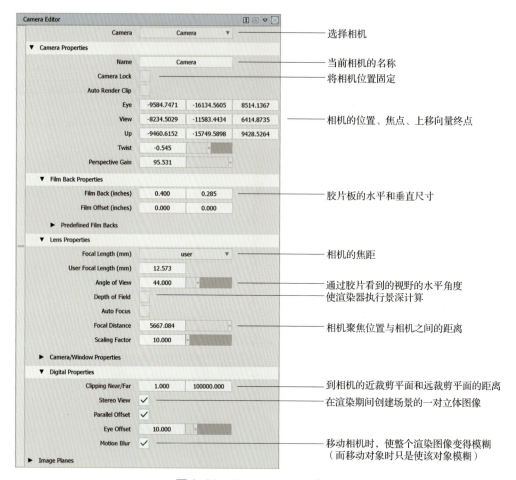

图 6-22　Camera Editor 窗口

（2）**图像平面**　Camera Editor 的 Image Planes 部分包含适用于当前相机的图像平面样例列表，以及用于向相机添加新图像平面或删除现有图像平面的按钮。在构建模型时可以将图像平面用作可视参考，或者在渲染时将它用作场景的背景（见图 6-23）。图像平面是可以附加到相机视图的一个图像，此图像会出现在相机的建模窗口和从该相机渲染的图像中（在场景的前面或后面）。

图 6-23　图像平面用作场景的背景

2 渲染

Alias 中的渲染分为硬件渲染和软件渲染，硬件渲染是指在计算机显示上实时发生的渲染。除了硬件渲染之外，Alias 中还存在三种渲染器单处理器类型 [光线投射（Raycaster）、光线追踪（Raytracer）和隐藏线（Hidden Line）] 和两种渲染器多处理器类型 [超级投射（Powercaster）和超级追踪（Powertracer）]，这类渲染被称为软件渲染。

先选择要渲染的相机视图，然后在 Render Globals 窗口中选择将哪些相机视图作为图像文件、遮罩文件或深度文件进行渲染。

在控制面板中选择 Render>Globals 打开 Render Globals 窗口。在 Render Globals 窗口的 Image File Output 部分中，对于要作为图像渲染的相机视图，将 Image 开关设置为 On。默认情况下，仅透视相机的 Image 开关设置为 On。还可以设置 Mask 和 Depth 开关以选择哪些相机视图将作为遮罩文件或深度文件进行渲染。

（1）硬件渲染　硬件渲染效果会在计算机显示上实时发生（见图 6-24），硬件渲染功能力求尽可能逼真地显示图像，同时保持交互速度。出于上述速度的考虑，不是所有渲染属性都受到支持。硬件渲染的精确度取决于显卡的特性。

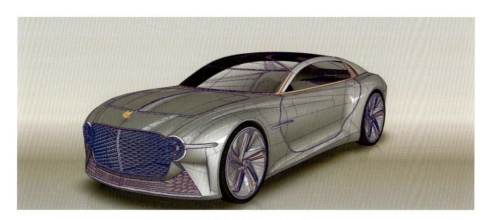

图 6-24　实时硬件渲染

选择 Window Display>Hardware Shade 即可打开硬件渲染选项窗口。

Use Embedded File Settings：如果文件已在 Alias 2019 或更高版本中保存，则 Hardware Shade 的设置已随 Wire 文件保存，选中该选项后将使用这些设置。

All Windows：如果选中该选项，则所有建模窗口中的几何体均会着色显示。如果未选中该选项，将仅对当前建模窗口中的几何体进行着色显示。

All Geometry：如果选中该选项，所有几何体均会着色显示。如果未选中该选项，则只有使用所拾取灯光的被拾取的（激活的）几何体进行着色显示。如果没有激活任何灯光，将会使用所有灯光。

Shading Method：Per Vertex（每顶点）可提供与以前版本 Alias 中相同质量的着色显示模式。选择 Per Vertex 可在建模期间实现快速曲面近似。Per Pixel（每像素）提供了与 Raycaster 实现的效果相似的高光，但需要支持该模式的显卡（见图 6-25）。

图 6-25　Per Vertex 着色（上）与 Per Pixel 着色（下）

Light Source 中的选项如下：

① All Lights：使用场景中的灯光（最多八个）对曲面进行着色显示。

② Selected Lights：使用任何拾取的灯光（最多八个）对曲面进行着色显示。

③ Warm Cold：使用预设的暖色光和冷色光的组合对曲面进行着色显示。

④ Contrast：使用预设的灯光组合对曲面进行着色显示，以便创建从高光到阴影的大范围效果。

⑤ Default：使用相机的方向灯和环境光对曲面进行着色显示。该选项是速度最快的选项，可以由硬件加速。

Self Shadows：自身阴影可通过添加关于对象空间关系的更多信息来提高场景逼真度，并可提供关于对象向自身投射阴影时对象形状的信息。必须在 Hardware Shade 设置窗口中启用自身阴影。该选项确定了是否可以投射自身阴影。

将自身阴影和 All Lights 或 Selected Lights 一起使用，可基于灯光的参数、位置和旋转来控制阴影。

要确定哪些灯光可以投射阴影，可使用灯光编辑器的 Active Effects 部分中的 Cast Shadows 按钮。灯光编辑器的阴影设置与软件渲染器共享。

Warm Cold 和 Contrast 灯光设置虽然可用于检查场景，但不能创建"真实"的灯光，因此不提供任何控件来更改灯光的位置或参数。对于这些设置，必须在灯光编辑器中将自身阴影复选框切换为 ON，但不必将阴影设置为 ON。

由预设灯光 Warm Cold 和 Contrast 投射的阴影，仅在相机停止移动之时才会显示。Default 灯光设置不适用于自身阴影。

Use Environment：启用该选项可使模型反射背景环境。反射将仅应用于在 Multi-lister 中启用了 Refl. Backgnd 且 Reflectivity 值非零的材质球。

Show Background：如果在环境编辑器中设置了背景，则选中该选项将会打开背景。

Ground Plane：在硬件渲染模式下启用地平面、地平面阴影和地平面反射（见图6-26）。相关选项位于环境编辑器的 Ground Plane 部分。

Shader Glow：启用材质球光晕。大多数设置位于环境编辑器的 Shader-Glow 部分。光晕效果需要进行大量计算，因而可能会降低性能。反射的对象和地平面不会显示光晕。

Glow Quality：如果启用了 Shader Glow，可以使用该滑块在硬件渲染模式下实现速度和光晕质量之间的最佳平衡。

旋转期间的优化选项如下：

① Self Shadows：如果启用了该选项，则自身阴影在相机操作（平移、相机缩放或旋转）期间近似生成，松开鼠标时即会更新。

② Shader Glow：如果启用了该选项，则材质球光晕在相机操作（平移、推拉或旋转）期间近似生成，松开鼠标时即会更新。

③ Ground Plane Reflections：如果启用了该选项，则地平面反射在相机操作（平移、相机缩放或旋转）期间近似生成，松开鼠标时即会更新。

（2）软件渲染 软件渲染使用渲染器在 Alias 内以交互方式渲染场景，渲染场景时，会将一个数据流发送到渲染器。不管用户使用哪种渲染器，都将在本地 Alias 环境的相应文件夹中创建渲染的结果文件。软件渲染可能会需要很长时间，但是有方法可以优化场景从而最小化渲染时间。

图6-26 地平面反射

（3）使用 Direct Render 预览渲染 在进行最终渲染之前，需要使用一个预览渲染器来预览最终渲染效果，预览渲染通常比最终渲染速度快、质量低。

使用 Render>Direct Render 预览软件渲染。Direct Render 会在活动窗口的顶部打开一个新窗口，并使用选定的渲染器渲染该窗口的视图。若要停止直接渲染，请在 Direct Render 窗口中单击；若要重新开始一个直接渲染，请单击 Direct Render 窗口标题栏中的重新渲染图标；若要重新渲染直接渲染的某个特定区域，请在 Direct Render 窗口中单击并拖动出一个框。

使用者根据自己的软件确定可以使用哪个选项或哪些选项，并选择下列五个 Alias 渲染器之一进行预览渲染（见图 6-27）。

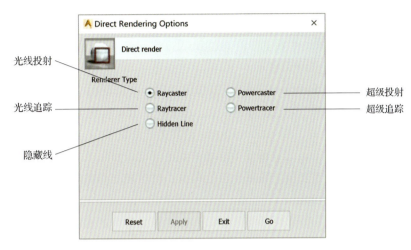

图 6-27　预览渲染对话窗口

光线投射生成包含阴影的平滑着色显示的渲染结果。光线投射比光线追踪要快，但不产生反射或折射。

光线追踪生成包含反射、折射和阴影的平滑着色显示的渲染结果。这是可能实现的最真实的渲染结果，但是比光线投射要慢得多。

隐藏线渲染生成卡通或草图样式的渲染。对象的轮廓是使用材质球颜色渲染的，而对象是使用白色填充的。曲面的轮廓包含任何凹凸贴图或置换贴图的效果。

超级投射和超级追踪是光线投射和光线追踪的多处理器版本。通过使用超级投射或超级追踪，可以使用多处理器计算机中选定数量的处理器渲染场景。

（4）设置渲染质量　渲染参数用于控制场景渲染的方式，Alias 中有全局渲染参数和对象渲染参数两种类型的渲染参数。全局渲染参数包含在 Render Globals 窗口中，可控制整个场景的渲染方式。对象渲染参数包含在 Render Stats 窗口中，可控制单个对象的渲染方式。当预览渲染效果不满足需求时，需要对单个渲染对象参数进行编辑后重新渲染计算。

在建模窗口中，选择要编辑其渲染参数的对象，然后选择 Render>Editors>Render Stats，此时将出现 Render Stats 窗口（见图 6-28）。此窗口提供每个对象的信息，并可对这些信息进行更改来优化场景渲染。

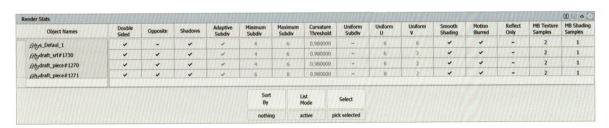

图 6-28　Render Stats 窗口

（5）渲染场景　选择 Render>Render，在出现的文件请求器中为已渲染的图像输入完整路径和文件名，或单击 Show List 并使用文件列表器选择该文件。如果使用文件列表器选择了某个文件，则渲染器将使用已渲染的图像文件覆盖该文件。

若要在渲染完成之前停止渲染器，则关闭 Render Monitor 窗口或单击 Render Monitor 窗口中的 Abort 按钮即可。应注意，执行此操作后是不可恢复的，这意味着无法从渲染结束的位置重新启动渲染。

如果在渲染过程中使用的 Render Monitor 窗口仍处于打开状态，单击 Show 即可查看已渲染的图像。如果已关闭 Render Monitor 窗口，则需要选择 File>Show Image 去查看已渲染的图像。

3 渲染输出

1）输出硬件渲染图像。选定视图后，单击 File>Export>Current Window 打开当前视图窗口的图像输出窗口，选择输出图像格式以及图像尺寸等信息，单击 Go，在弹出的对话框中选择输出图像的存储路径以及图像名称，即可完成当前视图窗口图像的输出。

2）输出软件渲染图像。选择 Render>Render 进行渲染时，在出现的文件请求器中，Alias 同样会要求用户定义渲染图像输出时存储的路径及图像文件名称。对于软件渲染的图像，在 Render Monitor 窗口中选择 Show 可对其进行查看，或者选择 File>Show Image 对其进行查看。

3）输出 SDL 文件。SDL 是 Alias 渲染器使用的场景描述语言。SDL 文件是二进制文件，可以使用命令行实用程序 bsdl 将它转化为一个包含渲染场景（包括模型、材质球、灯光和动画）所必需的所有信息的文本文件。通过对场景描述应用基本编程进行构建，可以创建有用的、壮观的效果，而单独使用交互式建模工具来创建这些效果可能会使人厌烦或根本不可能实现。借助 SDL 具有的编程语言的灵活性，还可以增加交互式建模工具的动力学和粒子系统。

在导出 SDL 文件之前应删除所有未参考材质球，因为导出时会将所有材质球（不管是否将它们实际指定给曲面）写到 SDL 文件中。

6.2 动画展示

与专业的动画制作软件相比，Alias 的动画工作流相对简单，我们可以了解 Alias 的基础动画工具，学习如何为自己的模型添加动态展示。在 Alias 中可通过多种方法设置、制作动画来呈现最终的模型数据，例如可以展示模型的装配过程，也可以展示新模型在场景中移动的景象。动画和照片级真实感渲染功能可生成非常逼真的图像。

6.2.1 Alias 中的动画

1 Alias 动画介绍

在 Alias 中，创建动画涉及设置时间轴。动画会随着时间推移改变对象的一个或多个特性，例如位置或颜色。创建动画的具体流程如下：

1）创建模型。
2）确定动画的持续时间和时间帧。
3）设置动画的对象关键帧。
4）设置运动路径。
5）设置对象在各帧之间如何进行过渡。
6）预览或渲染动画。

在 Alias 中有不同的动画级别，有关键帧动画、骨骼和反向运动学（IK）动画及变形高级动画。由于在汽车应用中很少涉及骨骼、动力学、变形动画，所以本书不涉及相关动画说明。

物体对象的许多参数都可用于创建动画，例如对象的 XYZ 位置、旋转、缩放和可见性。不同类型的对象具有不同的动画参数，例如可以为相机的视野以及灯光的颜色和强度设置动画。对于更高级的动画，Alias 能够沿时间轴改变对象或材质球的所有特性，而不是仅改变位置。可使用 Action Window 窗口、表达式（决定时间与对象特性之间关系的数学公式）和约束创建更逼真的自动效果。Alias 中的动画操作选项都在菜单栏的 Animation 菜单中（见图 6-29）。

图 6-29　Animation 菜单

2　创建转盘动画

转盘动画是指将一个或一组对象的动画设置为绕某个轴心点旋转 360°。可以设置其旋转方向、速度等来模拟汽车评审中评审对象旋转的场景。转盘动画的实现相对简单，只需要一个命令即可，即在 Animation 菜单中打开 Turntable（见图 6-30）。

接下来我们通过旋转概念车来讲解转盘动画案例。

1）在菜单栏中选择 Animation>Turntable。转盘功能是自动执行的，在调用该功能时所有活动的对象都将设置动画。默认情况下，将绕 Z 轴为活动对象设置动画。

2）如果只需要场景中特定对象旋转，而其他物体保持不动，则首先选择对象，再使用 Pick>Object 工具选择汽车模型，最后设置 Turntable 的选项（见图 6-31）。

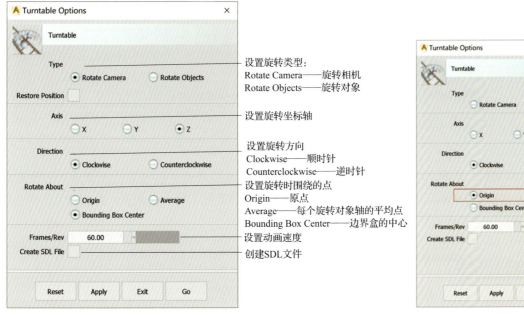

图 6-30　Turntable 选项

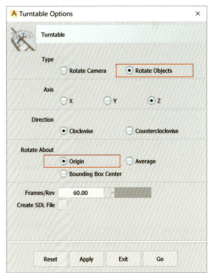

图 6-31　Turntable 的选项设置

3）场景文件将沿 Z 轴以一圈 60 帧的速度在场景中顺时针旋转（见图 6-32）。可以根据实际效果要求，修改 Frames/Rev 的滑块设置动画旋转速度。若要停止动画，请按 <Esc> 键。

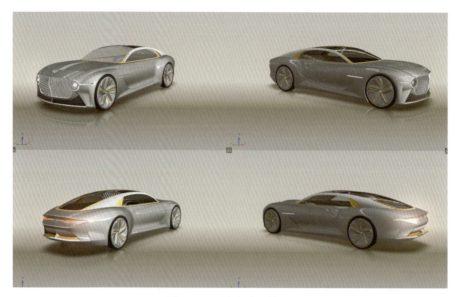

图 6-32　转盘动画效果

转盘动画注意事项：

1）转盘动画不能应用于模板化（Templated）后的数据。例如将某物体对象模板化灰化显示后，使用 Turntable 功能将会在提示行显示错误消息 "Unable to turn templated objects.Please remove them from target objects"（见图 6-33）。

图 6-33　提示行信息 1

2）转盘动画将应用于根节点 [SBD（场景结构图）窗口中的顶级节点]。如果尝试使用根节点以外的节点创建转盘动画，将显示错误消息 "Only root level objects can be turned.Turntable stopped"（见图 6-34）。

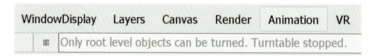

图 6-34　提示行信息 2

3）启用栅格捕捉后，选择 Animation>Turntable 后对象不会围绕原点（自身原点）旋转，它会忽略 Turntable Options 窗口中 Rotate About 下的 Origin 设置，绕（世界坐标）轴心点旋转。为了避免出现这种情况，请确保在调用 Turntable 时，栅格捕捉功能处于禁用状态。

6.2.2　关键帧动画

关键帧表示对象在特定时间的位置。可通过在某些特定点设置几个关键帧来为对象设置动画，然后 Alias 可填充对象在每一对关键帧之间的运动。※ 本节提供完成的数据文件，见文件夹 "6.2.2"。

1　车辆位移动画

（1）创建车辆位移与轮毂旋转

STEP 01　首先为动画做准备。选择 Animation>Keyframe> Set Keyframe 打开 Set Keyframe Options

对话框，在 Frame 中选择 Current，此选项为在当前时间设置关键帧。然后单击 Apply 按钮（见图 6-35）。

STEP 02 打开 Animation>Show>Toggle Time Slider 和 Animation>Editors>Action Window，观察或调整当前时间和动画曲线。

STEP 03 选择 Pick>Surface，选中轮毂表面的一个曲面，使用 Object Lister 中的 Search & Pick 找到轮毂。如果轮毂没有群组，则前后轮分别组成群组，并分别将中心点设置在轮毂中心（见图 6-36）。

图 6-35　Set Keyframe Options 对话框

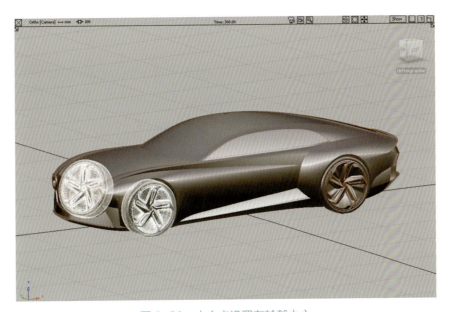

图 6-36　中心点设置在轮毂中心

STEP 04 轮毂单独组成群组后再与整车组成群组，这样便于设置整车移动动画（见图 6-37）。

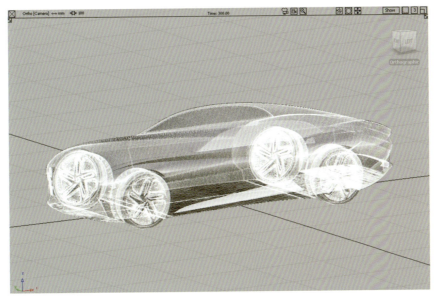

图 6-37　与整车组成群组

STEP 05 单击 Pick>Object 工具选择整车，将车辆移动至后方的初始位置，选择 Animation>Keyframe>Set Keyframe，为该对象在当前位置创建一个关键帧，该帧将成为动画的起点（见图 6-38）。

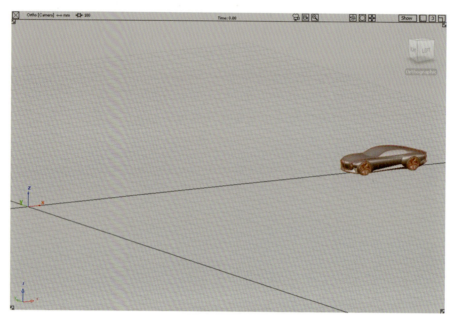

图 6-38 初始位置

STEP 06 通过在 Toggle Time Slider 中移动时间滑块或在 Action Window 中拖动时间，设定 300 为终止位置，并将车辆移回原点。然后单击 Animation>Keyframe>Set Keyframe，可在 Action Window 窗口中看到曲线（见图 6-39）。

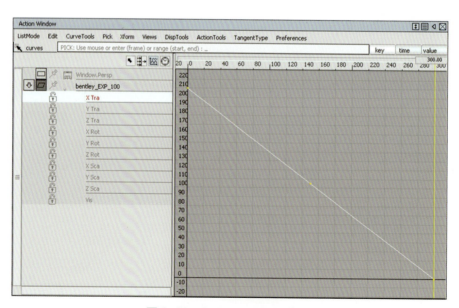

图 6-39 Action Window 窗口

STEP 07 生成时长后，通过选择 Animation>Show>Toggle Time Slider 启用时间滑块，可以拖动时间滑块检查动画运动（见图 6-40）。

图 6-40 Toggle Time Slider 的时间滑块

STEP 08 设置轮毂旋转动画。这里介绍前轮的设置方法，后轮同理。在 Object Lister 中单选前轮，然后在起始位置通过 Animation>Keyframe>Set Keyframe 将其设为初始状态（见图 6-41）。

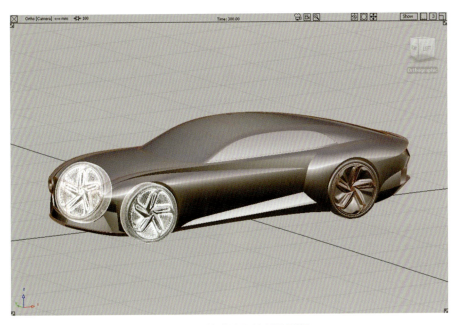

图 6-41　单独选取轮毂的群组

STEP 09 移动时间滑块使时长在 1~300 之内。选择 Transform>Rotate 工具进行 Y 轴旋转，旋转后单击 Animation>Keyframe>Set Keyframe，将轮毂中心设置为中心点，最后可在 Action Window 中看到曲线。在 Action Window 中，按住 <Ctrl+Shift> 键的同时单击鼠标左键，选择 Pick>Keyframes，将 Y Rot 终点拖至终点 300 处，并向下拖动，例如我们拖至 5000，相当于轮毂旋转了 5000°（见图 6-42）。

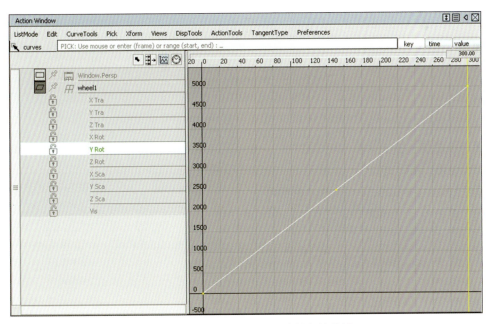

图 6-42　Action Window 中轮毂的曲线

STEP 10 制作完成后，可以使用 Toggle Time Slider 中的 Play 按钮播放动画，在播放期间，当前时间将相应变化。当前时间显示在当前应用程序窗口以及 Animation>Show>Toggle Time Slider 和 Animation>Editors>Action Window 中。动画停止时，当前时间停在回放期间查看的最后一个帧。

播放动画有以下两种方法：

1）使用 Animation>Show>Playback。

2）单击时间滑块上的 Play 按钮（见图 6-43）。

图 6-43　Play 按钮

STEP 11　在调用回放功能或使用下一个帧或上一个帧按钮时，by 值（定义帧的间隔时间）将确定当前帧到达下一个帧或上一个帧时的增量或减量。fps 值指定在回放动画期间每秒应显示的帧数，帧在 Max 和 Min 值之间均匀分布，间隔时间为当前的 by 值。

最后检查下 Action Window 中轮毂与车身整体的曲线（见图 6-44）。

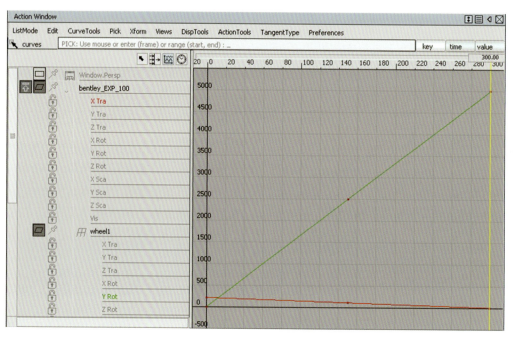

图 6-44　Action Window 中轮毂与车身整体的曲线

（2）编辑动画曲线　生成简单的动画曲线后，需要对动画进行编辑，以便获得更逼真的动画效果。为了介绍如何编辑动画，此处提供了一个在动画中编辑车身位移的案例，实现缓慢起步—加速—缓慢停车的过程。

STEP 01　首先将通过编辑车辆位移的动画曲线切线，更改车辆位移在动画开始时的速率。

STEP 02　在车辆位移仍然保持选中状态时，选择 Animation>Editors>Action Window 以打开 Action Window。

STEP 03　Action Window 使用称为动画曲线的线图显示选定对象的动画，每条动画曲线表示对象的一个参数。设置了动画的参数称为通道。

水平轴表示时间，垂直轴表示参数值，每个关键帧由一个小红点表示，参数名称沿窗口左侧列出（见图 6-45）。

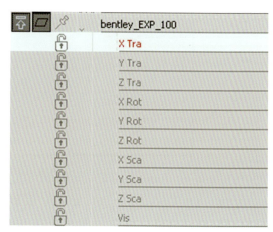

图 6-45　Action Window 的参数栏

STEP 04　在 Action Window 中选择 Look At 命令或单击 Views>Look At，以便更清晰地查看和显示所有动画曲线。单击每个参数名称以选择并高亮显示其相应的曲线（见图 6-46）。

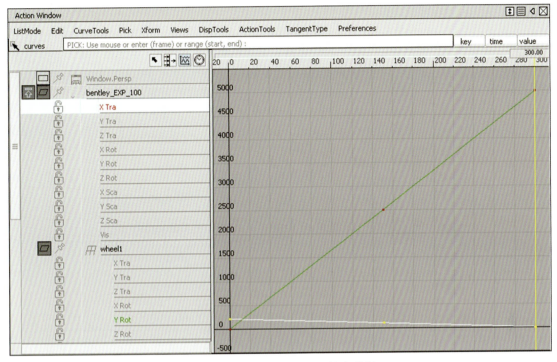

图 6-46　Action Window 的参数栏

此时可注意到，除了两条斜线之外，所有动画曲线都是水平线。单击第一个参数的名称（X Tra）来选中它。该参数是 X 轴平移参数，它表示对象在 X 轴方向的移动。

X 平移线是一条非水平线，因为车辆仅在 X 轴方向实现动画。由于车辆以恒定速率移动，因此该曲线是一条直线。

在 150 帧处选择 Set Keyframe 命令，使其产生一个节点。选择 TangentType>In/Out 更改曲线在每个关键帧的切线，这样将改变车辆在动画开始时的速率。

STEP 05　单击 In/Out 平缓移出新的关键帧，并平缓进入下一个关键帧。此时斜线将变为曲线，使得车辆非常缓慢地开始移动，并逐渐提高其速度（见图 6-47）。同样，如果对轮毂旋转的曲线进行调整，也会使其旋转速度由缓慢开始到逐渐提高转速。

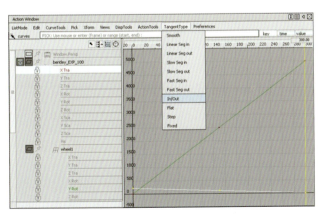 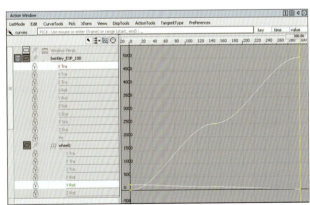

图 6-47　Action Window 的曲线窗口

2　相机动画

（1）创建相机动画　这里我们介绍 Alias 中的相机动画，它与之前的转盘动画不同。转盘动画中相机及物体的单一旋转展示，以及功能限制、注意事项，都限制了展示的扩展。我们在了解关键帧动画后，也可以对相机进行关键帧的控制，使其有更好、更灵活的展示效果。

STEP 01　接着车辆位移动画的后续，我们直接设置相机动画。在 Alias 中选择 View>New Camera 工具生成新的相机，在 Show 窗口中勾选使其可见（见图 6-48）。

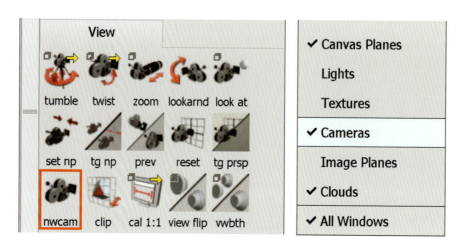

图 6-48　生成相机并使其可见

STEP 02　勾选后，切换新相机，界面视图切换至 All Windows，Persp 窗口内的视角调整至我们想要的视角，并将这个视角视为初始位置（见图 6-49）。相机所示的角度如果不设置动画，将固定朝向。

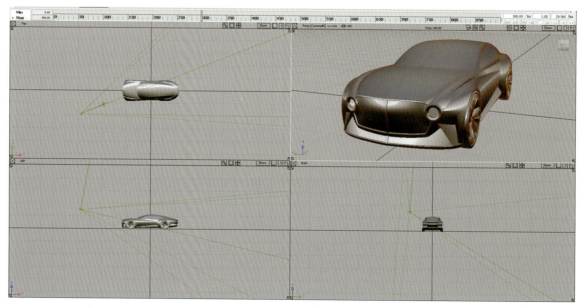

图 6-49　观察镜头

STEP 03　选中相机，可以看见轴心点位于世界坐标中心，我们通过移动相机的位置来制作相机动画，但 Persp 窗口的视角保持不动（见图 6-50）。在其他三视图下移动相机到图 6-51 所示位置。注意：这里只是使用 Move 工具移动中心点位置。

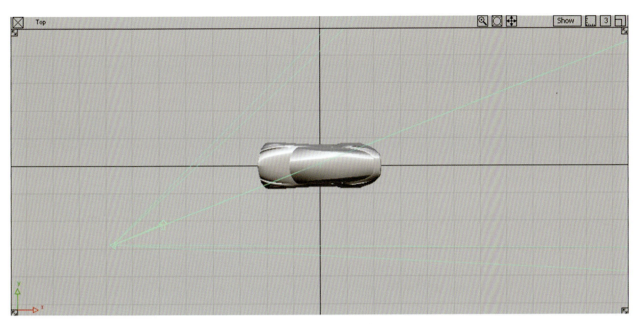

图 6-50 镜头中心点

图 6-51 镜头中位置

STEP 04 单击 Set Keyframe 将相机此时的位置作为相机运动的初始位置。拖动时间轴至 450 后单击 Set Keyframe，将相机移动回中心位置后再单击 Set Keyframe，拖动时间轴至 800，将相机沿 Z 轴旋转一定角度后单击 Set Keyframe。将相机沿 Z 轴旋转以后，选中列表中的 Z Rot，拾取曲线调整纵轴数值至 360，这样可以控制旋转角度以及圈数。最后，再将相机移至初始位置，获得图 6-52 所示的曲线。转盘动画只能调整旋转一圈时的转速，而使用相机动画可以使用不同的转速，不仅可以获得和转盘动画一样的效果，还可以调整动画灵活性。

> **技巧** 如果生成的曲线产生扭曲，可以使用 All Windows 窗口内的 TangentType>Linear Seg in 修顺曲线。

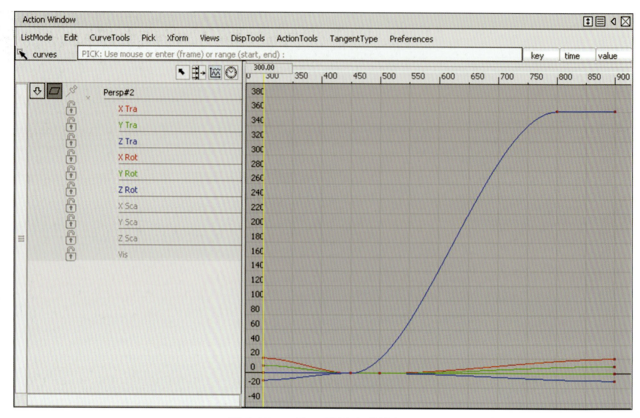

图 6-52　In/Out 后的相机曲线窗口

（2）设置相机使其沿运动路径移动　允许用户沿路径设置场景的相机视图的动画，可有效模拟场景的穿行，但不会生成动画曲线。

选择 Animation>Tools>Autofly（如果要指定起始帧和结束帧等选项，请选择 Autofly），将显示提示"Select the motion path for the camera EYE to follow"。

单击要指定为相机镜头的运动路径的曲线，曲线的颜色将会改变，表明它现在是运动路径。选择相机镜头的运动路径后，系统将提示"Select the motion path for the VIEW,or select the GO icon"。

若要为相机视图使用另一条曲线，则单击要指定为相机视图运动路径的曲线。单击 Go 图标，系统将使用为相机镜头选择的运动路径正前方的相机视图运动路径。

选择相机视图运动路径并单击了 Go 图标之后，系统将提示"Select the motion path for the UP,or select the GO icon"。若要再对相机上移使用另一条曲线，请直接单击要指定为相机上移路径的曲线。单击 Go 图标后，系统将生成相机上移的运动路径。相机将沿着上述方向，并根据在 Autofly Options 框中设置的当前 Maximum Bank 度数值，围绕曲线倾斜移动。

完成曲线选择后，将创建一个新的透视窗口，并沿着曲线为其相机设置动画。

注　意　在动画回放期间运动路径不可见。若要中断动画回放，请按 <Esc> 键。

在图 6-53 中，只使用了一个运动路径，在相机沿着运动路径行进时，相机视图始终在相机镜头的正前方。如果相机在对象之间穿行，则相机视图中会看不见对象。

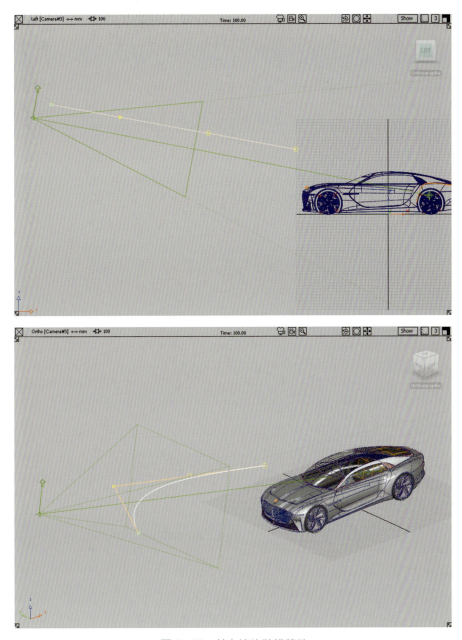

图 6-53 单向镜头随线移动

3 轨迹动画

前面所介绍的抓取关键帧动画可以模拟简单的位移动画，但对于复杂的动画（例如拐弯运动等动画），手动抓取关键帧去调整会特别麻烦。轨迹动画可以沿着曲线轨迹自动生成关键帧，在 Action Window 中，这个命令可用于模型的最终演示。

（1）创建车辆的轨迹动画 轨迹动画为单独的动画，若之前的物体已激活了动画设置，轨迹动画会替换之前的动画，所以我们应做好准备提前添加轨迹动画。轨迹动画所识别的曲线必须是空间上的曲线，无法识别面上的投影线。

STEP 01 选择 Curves>New Curves>New CV Curve 工具，绘制一条用作运动路径的曲线。该曲线存在方向，其方向会改变轨迹运动的方向，使用 Reverse Curve 命令可以查看和更改曲线的方向（见图 6-54）。

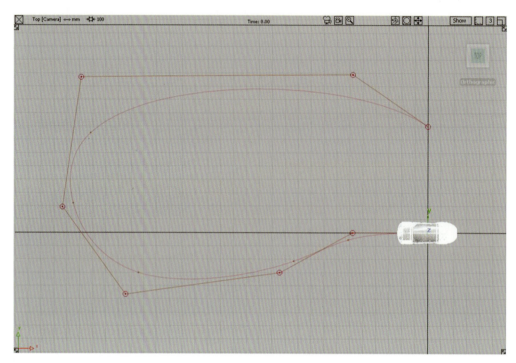

图 6-54　更改曲线的方向

STEP 02　在 Animation 菜单中，选择 Animation>Tools>Set Motion 命令旁的框，此时将打开 Set Motion Options 对话框（见图 6-55）。

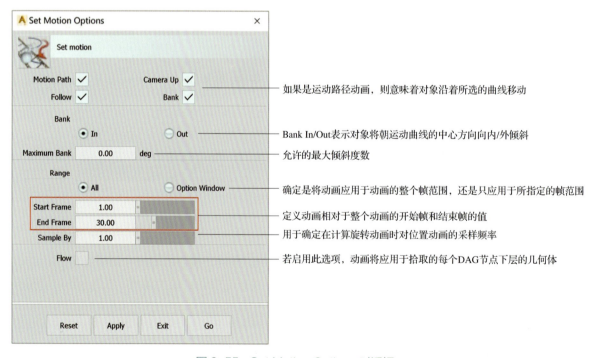

图 6-55　Set Motion Options 对话框

STEP 03　设置 Range 为 Option Window，设置 Start Frame 为 1（即将动画设置为从第 1 帧开始），设置 End Frame 为 600（即动画在第 600 帧结束）（见图 6-56）。然后单击 Go 按钮。

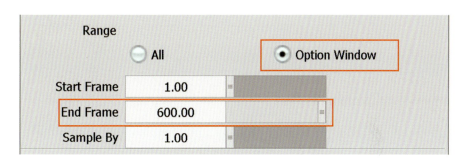

图 6-56　Set Motion Options 的部分选项

STEP 04　单击 Pick>Object 工具，拾取物体后物体会变色，然后单击运动路径曲线，并沿该曲线设置对象的动画（见图 6-57）。

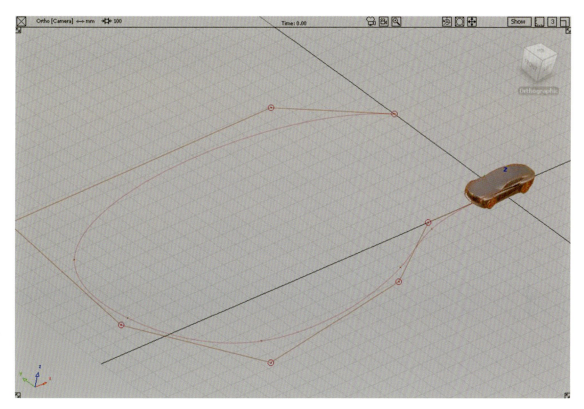

图 6-57　路径的选择

STEP 05　使用 Object 工具可以对曲线进行选择。选定曲线后可以对其进行编辑调整，改变动画的运行路径。打开 Toggle Time Slider 的时间滑块可以验证路径上的动画（见图 6-58）。

图 6-58　Toggle Time Slider 的时间滑块

（2）相机跟随的轨迹动画　车辆轨迹生成后，可以给相机添加轨迹动画，即添加一个镜头放置在物体一侧，使镜头跟随车辆移动。镜头生成轨迹后，可以随着轨迹移动始终朝向车辆。可通过 Action Window 中修改关键帧曲线来更改镜头动画。

STEP 01　新创建一个相机，将它摆放在车辆侧后方（见图 6-59）。

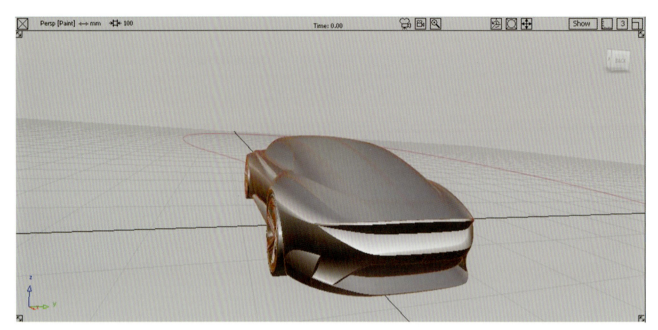

图 6-59　相机位置

STEP 02　通过和设置物体一样的方式，对镜头使用 Set Motion，可以实现镜头跟随物体一起移动的动画效果（见图 6-60）。

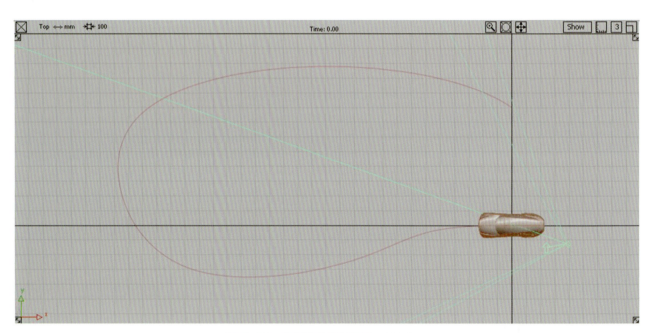

图 6-60　选择镜头并使用 Set Motion

STEP 03　播放动画，检查时间滑块。可以通过 Action Window 找到 Z Rot 曲线，修改 Z 轴的旋转参数，优化相机移动。

STEP 04　镜头单一地跟随车辆移动会显得死板。将镜头的 Z Rot 曲线直接剪切掉，镜头依然会跟随车辆移动，由于轨迹的原因相对展示出来的效果是镜头围绕车辆在移动。可灵活运用轨迹动画以及简单的关键帧抓取来优化动画展示（见图 6-61）。

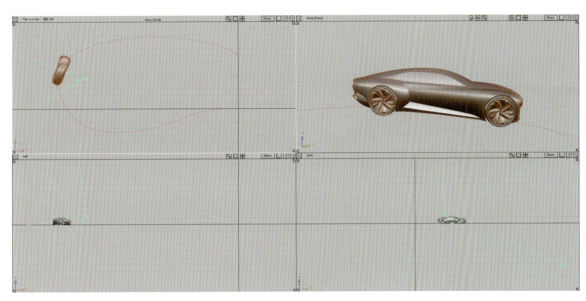

图 6-61 相机跟随车辆移动

6.2.3 分解图动画

分解图（也称为爆炸图）的作用是清晰地展示物体的整体结构和内部，信息量大，但需要有比较详细的模型数据作为支撑（见图 6-62）。※ 本节提供完成的数据文件，见文件夹"6.2.3"。

图 6-62 轮毂分解图

1　轮毂的分解图动画

本节将以轮毂分解图为案例，讲解 Alias 中制作分解图动画的流程。

（1）确定分解部件的位置

STEP 01　选择 Pick>Object 工具，拾取要首先设置动画的模型组件。可以使用 SBD 或 Object Lister

观察组件。根据关键帧动画的特性，在群组中选择组会方便整体动画的设置。这里我们依然使用群组中单选组的方式来制作分解图动画（见图 6-63）。

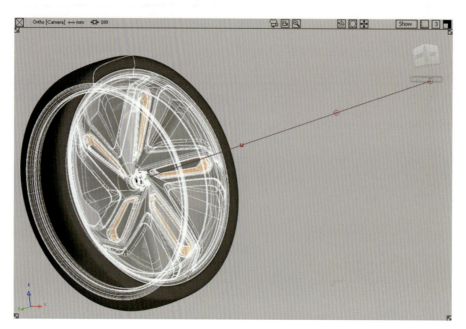

图 6-63　Object Lister 窗口

STEP 02　将模型组件从场景中拉出，以获得整个场景的更理想的视图。找到轮心的中心线，将轮毂内部件的中心点设置在线的一端，将要设置动画的第一个模型组件移到模型上方较远处（在本案例中，为沿轮子轴向外移动）（见图 6-64）。

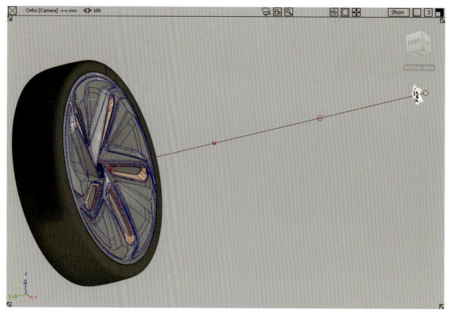

图 6-64　轮毂的第一个物件外移

STEP 03　拾取第二个模型组件，依然将其沿着轮毂中心线向外移动（根据模型数据的造型需求也可以散开移动）。使用移动和抓取工具组合重复以上步骤，依次将组件向外移动 1500、1250、1000、750、600、500、300，直到已定位每个模型组件（见图 6-65）。

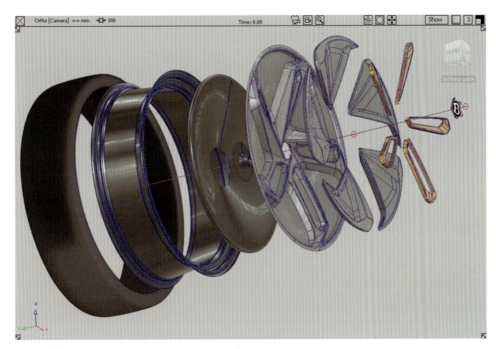

图 6-65　轮毂爆炸向外

在分解完成的位置创建一个关键帧，将该关键帧设置为 0（或在原点定位 0，外移后定位 150，再移动回原点定位 300），即可爆炸出后收回。

（2）生成动画检查干涉　将所有分解出去的组件全部吸附回之前的原点时，它们会彼此相交（见图 6-66）。在本案例中，在将除轮胎以外的组件组装到一起之前，轮胎一直位于其最终位置。

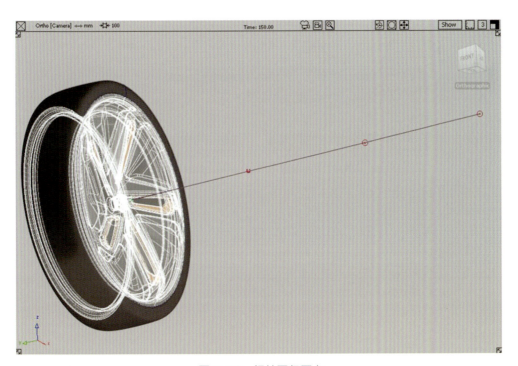

图 6-66　组件回归原点

STEP 01　确定分解图动画中各组件的起始位置，在 Action Window 窗口中查看时间轴曲线（见图 6-67）。

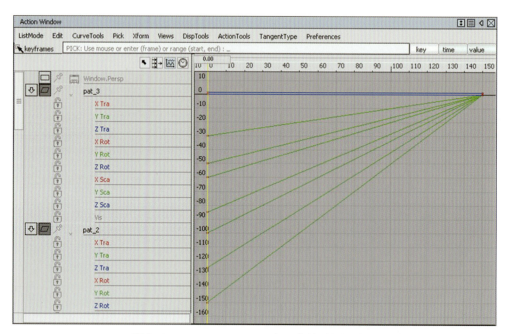

图 6-67　Action Window 窗口中的时间轴曲线

STEP 02　单击拖动栏，朝动画末尾拖动时间条，观察对象碰撞的位置（见图 6-68）。

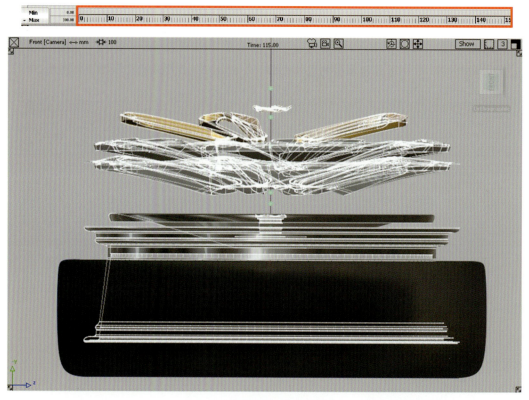

图 6-68　拖动时间条进行观察

STEP 03　在动画中往回拖动时间条，以确定是哪些对象发生了碰撞（见图 6-69），并拾取需要更改的对象。本案例是沿着直线分解排序发散的，所以不需要更改修正。但如果为了优化动画可调整曲线，例如 TangentType>In/Out 曲线发生交会，应防止碰撞干涉（见图 6-70）。

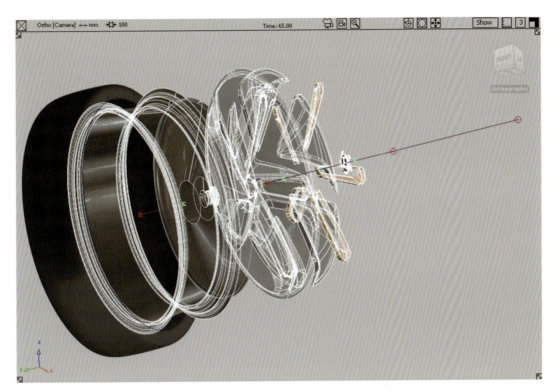

图 6-69　在 Action Window 窗口中观察对象

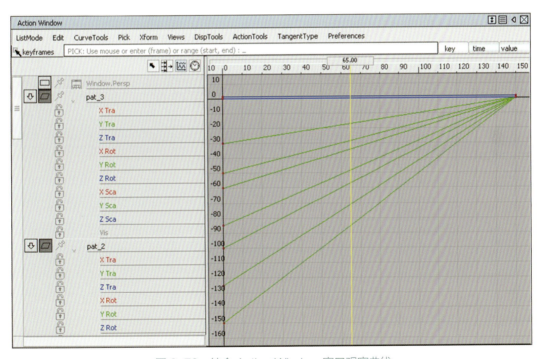

图 6-70　结合 Action Window 窗口观察曲线

（3）循环分解图动画　分解爆炸的组件，分解开后又可回归中心点。利用分离和回归的动作，我们可以通过简单的编辑实现循环动画。分解图动画要确定好其模型组件的统一中心点或回归中心点，这样方便分解和回归的识别。

STEP 01　单击 Animation>Editors>Action Window，打开 Action Window 窗口，选择 Views>Look At，观察分离开后回归的动画（见图 6-71）。

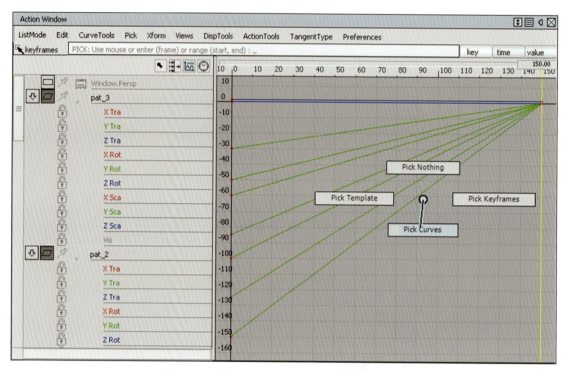

图 6-71　在 Action Window 窗口中观察动画

STEP 02　将要设置的选定关键帧曲线移到 –50 并抓取关键帧，这样分解到外面的时候会停顿一段时间（见图 6-72）。

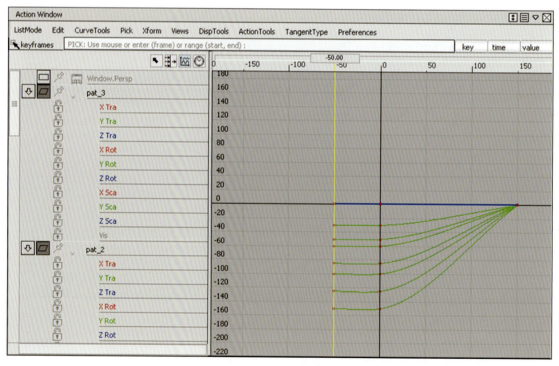

图 6-72　停顿曲线

STEP 03　在 –200 处将所有对象归回原点并截取关键帧（见图 6-73）。

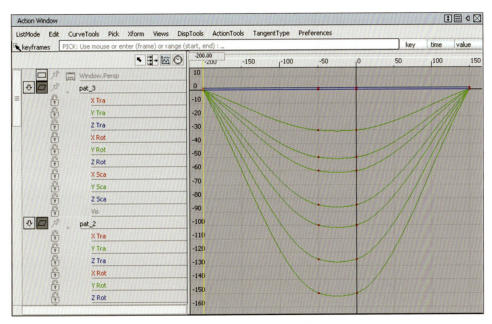

图 6-73 归回原点曲线

STEP 04 为了不让时间为负,直接将所有曲线移动至 0(见图 6-74)。

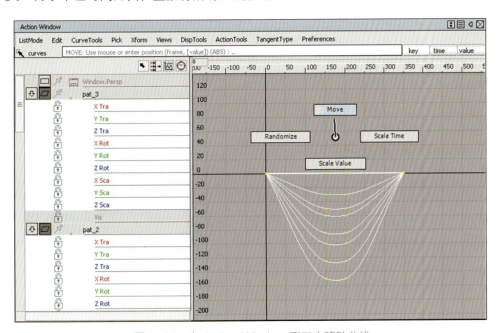

图 6-74 在 Action Window 窗口中移动曲线

2 动画的导出导入

本部分将介绍如何在 Alias 中将动画通过渲染导出成视频,以及将所设置的动画信息以 SDL 文件的格式导出。

(1)动画参数的导出导入 在 Alias 中,File>Import 和 File>Export 中的动画导入及导出选项是导入及导出动画参数设置,可以将设置好的动画套用在不同的数据上,不用每次都重新设置一遍动画参数。

STEP 01 在导出之前要对数据进行整理,导出的动画会根据群组的名称生成数据文件,所以在导出时请对数据组件分别命名。图 6-75 所示是上个案例中设置有动画参数的群组。

STEP 02 命名后选择组件，设置 File>Export>Anim 内的选项（见图 6-76）。

图 6-75 设置有动画参数的群组　　图 6-76 导出动画选项

STEP 03 本案例中以 1 作为文件名，导出后可以在文件夹路径下看见所有文件分别对应着各群组的名字（见图 6-77）。

图 6-77 导出的文件

STEP 04 打开创建好的轮毂数据，选择需要添加动画的部件，设置好中心点（见图 6-78）。

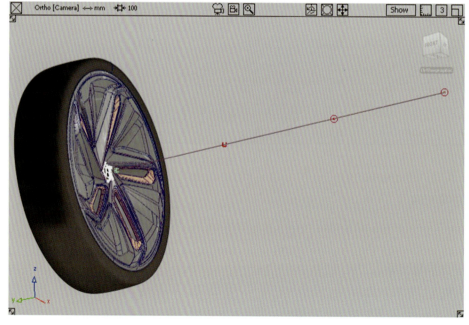

图 6-78 导入动画前的准备

STEP 05　单击 File>Import Anim，选择部件对应的动画参数文件，组件将会被添加上之前设置好的动画。

（2）动画以帧及影片渲染方式导出　在之前的案例讲解中，一直使用 Animation>Show>Toggle Time Slider 的时间滑块来播放或者回放动画。在刚设定动画关键帧、检查动画的时候使用时间滑块效率比较高，但在数据量增大后会发现播放时显得十分卡顿。

Animation>Show>Playback 中的回放命令和时间滑块的播放功能是一样的，在回放期间禁用时间滑块，最多可使快速预览速率提高 200%。

在 Animation>Editors>Playback Options 中可以开启 Play Blast 窗口来实现动画逐帧导出，结合 Render>Convert Frames to Movie 可以生成 AVI 格式的影片。渲染性能的调节也可以在 Render>Globals 中完成。

STEP 01　打开 Animation>Show>Toggle Time Slider 关闭之前的时间滑块，再打开 Animation>Editors>Playback Options 勾选 Show Play Blast 选项。

STEP 02　此时若要播放动画，需要单击 Animation>Show>Playback 打开 Playback Options 窗口（见图 6-79），设置动画播放的帧数范围、速率使与时间滑块一致，单击 Go 按钮出现 Play Blast 窗口。

STEP 03　展开 Play Blast 窗口边上的列表，选择 Pix，再选择将动画帧存储的位置（此处是默认位置），设定名称后将会

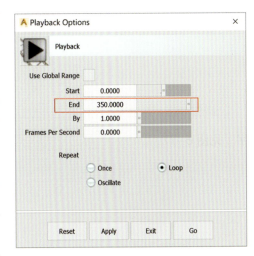

图 6-79　Playback Options 窗口

自动将动画逐帧存入。在 Play Blast 窗口中需等待动画逐帧渲染完成一遍并生成 Pix 图片文件，之后才会以完整的方式流畅地播放（见图 6-80）。

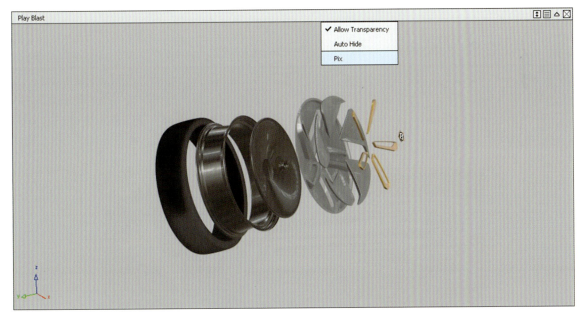

图 6-80　Play Blast 窗口中播放动画

STEP 04　单击 Render>Convert Frames to Movie，在其选项窗口中设置要输出的电影类型为 AVI 或 QuickTime 格式（QuickTime 格式需要安装特定软件后才能选择），然后选择解码方式，调整 Frames per second 的值（也就是时间滑块上的 fps 值）（见图 6-81）。

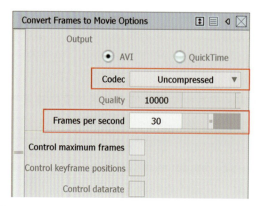

图 6-81　Convert Frames to Movie Options 窗口

STEP 05　单击 Go 按钮会打开默认路径下的 PIX 文件的位置。该文件夹中会自动生成动画的帧的图片，图片名称中的数字代表动画中对应的帧数（见图 6-82）。

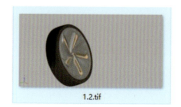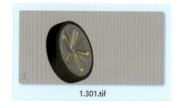

图 6-82　文件名称

STEP 06　确定文件名后将会自动生成动画视频文件，并存放在 PIX 文件目录下。

6.3　Alias VR

数字技术在汽车设计中的另一个前沿应用领域是 VR，在 VR 中，用户与计算机生成的输出之间的交互作用得到更进一步的加强。Alias 从 2019 版开始加入 VR 技术，在设计过程中，设计师、模型师可以通过 VR 设备在虚拟空间中构建模型，还可以在三维环境中查看并修改过程中的数据（见图 6-83）。

图 6-83　VR 与汽车数字设计

6.3.1 VR 概述

1 VR 技术介绍

VR 技术利用计算机模拟产生一个三维空间的虚拟世界。VR 技术是仿真技术的一个重要方向，是仿真技术与计算机图形学、人机接口技术、多媒体技术、传感技术、网络技术等多种技术的集合。VR 技术主要包括模拟环境、感知、自然技能和传感设备等方面。模拟环境是指可由计算机生成实时动态的三维立体逼真图像。感知是指理想的 VR 应该具有人所具有的一切感知，即除计算机图形技术所生成的视觉感知外，还应有听觉、触觉、力觉、运动等感知，甚至还包括嗅觉和味觉等，也称为多感知。自然技能是指人的头部转动、眼睛开闭、手势或其他人体行为动作，由计算机来处理与参与者的动作相适应的数据，并对用户的输入作出实时响应，再分别反馈到用户的五官。

2 VR 的特征

1）沉浸感。VR 技术是根据人类的视觉、听视的生理心理特点，由计算机产生逼真的三维立体图像，使用者可将自己置身于虚拟环境中，成为虚拟环境中的一员。使用者与虚拟环境中各种对象的相互作用，就如同在现实世界中一样，有种身临其境的感觉。

2）多感知性。多感知性是指除一般计算机所具有的视觉感知外，还有听觉感知、触觉感知、运动感知，甚至还包括味觉、嗅觉等感知。

3）存在感。存在感是指用户感到的作为主角存在于模拟环境中的真实程度。理想的模拟环境应该达到使用户难辨真假的程度。

4）交互性。交互性是指用户对模拟环境内物体的可操作程度和从环境得到反馈的自然程度。

5）自主性。自主性是指虚拟环境中的物体依据现实世界的物理运动定律动作的程度。

3 VR 的发展阶段

VR 的发展阶段见表 6-2。

表 6-2 VR 的发展阶段

发展阶段	时间	内容
探索期	20 世纪 50—60 年代	1957 年，美国人 Morton Heilig 发明了"全传感仿真器"，揭开了 VR 的帷幕 1967 年，Morton Heilig 构造了一个多感知仿环境的 VR 系统——Sensorama Simulator，这是历史上第一套 VR 系统 1968 年，计算机图形之父 Ivan Sutherland 和 Bob Sproull 一同发明了头戴式 VR 设备，第一台 VR 原型设备 The Sword of Damocles 诞生
实践期	20 世纪 80 年代	1982 年，美国军方开发了带 6 个自由度跟踪定位的 VCASS，第一次实现完全沉浸式的 3D 虚拟视觉。Eric Howlett 发明了大视野额外视角系统，这套系统可以将静态图片变成 3D 图片 1985 年，美国国家航空航天局涉足 VR 领域，推出了 VIVED VR，以创造出更加真实的飞行模拟器 1988 年，VPL 公司研发出市场上第一款民用 VR 产品 EyePhone。1989 年，VPL 公司提出 "Virtual Reality" 并被认可和使用
发展期	20 世纪 90 年代	1991 年，消费级 VR 产品 VPL Virtuality 1000CS 上市 1993 年，世嘉推出 VR 设备 Sega VR，并参与当年 CES 大会 1995 年，任天堂推出便携式主机 Virtual Boy，并配备手柄 2000 年，头戴式 VR 设备 SEOS HMD 120/40 发布，其视角能达到 120°

（续）

发展阶段	时间	内容
爆发期	2000 年至今	2011 年，索尼推出头戴式 3D 显示设备 HMZ-T1 2013 年，头戴式 VR 设备 Oculus Rift 推出开发者版本 2014 年，三星发布 VR 头盔 Gear VR 2014 年，谷歌推出头戴式 VR 设备 Cardboard 2015 年被称作 VR 行业的产业元年，这代表着一个行业的诞生。VR 头盔 HTC VIVE 首次发布，索尼的 VR 头盔改名为 PS VR，Oculus 发布消费者版本，Gear VR 消费版正式开放预售，国内企业纷纷布局 VR

4　VR 设备

VR 设备主要分为主机端头戴式显示设备、一体机和输入设备三类，如图 6-84 所示。

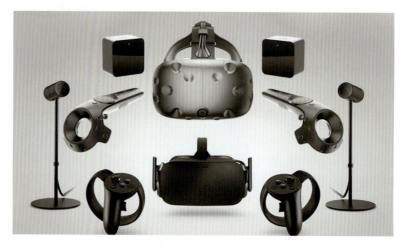

图 6-84　VR 设备

1）主机端头戴式显示设备的代表是 Oculus Rift、HTC VIVE 和 Sony PlayStation VR，它们都属于比较高端的 VR 设备，使用过程中需要配合主机设备来使用，而且对硬件要求比较高，例如 HTC VIVE 对计算机显卡的要求是 NVIDIA GTX970 或 AMD R9 290 同档及更高配置。

2）一体机需要将显示、计算、存储、电源等功能性模块全部集成到头戴式显示设备中。

3）输入设备包括手柄、收拾追踪、动作捕捉、图像采集等设备。手柄可能是最早大规模使用的 VR 输入设备，Oculus Rift、HTC VIVE、Sony PlayStation VR、Gear VR 都采用或兼容手柄。

5　VR 在汽车领域的应用

利用 VR 技术建成的汽车虚拟开发工程，可以在汽车开发的整个过程中全面采用计算机辅助技术来缩短设计周期。设计师戴上 3D 眼镜坐在"车里"，就能模拟"操控汽车"的状态，并在模拟的车流、行人、街道中感受操控行为，从而在车辆未被生产出来之前，及时、高效地分析车型设计，了解实际情况中的驾驶员视野、中控台设计、按键位置、后视镜调节等，并进行改进，从而有效控制汽车开发的成本（见图 6-85）。

图 6-85　VR 在汽车领域的应用

6.3.2 Create VR

Alias 2020.2 Update 引入了一款沉浸式概念设计工具——Create VR。Create VR 能够直接在三维环境中开始创作之旅，通过使用简单的曲线和曲面工具，设计师能够与设计一起完全沉浸在 VR 中，同时探索外形和形状，然后还可以将草图和模型轻松导出到 Alias 或其他内容创建应用程序中，以便实现最终结果（见图 6-86）。

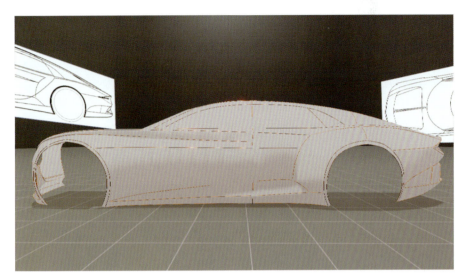

图 6-86　利用 Create VR 完成概念车

1　硬件要求

Create VR 对硬件设备有一定要求。Create VR 支持的 VR 设备包括 Oculus Rift S、Oculus Rift 和 Touch 控制器，以及 HTC VIVE Pro HTC VIVE 和 VIVE 控制器（见图 6-87）。就计算机端而言，要求操作系统为 Windows 10，建议处理器为 Intel Core i7-7700 或更高版本，且显卡不低于 NVIDIA GTX 1080，建议内存至少为 16GB。

图 6-87　HTC VIVE 控制器

另外，还需要有一开阔空间以搭建虚拟展台。

2　编辑曲线

Create VR 在构建曲线、曲面等元素的同时，还能对其进行形态编辑。下面就以 HTC VIVE 设备为例介绍在 Create VR 中编辑曲线的相关功能。

（1）**绘制 NURBS 曲线**　选择 Curve 工具，在 Tool 手上拖动触发器以放置 CV，按下方向键的左键以完成曲线（见图 6-88）。

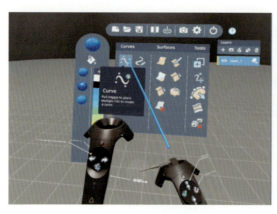 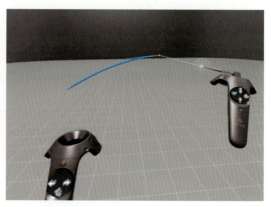

图 6-88　在 Create VR 中构建曲线

（2）绘制自由曲线草图　选择 Sketch Curve 工具，在 Tool 手上按住触发器的同时在空间中绘制曲线，松开触发器以完成曲线（见图 6-89）。

 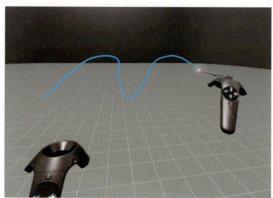

图 6-89　在 Create VR 中绘制自由曲线

（3）绘制圆或椭圆　选择 Circle/Ellipse 工具，此时手写笔将显示一条虚线，该虚线指示将在哪个轴上绘制圆或椭圆。使用 Tool 手将轴放置在场景中要创建对象的位置，场景中将显示一个平面，其原点处有一个小圆圈，移动 Tool 手以缩放圆（见图 6-90）。

如果要绘制椭圆，在绘制圆的基础上，绘制完成后拖动触发器，然后移动 Tool 手将圆拉伸为椭圆，再次拖动触发器以完成操作（见图 6-91）。

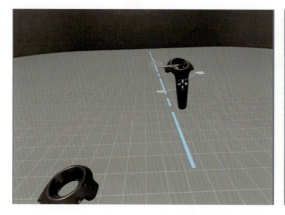 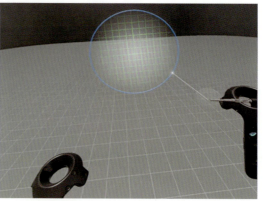

图 6-90　在 Create VR 中绘制圆

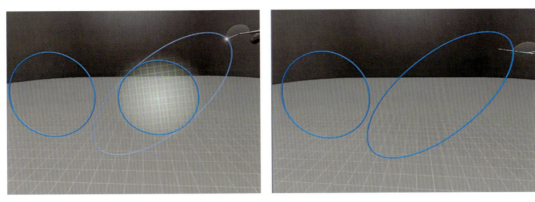

图 6-91　在 Create VR 中绘制椭圆

（4）删除曲线　选择 Delete Curve 工具，将手写笔放在曲线上并按下触发器，即可删除曲线（见图 6-92）。

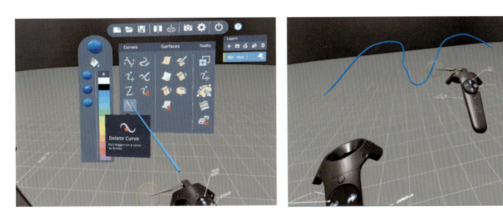

图 6-92　在 Create VR 中删除曲线

3　创建整车

将草图以 PNG 格式导入 Create VR 中，缩放后摆放至合适的位置。可以将线框数据转换成 FBX 文件导入 Create VR，根据线框勾画 Create VR 中的 NURBS 曲线。

（1）导入参考图　将参考图以 PNG 格式导入 Create VR，并将路径指定在 Pictures 文件夹下。新建图层（将图层当作 Alias 当中的群组使用会使建模整理方便很多），然后选择图层并将参考图导入 Create VR 中摆放至合适位置（见图 6-93）。参考图可以移动和缩放。

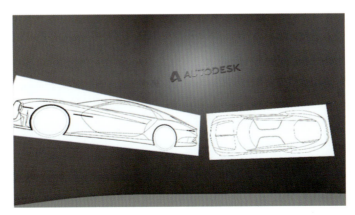

图 6-93　导入参考图

（2）绘出轮廓线 在 Create VR 中使用 Curve 工具绘制出车体轮廓线。灵活运用吸附功能抓取 CV 构造线，同时将 Tool 手在外壳线上使用扳机可以顺着外壳线移动，灵活运用这些功能将车的轮廓线构建出来（见图 6-94）。

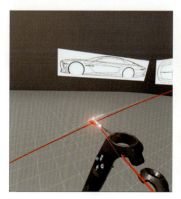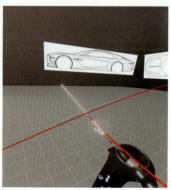

图 6-94 在 Create VR 中绘制曲线

构建的过程中灵活使用缩放、移动等功能，以方便在 VR 环境下观察模型。使用快速查看功能会恢复至 1∶1 的模型比例（见图 6-95）。

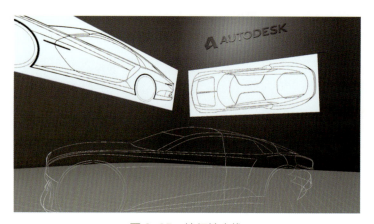

图 6-95 特征轮廓线

（3）搭建车身曲面

1）绘制 NURBS 曲线后使用曲面工具中的 Extrude 工具，根据顶棚线拉伸出一个面，并使用 Align 工具将面的边界匹配到曲线上（见图 6-96）。

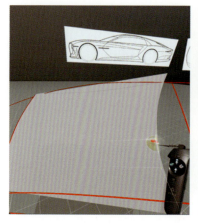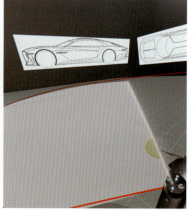

图 6-96 在 Create VR 中拉伸成面

2)通过勾画的线,逐步将整车比例模型搭建完成(见图6-97)。

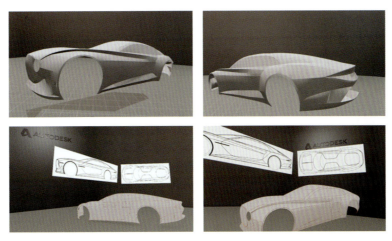

图6-97 在 Create VR 中快速搭建整车造型

6.3.3 View in VR

View in VR 用于在 VR 中浏览模型,可以身临其境地置身于相应环境中并体验设计,还可连接 VR 设备并在 VR 中查看 Alias 场景。在 Alias 中对场景所做的任何更改均将自动显示在 View in VR 中。

与 Create VR 一样,使用该工具模块前需要先连接好 VR 设备,然后在 View In VR 中对相应内容进行设置(见图 6-98)。

Render Settings:根据系统功能选择 Low、Medium 或 High。设置得越高,抗锯齿效果越好,但会影响图形性能。

VR System:根据使用的 VR 设备进行选择,或使用 Autodetect VR System 选项自动检测 VR 设备。

Environment:指定 Alias VR 的环境和地平面设置。

Tessellation:指定细分方式、公差和最大边长度。

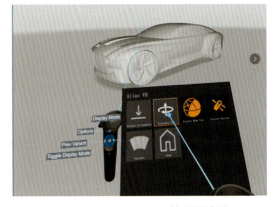

图6-98 View in VR 的设置选项

1 HTC VIVE 控制器

View in VR 支持多种显示模式,包括材质效果显示、斑马诊断着色以及 AO 显示等,还能实现传送和 360° 转盘动画等功能。此处以 HTC VIVE 设备为例,借助控制器可对各类功能进行切换(见表6-3)。

表6-3 View In VR 中控制器按钮的功能

按 钮	视图模式控制器(辅助控制器)	导航控制器(主控制器)
菜单按钮	切换菜单可见性	切换菜单可见性
触摸板中心按钮	显示模式循环,停止转盘	传送
触摸板左按钮	上一个变体,转盘顺时针旋转	向左旋转视图
触摸板右按钮	下一个变体,转盘逆时针旋转	向右旋转视图

2 在 View in VR 中查看模型

(1)查看模型的流程 要在 View in VR 中查看模型,应先将 VR 设备连接到计算机并打开控制器,然后在 Alias 中打开模型，选择 VR>View in VR 后的方框图标，打开 View in VR 选项窗口，设置完成后单击 Go 按钮即可（见图 6-99）。

图 6-99 View in VR 选项窗口

（2）Alias VR 环境菜单　通过按任一控制器上的菜单按钮，可启用 Alias VR 环境菜单的显示。此菜单显示时会附着到打开它的控制器，移动控制器时也将在空间内移动菜单。

要选择工具，请指向控制器，然后拖动触发器。选定的工具将在菜单中亮显，以指示其处于选中状态（见图 6-100）。

选中 Teleport On Geometry 可以使用户在模型顶部进行传送，如果要传送到汽车模型的内部，请禁用此功能。Turntable Tool 表示启用转盘动画。Display Mode 可以控制显示模式的切换。选择 Variants 可打开 VR Variant 列表器。Home 可将模型视图返回到相机起始位置。

（3）查看变体　在 View in VR 中，可以使用 Alias 中的 Variant Lister 查看所创建的任何模型变体（见图 6-101）。在 View in VR 中查看变体时，会参考应用于 Alias 中变体的相机、着色显示、几何体和层可见性遮罩。

图 6-100 Alias VR 环境菜单

有两种方式可以查看变体：方式一是使导航控制器指向 Variant 菜单中的某个变体，然后拖动并松开触发器；方式二是使用视图模式控制器遍历选定变体组中的变体。按触摸板左按钮可查看上一个变体，按触摸板右按钮可查看下一个变体。

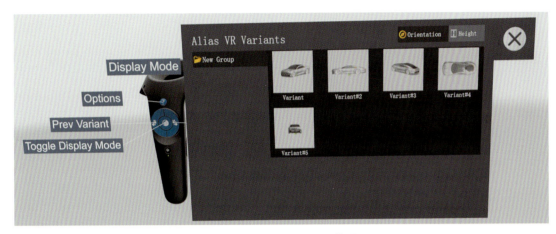

图 6-101　Variant Lister 的界面

（4）**切换模型显示模式**　打开 Alias VR 环境菜单，然后选择 Display Mode 工具。在视图模式控制器上按触摸板中心按钮，可更改显示模式。

View In VR 中的显示模式包括 Wireframe（仅显示线框模型）、Shading（通过 Multi-lister 显示具有着色显示的模型）、Wireframe&Shading（通过 Multi-lister 显示具有着色显示的线框模型）、Zebra（显示线以指示相同亮度的点，类似于 Alias Isophote 诊断材质球）以及 Multi Color（使用 Alias Multi Color 诊断材质球指定颜色，可用于检测凹凸、凹痕或其他曲面不规则体）。

提示　Multi Color 显示模式在 View in VR 中不显示边。

（5）**传送**　移动导航控制器，以将绿色圆定位到所需位置，释放按钮以完成传送。如果需要从特定角度查看模型，则需要同时转动操纵器，绿色箭头图标则是视角方向（见图 6-102）。

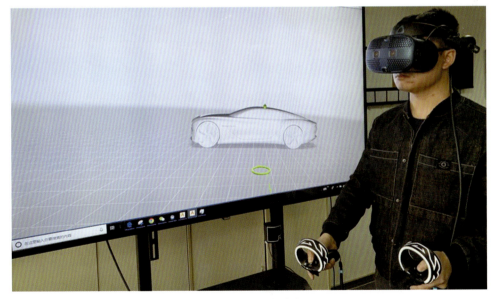

图 6-102　传送案例

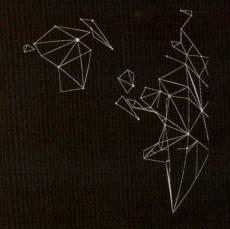

第 7 章

协同工作

本章重点

- SHOTGUN 介绍
- Desktop 的安装与启动
- Alias 与 SHOTGUN 结合的工作流程

导 读 ///////

在汽车设计全球化的背景下,实时、并行、协同式分工设计应运而生。协同工作可以分为几个维度,一是设计师与最终用户的协同,二是内部不同职能部门之间的协同,三是不同工作地点的设计团队的协同。实时协同将会极大地减少沟通成本,提高工作效率,缩短产品上市时间,未来必将是所有车企理想的设计模式。本章介绍 SHOTGUN 平台与 Alias 如何结合使用。

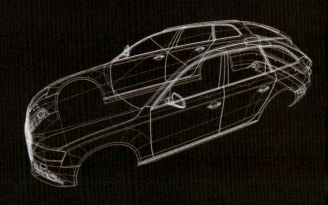

7.1 SHOTGUN 介绍

Alias 以插件形式引入的实时协同工作管理平台 SHOTGUN 为实时协同的设计模式注入新的手段与活力（见图 7-1）。

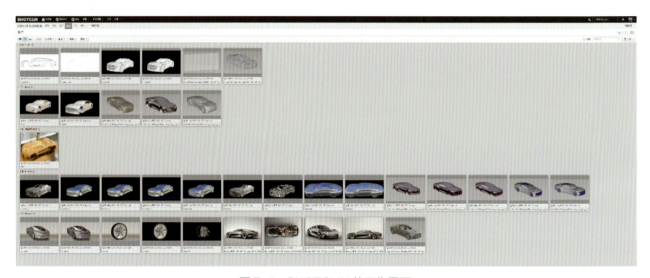

图 7-1　SHOTGUN 的工作界面

SHOTGUN 是一项基于云端或本地服务器的项目流程管理平台，最初应用于传媒娱乐行业。起初，迪士尼公司把电影《The Wild》的制作外包给了一家加拿大公司——C.O.R.E. Digital Picture。为了更好地管理整个生产流程以满足迪士尼的质量要求，C.O.R.E. Digital Picture 决定开发新一代的流程管理软件，项目负责人名叫 Don Parker。2006 年，Don Parker 离开了 C.O.R.E. Digital Picture，创建了 SHOTGUN Software 公司，经历了几年的发展，SHOTGUN 就成了好莱坞在项目管理上的一个行业标准。2014 年 6 月，Autodesk 收购了 SHOTGUN Software 公司，SHOTGUN 变成了 Autodesk 的一款软件产品。在同年的 7 月，Autodesk 又收购了 Tweak，就是我们大家所熟知的 RV（见图 7-2）。现在 SHOTGUN 加上 RV 作为一个完整的产品，可以完成一个从项目资产管理、进度追踪到质量审看的全流程体验。

在被 Autodesk 收购以后，SHOTGUN 的应用也拓展到了汽车行业的造型设计领域，在很多跨国汽车企业管理着汽车造型设计项目。其开发公司还在围绕着 SHOTGUN 的核心数据库不断开发适用于数字媒体资产应用和项目管理的其他应用程序。

基本上所有的管理系统都是以数据库为核心的（SHOTGUN 也不例外），数据结构是否够完善决定了后面的应用和数据分析，因此 SHOTGUN 的所有应用程序都是围绕着这个核心数据库开发的。SHOTGUN 是数据的集散地，记录了生产流程中所有时间发生的所有事件及每一次操作（这些操作都是根据某些特定的逻辑完成的），应用程序可以随时获取实时的数据让团队或工作室的每一个岗位的人接收到相应的任务、信息，并能展示最新的统计数据。汽车的造型设计中会用到 SHOTGUN 对造型设计过程进行管理（见图 7-3）。

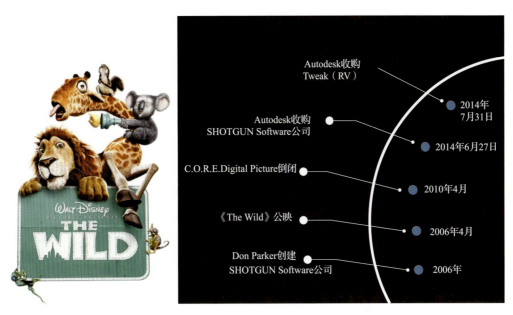

图 7-2 SHOTGUN 的发展历程简介

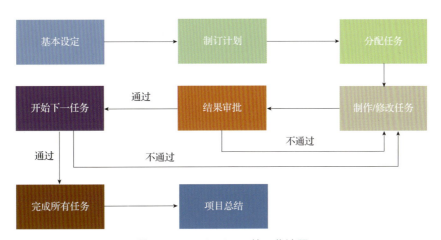

图 7-3 SHOTGUN 的工作流程

7.2 Desktop 介绍

为了满足汽车设计工作室的需求，Alias 支持 SHOTGUN 集成。要在 Alias 中使用 SHOTGUN 集成，需要使用 SHOTGUN Desktop 管理程序。SHOTGUN Desktop 可以使设计师在本地计算机上即可连接到 SHOTGUN 的云端服务器或本地服务器，从而可以轻松地在他们的计算机上直接访问 SHOTGUN 数据。

7.2.1 安装 Desktop

要访问 SHOTGUN 服务器，需在本地部署或者使用云端服务器。部署完成后，从 SHOTGUN 服务器上下载 SHOTGUN Desktop 软件（见图 7-4）。

图 7-4　下载 SHOTGUN Desktop

按照提示进行操作，然后选择下载适用于 macOS、Windows 或 Linux 的 Desktop，下载完成后按提示安装即可。

7.2.2　Desktop 的功能

Desktop 面板是小型轻量版 SHOTGUN，可直接在应用程序（如 Alias、Maya 和 VRED）中运行。通过该面板可以快速访问 SHOTGUN 的信息，而无须离开正在运行的应用程序，还可以轻松访问当前任务的相关信息。通过 Desktop 还可以即时访问工作流、注释、任务、版本和发布，导入发送给团队其他成员审核的版本，回复注释，创建新任务，以及搜索 SHOTGUN 站点的信息。

7.2.3　启动 Desktop

打开 SHOTGUN Desktop，在 PROJECTS 下可以看到被分配的全部项目，单击其中的某个项目，就可以进入该项目（见图 7-5）。

进入项目，会看到 SHOTGUN 可以集成的本地应用（见图 7-6），通过 SHOTGUN Desktop 客户端启动本地应用，就可以将本地应用集成至 SHOTGUN 服务器中。

图 7-5　Desktop 的项目选择界面

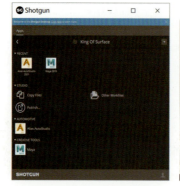

图 7-6　通过 Desktop 客户端启动 Alias

7.3 在 Alias 中使用 SHOTGUN

7.3.1 Alias 中的 SHOTGUN

STEP 01 在 Alias 打开时，将 Shotgun 菜单添加到 Alias 的菜单栏（见图 7-7）。

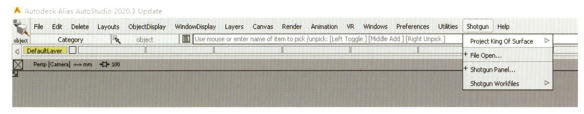

图 7-7　Alias 中的 Shotgun 菜单

STEP 02 通过 File Open 命令找到被分配的任务，并建立自己的工作文件夹，之后同一任务的版本更新时，都会储存在这个工作文件夹之中（见图 7-8）。

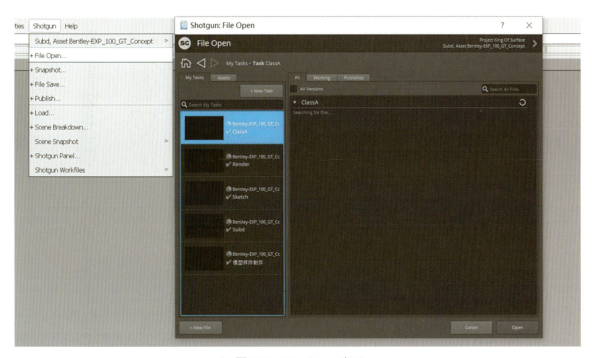

图 7-8　File Open 窗口

STEP 03 使用 File Open 之后，Alias 顶部的菜单项会更改为 SHOTGUN 的任务名称及项目名称，SHOTGUN 会自动跟踪当前正在制作的模型。

STEP 04 选取目标任务后，需要通过 Load 命令来将上一阶段储存在系统中的二维图片导入进来。在项目中涉及的工程输入也可以通过这种方法导入到 Alias 中（见图 7-9）。

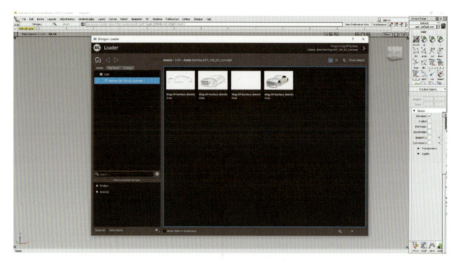

图 7-9　Load 窗口

STEP 05　可以使用 Snapshot 命令快速保存当前的版本状态（见图 7-10）。

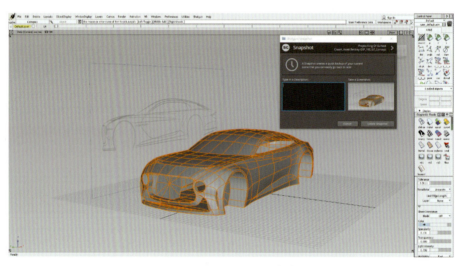

图 7-10　Snapshot 命令

STEP 06　当需要调取保存的历史时，可通过 Snapshot History 命令快速调取（见图 7-11）。

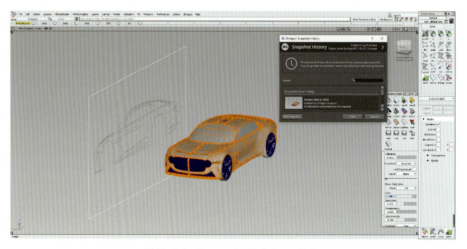

图 7-11　Snapshot History 命令

STEP 07　当完成所有的数字模型设计后，可通过 File Save 命令将其保存至服务器中。此过程中保存的数据不会发布到网页端（见图 7-12）。保存过程中系统会自动生成版本号，以便以后查找最新版本的数据。

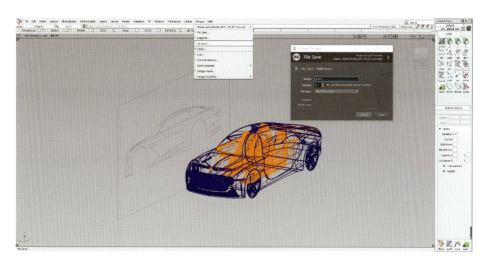

图 7-12　File Save 命令

STEP 08　如果要将数据模型发布到服务器中，可以通过 Publish 命令进行发布。可以在其对话框中对数据进行描述说明以及简单的截图（见图 7-13）。

图 7-13　Publish 命令

STEP 09　发布成功的数据就可以同步出现在 SHOTGUN 服务器中（见图 7-14）。

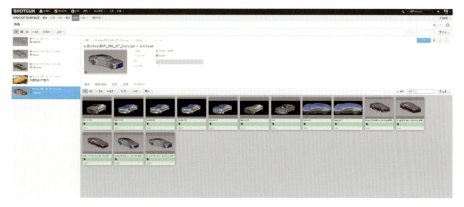

图 7-14　上传至服务器后网页端的状态

7.3.2 审批

1）审批经理会对上传到服务器的数据进行审批（见图 7-15）。SHOTGUN 提供了在线浏览三维模型的功能，这个过程不需要在本机安装 Alias 应用。

图 7-15　网页端审批

2）审批页面支持对模型进行测量（见图 7-16）。

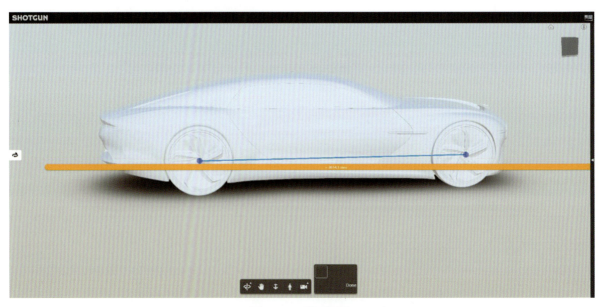

图 7-16　模型测量

3）审批页面支持对模型做切断面，可以根据实际需求更改切断面的角度和方向（见图 7-17）。

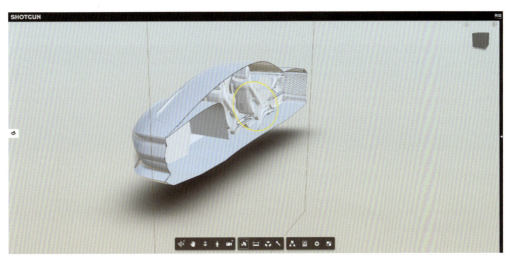

图 7-17 切断面

4）审批页面支持做分解图效果（见图 7-18）。

图 7-18 分解图

5）审批页面支持对模型做标注（见图 7-19）。

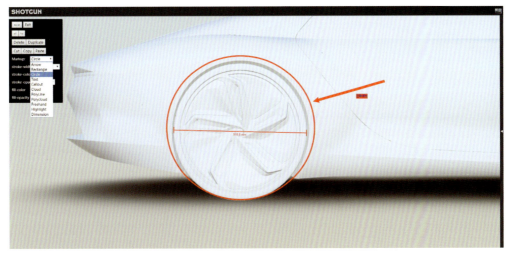

图 7-19 标注

6)审批页面支持对两个版本的数据进行对比审批,并可以同步转动(见图 7-20)。

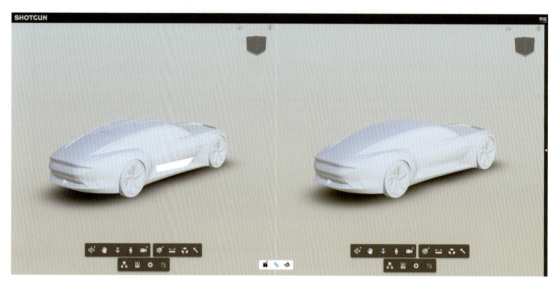

图 7-20 对比审批

7)审批经理对数据做出的注释会储存在服务器中。设计师通过本机的 Alias 打开 Shotgun 菜单的 Shotgun Panel 命令,可以直接浏览注释信息(见图 7-21)。

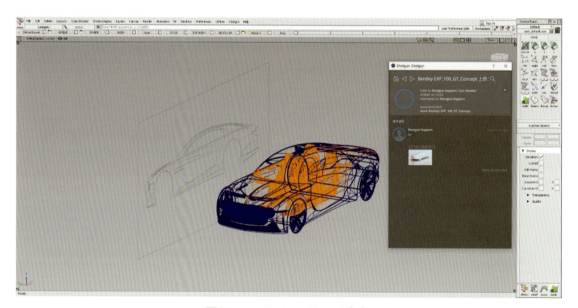

图 7-21 Shotgun Panel 命令

附 录

- 附录 A　数字设计规范参考
- 附录 B　Help 帮助菜单及学习资源

附录 A 数字设计规范参考

1 数字设计造型规范

（1）分块（Patch Layout）　数据应尽量简洁、轻量化，避免碎面和不必要的分歧分块，分不同的零部件看搭接关系（消除线型后只观察形体）。注意查边界，圆角和小倒角处易有碎面，长度小于 0.1mm 的可删除。

（2）CV 及跨距、CV 排布、流向均匀　阶数最好为低阶，尽量从 3×3 开始布面且不大于 7 阶。CV 排布变化有规律，大面必须为单跨距，工程倒角面的跨距数可适当允许为多跨距。

（3）光影（Shading）　应为渲染设置合适的灯光强度和合适的材质。上光时，调整好光强线、材质球，采用素色、低对比度和亚光，着重注意消失棱（渐消）。在中性环境中，利用中性材质主观评价。

（4）不等比缩放（Different Scaling）　不等比缩放模型可以检查造型的光顺度以及线性关系，要求应无抖动跳动。

（5）高光斑马线（Highlight Zebra）　高光可判断静态造型趋势，可进行拔模计算，但需要主观评价高光走向，其严格受制于造型。

（6）反曲线（Inflection Line）　高光收敛区极可能有反曲，故应查看扭曲面的反曲情况，并查看反曲线是否光滑。

（7）曲率梳（Curvature Comb）　曲率梳检查主要看面的 G0、G1、G2、G3 不同曲率变化的趋势，是否符合造型所想表现的趋势。

（8）连续性检测（Continuity Check）　连续性检测主要检查对象是否满足 G0、G1、G2、G3 连续；Mini Objects，检查小于一定数值的面和边。

对于一类曲面要求至少 G2 连续，对于汽车外表面的主要外观面和 Y0 对称并相交于 Y0 的所有表面要求 G3 连续，对于二类曲面一般要求 G2 连续，对于三类曲面一般要求 G1 连续。

2 曲面设计质量规范

（1）构成 A 级曲面的曲线质量要求　曲线应有良好的形态，不应有波浪形；不应创建 S 形曲线，CV 应当排列在曲线的同一侧；曲线的 CV 应在 5 个左右，曲线段长度 ≥ 0.1mm；构成圆弧的曲线接点处无尖角、偏离、重叠等情况发生，并且在接点处的间距值 ≤ 0.001mm，切率变化 ≤ 0.05°；曲率变化应有平滑的特征，不应出现断差和错位。

（2）构成 A 级曲面的内在质量要求　尽量创建四边曲面，不应该有三边或多边曲面；面片的边界在三视图上都保持光顺，不应有平的或反向的区域；基础大面的边界均不应小于选用区域，边界按曲率延伸时，不应出现层叠或扭曲；对于只要求 G1 连续的倒角面，沿弧形方向的阶数为四阶，要求曲率连续的为六阶。

（3）曲面数据后续的可操作性　所有的基础面在构建时应建立到或超过理论的相交区域；曲面延伸时不可有不可预见扭曲；曲面的创建应超过零部件的边界；曲面应该修剪到所需零部件边界并能正确缝合。

3　数字设计工程规范

（1）**通用性检测**　检测重复件、绝对/相对坐标轴、面形状、对称件。

（2）**完整性检测**　检查面的完整性、分件的完整性，避免零部件曲面缺失。

（3）**脱模分型检查**　脱模分型检查包括最小脱模斜度检查和分型线检查。理想的分型面应在较隐蔽的位置，当检查分型面时，先确定拔模方向（一般来说，拔模方向由工程师提供，但对于有些小零部件，须根据保证最大拔出面积的原则，和工程师一起确定）。

（4）**间隙面差检查**　需要与公司标准相符。

（5）**安全性检查**　安全性检查包括内凸外凸检查和法规安全性检查。

（6）**工艺检查**　工艺检查包括平坦区域检查、工艺可行性分析和圆角半径最小曲率检查。

4　数据输出规范

（1）**数据管理**

1）显示所有场景数据，删除标注，删除不必要的对象，删除构建历史，删除空节，删除无物体对象的空图层，归零所有对象变化信息，删除重面。

2）检测曲面连续性。连续性公差参考：G0 为 0.002，G1 为 0.1，G2 为 0.1。

3）按照分件进行群组组合。注意，对象在组成群组前应先完全解组。

4）统一曲面法向。

5）指定材质球。

（2）**数据交换**

1）统一单位和格式。数据一律采用毫米（mm）作为长度单位，数据存储以英文字母、数字命名，存储路径不支持中文格式，数据交换格式为".wire"。

2）统一命名。数据命名参考："项目名称_部件_项目日期_项目负责人"，如"IP211_Door_20190911_zhangsan"。

（3）**数据发布**

1）规范数据格式。发布的格式为 IGES，发布时需根据下游软件调整 IGES 格式。

2）数据应完整。发布的曲面应包含分块、翻边、倒圆，且满足工程断面的要求。

3）数据应满足工程要求。发布的曲面应满足工程提出的拔模要求。

附录 B　Help 帮助菜单及学习资源

1　Help 帮助菜单

菜单栏中的 Help 菜单提供了学习 Alias 的资料、教程、交流等信息，接下来我们介绍其中几个使用较多的选项。

（1）**Alias Help**　单击菜单栏中的 Help>Alias Help 选项会跳转到在线帮助界面。Alias 帮助文件是学习 Alias 软件最权威的官方使用指导手册，可以在线打开网页版，也可以下载安装本地版本（见图 B-1）。

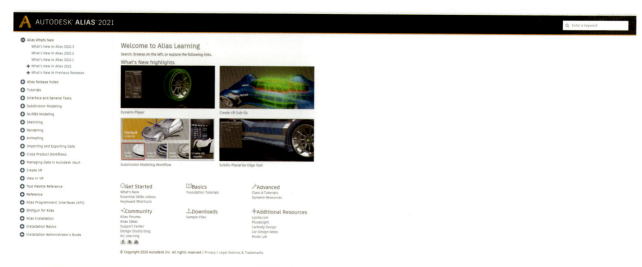

图 B-1　Alias Help 界面

（2）Tool Locator　Tool Locator（工具查找）是非常实用的一个小工具，可以查找界面中与搜索短语相匹配的工具或菜单项。Alias 中的工具非常多，如果找不到某些工具的具体位置，可以使用该工具快速定位。

在 Find 中输入要查找的工具或菜单项的部分名称，窗口中将显示包含输入文本的所有工具和菜单项名称的列表。从 Tool Locator 选择工具或菜单项，可激活该工具或打开相应的菜单项。例如，选择 Skin 对应的搜索结果时，将激活 Skin 工具（见图 B-2）。

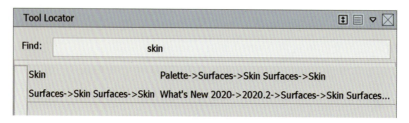

图 B-2　Tool Locator 工具

注意　直接激活工具功能仅在 Alias 2019.2 及更高版本中才有。

（3）What's This　如果遇到不熟悉的工具或者菜单项，可以单击 Help>What's This，然后单击要获取其帮助的工具或菜单项，就会跳转显示该工具或菜单项的联机帮助。与其有类似功能的工具还有 Help>Current Tool Help。

2　学习资源

（1）AU 大师汇　AU（Autodesk University，欧特克大学）大师汇是 Autodesk 每年举行的行业交流大会，会议期间众多行业人士会分享该行业的最新资讯。在其官方网站（http://www.autodesk.com/autodesk-university/）里涵盖了几乎所有产品的相关信息，包括精选文章、网络讲座、视频教程等内容（见图 B-3），当然也有 Alias 的资源信息。

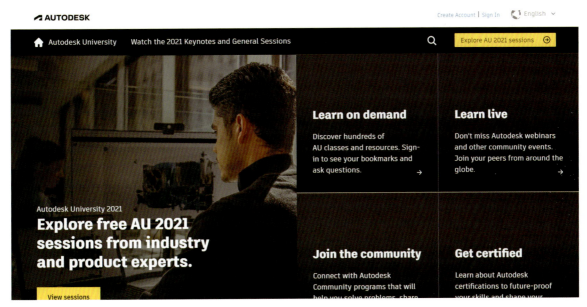

图 B-3　AU 官方网站界面

（2）Alias 学习网站　网站 http://www.learningalias.co.uk/ 收录了很多 Alias 视频教程，其中有些收费课程，可以根据自身情况选择观看（见图 B-4）。

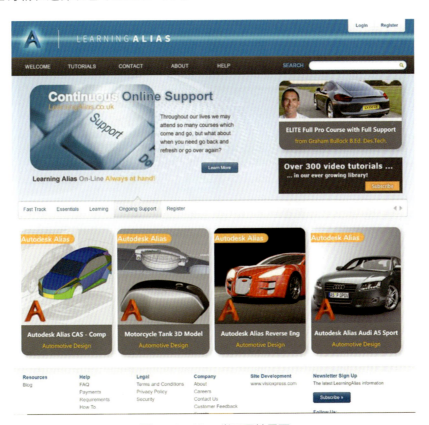

图 B-4　Alias 学习网站界面

（3）Alias Learning Workbench　网站 http://www.aliasworkbench.com/ 提供了大量的 Alias 视频教程（见图 B-5）。

图 B-5　Alias Learning Workbench 网站界面

（4）"模数师"公众号　该公众号会推送大量 Alias 原创设计教程。在微信端搜索"模数师"公众号，关注后可查看教程（见图 B-6）。

图 B-6　"模数师"公众号

（5）Net Car Show Net Car Show 是一个高清汽车图片网站，网址为 http://www.netcarshow.com/。该网站的图片根据汽车品牌进行了分类，会实时更新汽车信息，且图片多为高清大图，是学习汽车造型最好的素材网站之一（见图 B-7）。

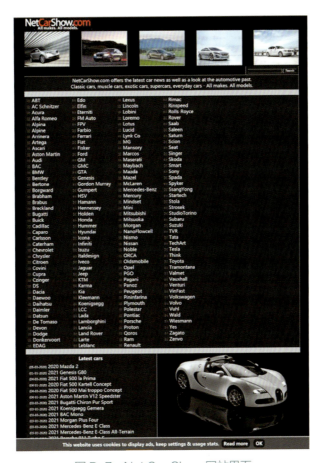

图 B-7　Net Car Show 网站界面

（6）三维素材 读者可通过 http://grabcad.com/ 免费下载模型，这里提供了各种格式模型的免费下载资源（见图 B-8）。

图 B-8　三维素材下载网站界面

后　记

至此，本书已经接近尾声。通过众多案例我们介绍了 Alias 的核心功能——从最初的草图到 A 级曲面，从细分建模到参数化设计，从 VR 的可视化交流到 SHOTGUN 的协同管理。可以看出，Alias 是一款非常强大的工具软件，那么应如何快速地掌握这款软件呢？我认为最好的方法莫过于见一知二、举一反三，这样效率就是原来的两三倍。

首先，看一个事物、学习一个知识或者掌握一款软件，需要去想其背后的规律，还应想想这些规律还可以适用在哪些事物上。比如 NURBS 建模的构建规律是点、线、面、型，所有的造型基本都是靠这些最基础的规律创造出来的。那么，我们在构建模型时就可以遵从这样的规律，从第一个 CV 开始画好曲线，生成高质量曲面，考虑曲面之间的空间关系，做出满足比例和造型要求的特征，处理好件与件之间的 DTS 关系，输出数据并做好检查和整理。

其次，进一步想想了解这些规律之后，要如何学以致用，也就是从知道的程度走向掌握的程度。由于篇幅关系，本书不可能将 Alias 构建概念车的所有知识点都一一分享，那么就需要读者朋友进行大量的练习和实践，只有在练习和实践的过程中才能发现问题。也许很多人对 Alias 中单个工具的使用都没有问题，但是更多时候需要工具的组合使用才能事半功倍。

最后，还要注意收集运用过程中的正面或者负面反馈，形成信息的闭环，有反馈才有总结，有总结才有进步。

希望大家都可以使用 Alias 这个工具制作出精美、精致的数字模型。